Le secret des bâtisseurs des grandes pyramides Khéops

J'AI LU

Georges Goyon

Maître de recherche au CNRS

Le secret des bâtisseurs des grandes pyramides Khéops

Préface de Christiane Desroches Noblecourt

Inspecteur Général Honoraire des Musées de France

Nouvelle édition revue et corrigée

Éditions J'ai lu

SOMMAIRE

La Cathédrale de Strasbourg = 142 m.
Pyramide de Khéops = 146,59 m.

Chacune des 128 hachures représente une assise de pierre de 1,145 m de haut.

À MADAME DESROCHES NOBLECOURT
EN RESPECTUEUX
ET RECONNAISSANT HOMMAGE

Préface

Il fut une période, relativement récente encore, où les spécialistes des temps passés opposaient un trop pudique silence aux écrits essentiellement imaginatifs, sans scrupules scientifiques ni préoccupations objectives, traitant des supposés mystères ou secrets et du présumé pouvoir surnaturel des « initiés » de la Haute Antiquité. Cette fallacieuse littérature, instrument d'un contenu apparemment attrayant, a pu contribuer à égarer, voire duper, nombre de lecteurs parmi les esprits curieux, mais désarmés, en quête d'informations fondées sur ce qu'ils croyaient être les recherches de savants. La faute incombait en partie à ces derniers en raison de la rétention dont ils témoignaient lorsqu'il s'agissait de projeter leurs connaissances au-delà du cercle restreint des tenants de leur discipline.

En revanche, nous vivons maintenant une époque où la haute vulgarisation scientifique a été prise en main par les chercheurs eux-mêmes : l'ère de la démystification s'est substituée à celle de l'occultomanie. Combien plus séduisantes, autant que constructives, sont les études des égyptologues visant désormais à exposer au grand public les concepts et moyens de la Terre des Pharaons, substitués au stérile mépris vis-à-vis des élucubrations qui, tant de fois, trompaient les lecteurs avides d'informations.

S'il existe actuellement des manuels, largement accessibles, grâce auxquels la meilleure et la plus exhaustive documentation sur l'histoire des pyramides peut être puisée, il fallait encore aborder l'étape franchie aujourd'hui si heureusement par M. Georges Goyon : retrouver, avec les Égyptiens antiques, sur le lieu de leur ouvrage, certaines pratiques de construction en reprenant, comme il y a des millénaires, le cheminement qui avait été le leur. Ce n'est, naturellement, pas une fresque complète de leur technique que l'auteur peut nous donner d'emblée, mais c'est déjà un ensemble d'enquêtes portant sur des procédés déterminés, et menant vers une direction à suivre désormais bien tracée.

Georges Goyon, en effet, sait de quoi il parle, car il appartient à la famille des égyptologues depuis une quarantaine d'années. Il n'a pas, non plus, voulu traiter de ces problèmes archéologiques en archéologue seulement. Abreuvé des eaux du Nil dès son adolescence, et ayant lui-même participé à des travaux publics au canal de Suez avant de partager les fouilles de Pierre Montet à Tanis, pendant vingt années au moins, il est devenu, plus que la plupart d'entre nous, familier, puis usager et enfin spécialiste des problèmes de grands travaux de l'Égypte pharaonique, et tout particulièrement de ceux des gigantesques ensembles funéraires royaux de l'Ancien Empire.

Cependant, sa prédilection est la Grande Pyramide, celle de Khéops, dont il a jadis, en mission subventionnée par le dernier roi d'Égypte, escaladé plus de cent fois les gradins pour y relever les *graffiti* des pèlerins et voyageurs des siècles passés, gravés sur les flancs du monument, privés de leur revêtement antique. Je l'ai vu parcourir le site de Gizeh dans tous les sens, afin de repérer dans le village actuel de Nazlet-el-Samman, par exemple, les vestiges du temple bas du fils de Snéfrou. Ce sanctuaire était la première étape de la voie d'accès du complexe funéraire, cette Chaussée monumentale qui, selon Hérodote, était aussi considérable que la Pyramide elle-même. Aussi, Georges Goyon a-t-il été conduit tout naturellement vers les ruines du Temple du culte plaqué contre la face Est de cette régulière montagne de pierre où il a pu identifier les traces de l'immense stèle.

Reprenant l'enquête aux travaux préliminaires à la construction de la pyramide, il a été amené à rechercher le mobile et le point de départ qui ont présidé à l'orientation de la sépulture. Dès lors, la construction étant amorcée, se posait le problème de la fourniture des blocs de pierre dont serait bâti l'édifice. L'étude passionnée et méticuleuse du terrain environnant l'a ainsi guidé vers la découverte du quadrillage des carriers qui préparèrent, sur le plateau de Gizeh, l'extraction du calcaire, facilité par la connaissance, puis l'utilisation des strates du rocher. Quant aux matériaux qui venaient de plus loin – en rejetant la théorie si communément admise du transport saisonnier des chargements grâce aux inondations du Nil qui se répandait une fois l'an –, il a retrouvé le passage du canal partant du lac Moeris et qui coulait non loin des pyramides pour gagner les vénérables sanctuaires du Nord-Ouest du Delta. Ainsi – et cela convient mieux à la logique –, cette activité de transport s'exerçait bien tout au cours de l'année. Nous ne serons donc pas étonnés de rencontrer, normalement intégrée au cours de ces enquêtes successives, une heureuse recherche concernant un système très original de navigation « au fil de l'eau » sur le Nil, grâce à une représentation figurée, une dynastie plus tard, sur la rampe d'accès à la pyramide du roi Ounas. On avait pu, de cette façon, aisément amener à bon port les dalles et piliers de granit, taillés par l'action thermique et extraits des carrières d'Assouan, ou encore les statues de diorite rapportées de la lointaine Nubie.

L'analyse de vestiges demeurés sur place, la longue expérience de G. Goyon sur le terrain, lui ont, certes, permis d'avancer la proposition qui nous paraît sans doute la plus valable pour rendre possible l'apport et l'érection des matériaux au cours de la construction de la pyramide : la rampe-échafaudage enveloppante en briques crues, rappelant dans sa forme générale celle des ziggourats de Mésopotamie est une solution à retenir.

Ces différents essais, formant la matière si originale de ce livre, foisonnent en démonstrations qui lèvent de nombreuses incertitudes touchant encore à d'autres sujets, tels que l'existence probable de portes ou systèmes de fermeture quasi automatique de ces grandes tentes de pierre.

Devant la reconstitution de ces travaux qui, à l'énoncé, paraissent des tours de force évidents, on demeure, avec l'Auteur, parfaitement convaincu de la simplicité géniale de l'Égyptien, lequel utilisait, entre autres, pour élever des poids énormes, l'humble « méthode de l'escargot » consistant à faire glisser presque sans effort, sur un lit d'argile mouillé, un tonnage considérable. Cette technique – qui fut aussi bien employée pour le transport de colosses monolithes de vingt mètres de haut (comme ce fut le cas en Moyenne Égypte vers l'an 2000 av. J.-C.) – a encore été récemment décelée en Nubie où elle était en vigueur pour véhiculer à terre, vers la même époque, des navires ne pouvant pas affronter les rochers et les tourbillons de la deuxième cataracte. Sans doute, un système analogue a-t-il dû être appliqué pour le déplacement d'autres monuments mégalithiques en d'autres points du monde : ceux de l'île de Pâques, du Stonehenge ou de Baalbek, par exemple ?

De tels procédés analysés avec tant de soin ont permis de mesurer aussi bien le nombre des travailleurs employés à la construction de ces monuments de la foi de tout un peuple, que celui des années nécessaires à l'achèvement de cette tâche. Tâche réalisable dans ces conditions et ces limites, puisque, *mutatis mutandis*, on se rappellera que, pour l'entreprise contemporaine assez gigantesque du Sadd el-Ali – ou grand barrage d'Assouan –, un peu plus de 20 000 ouvriers, œuvrant pendant moins de vingt années, ont construit la « pyramide de l'Égypte moderne ».

Ch. DESROCHES NOBLECOURT

Leur masse indestructible a fatigué le tems[1].

Abbé S. DELILLE

Avant-propos

Un des problèmes les plus irritants que pose l'archéologie égyptienne est celui, jamais résolu d'une manière satisfaisante, de la construction des Grandes Pyramides d'Égypte.

Plantées en pointe de diamant au débouché du désert, à l'endroit où le Nil se divise en deux pour former le Delta, les pyramides de Gizeh figurent parmi les œuvres les plus grandioses créées par l'esprit et par la main de l'homme.

Œuvres dominantes de l'architecture antique, ces pyramides ont, par leur structure précise, leur stabilité absolue et aussi par leur orientation exacte, frappé l'imagination des hommes de tous les temps. Leur figure géométrique qui se dessine dans le ciel semble le résultat d'une science arrivée à un dépouillement tel, qu'elles paraissent la manifestation parfaite d'une théorie mathématique et astronomique[2].

Œuvre de la nature ou produit de l'industrie humaine ? C'est la question qu'on se pose lorsque, pour la première fois, elles apparaissent dans le lointain.

L'étonnement augmente à mesure que l'on approche de l'une d'elles. Les lignes pures des arêtes prennent alors l'apparence de gradins d'un immense escalier, puis subitement celle d'un amoncellement énorme de blocs de taille colossale.

L'esprit demeure confondu par la grandeur surhumaine d'un tel ouvrage.

Pourtant l'évidence est là. Ces pierres régulièrement taillées, ces vestiges d'un merveilleux parement aujourd'hui disparu, hélas par la faute d'autres hommes, ces restes de temples, ces immenses chaussées, ce sont bien là œuvres humaines.

Mais à l'échelle de la nature.

L'archéologie moderne atteste que l'âge de ces monuments colossaux remonte à l'époque de la IVe dynastie pharaonique, soit plus de vingt-sept siècles avant notre ère.

L'exécution de ces travaux soulève des questions qui ont longtemps paru insolubles. Comment les anciens Égyptiens pouvaient-ils arracher de leurs carrières ces énormes blocs de pierre, les tailler, les transporter d'une rive à l'autre du fleuve et surtout les élever, comme pour la pyramide de Khéops, à la hauteur prodigieuse de 146 mètres avec la simplicité de moyens qu'on peut raisonnablement leur prêter ?

Fallait-il, comme d'aucuns l'ont fait, admettre l'existence d'une science mystérieuse des pharaons, perdue à jamais ? Théorie séduisante à première vue, parce qu'elle donne libre cours au goût du merveilleux qui caractérise l'imagination humaine. Mais théorie par trop fallacieuse en vérité, parce qu'elle néglige les données les plus certaines, acquises patiemment par les savants depuis la découverte de Champollion.

Pourtant le merveilleux existe. Il réside dans la simple réalité des actions de ces hommes qui surent, on peut le dire, à l'aide de leurs seules mains nues, édifier ces gigantesques monuments.

Aucun document conservé dans les textes ou dans l'iconographie antique ne se rapporte directement à la méthode ni aux techniques qui ont permis aux anciens Égyptiens de construire ces gigantesques ouvrages.

Les seuls monuments qui auraient pu nous renseigner à cet égard sont les représentations figurées sur les parois des chaussées monumentales, lesquelles, certains vestiges nous le font croire, étaient décorées de scènes de la vie publique des Égyptiens de l'Ancien Empire. Ils auraient pu, peut-être, nous fournir des renseignements précieux. Hélas, ces monuments ont presque entièrement disparu.

Restent les documents tirés des tombeaux des particuliers. La plupart de ces derniers étaient des parents, des familiers ou des fonctionnaires du pharaon, qui reçurent durant leur vie le privilège d'être, après leur mort, ensevelis auprès de leur maître.

Bien que les titulaires de ces tombeaux aient été parfois les artisans mêmes qui construisirent les pyramides, ceux-ci, ne pensant qu'au repos de leur âme, ne songèrent guère à nous révéler le secret de la construction des grandes tombes royales.

C'est pourtant des bas-reliefs gravés sur les parois des mastabas représentant les scènes de la vie privée des Égyptiens que nous tirerons la majeure partie de nos renseignements. Avec les évidences fournies par les fouilles archéologiques, ils nous permettront, dans une certaine mesure, de connaître ou de retrouver l'usage de techniques aujourd'hui oubliées.

Il n'y a pas de doute que la construction d'une pyramide a nécessité, de la part des bâtisseurs, du talent, le génie de l'organisation et surtout un sens de la méthode absolument sans défaut. Il a fallu des ingénieurs sûrs de leurs moyens, des chefs de chantier rompus aux techniques des carrières, habiles au maniement des blocs. Il a fallu des géomètres, des scribes, capables de déchiffrer les savantes épures de stéréotomie, des artisans excellant dans le travail du bois et de la pierre. Et, par voie de conséquence, des forgerons œuvrant sans répit pour alimenter en outils neufs le dévorant travail des tailleurs de pierre[3].

Il a fallu enfin des milliers d'hommes pour tirer, porter, hisser la pierre avec les pauvres instruments de levage dont ils disposaient et aussi bien d'autres hommes pour alimenter les chantiers en eau, mortier, briques, outils, etc.

Et si l'on songe que les travaux de la seule pyramide de Khéops dureront au moins vingt ans – le temps d'une génération – et que les éléments de l'édifice à peine ébauchés étaient aussitôt enfouis sous la masse compacte des échafaudages en brique, quitte à être achevés par la génération suivante, on ne peut que s'émerveiller de la rigueur et de la discipline avec lesquelles le plan de travail, le « planning » dirait-on aujourd'hui, fut exécuté.

Ce miracle de travail que fut la construction d'une pyramide, on pourra l'expliquer dans une certaine mesure par l'emploi de méthodes empiriques certes, mais basées sur le bon sens et l'observation patiente des lois de la nature. Les anciens Égyptiens surent en tirer un prodigieux parti et ceci à l'aide de procédés simples, mais inimaginables aujourd'hui et qui le seront encore plus demain. En effet, l'usage du machinisme moderne aura bientôt enseveli dans un profond oubli une multitude de tours de main et de techniques efficaces, grâce auxquels ces hommes parvinrent à entreprendre des travaux si étonnants que l'esprit en demeure aujourd'hui déconcerté.

L'immense effort que constitue l'édification d'un pareil monument doit-il être considéré comme une œuvre exceptionnelle effectuée dans la fièvre et l'enthousiasme de tout un peuple en action ? Certainement pas.

On ne doit pas oublier, en effet, que les Grandes Pyramides ne sont pas le fruit d'une réalisation spontanée ni de la volonté d'un seul homme ni même l'œuvre d'une seule génération, mais bien la résultante, l'aboutissement, la lente évolution d'une architecture funéraire dont le début se situe au commencement de l'époque historique avec l'apparition des grandes tombes royales construites en brique crue. Un exemple notable est le tombeau trouvé à Negadah qui a peut-être appartenu au roi Ménès, fondateur probable de la première dynastie pharaonique.

Mais l'idée initiale, la conception de la pyramide doit, semble-t-il, être attribuée au génial Imhotep, architecte du roi Neterierkhet-Djeser, qui régnait environ vers l'an 2780 avant Jésus-Christ.

Or, durant la période qui sépare le règne de Djeser de celui de Khéops, évaluée en gros à une centaine d'années, il ne s'est pas construit moins de cinq grandes pyramides dont quatre au moins sont de dimensions colossales. On peut pratiquement dire que, durant toute l'époque de l'Ancien Empire, et peut-être même du Moyen Empire, chacun des rois mit en œuvre la construction de sa propre pyramide.

Donc loin d'être un travail exceptionnel, l'édification d'une nouvelle pyramide était au contraire une entreprise routinière que l'administration centralisée des pharaons de cette époque s'attachait à réaliser au début de chaque règne.

Mais alors, comment comprendre cette explosion d'énergie de tout un peuple, cette ivresse de travail unanime dont on ne trouvera plus d'exemple dans l'histoire du monde ?

Nous croyons pouvoir l'expliquer par la révélation, chez les riverains du Nil, de ce qu'on appelle une idée maîtresse : la conscience générale de participer activement à un événement plus puissant que la naissance d'une civilisation, l'apparition d'une ère nouvelle.

Cette explosion que l'on pourrait comparer à la formidable énergie dégagée par l'embryon vivant à sa naissance, se traduisit en l'espace d'un ou deux siècles, un éclair, par l'invention des notions fondamentales de toutes les sciences, de toutes les techniques, et même celle de nombreuses croyances religieuses qui ont encore cours aujourd'hui dans notre civilisation moderne.

Cette révolution qui débuta vers l'époque de Ménès et qui atteint son apogée sous le règne de Djeser, vit l'invention ou le perfectionnement de l'écriture, du calendrier, de l'astronomie, de la géométrie avec le cercle et ses divisions, de la métrologie (coudée) et de l'usage courant de certains métaux (or et cuivre) [4].

On établit les règles fondamentales de la religion et avec elle, les canons de la sculpture qui astreignaient les artistes égyptiens au style si particulier de l'art pharaonique.

Tout était donc en place à la fin de la IIIe dynastie pour préparer l'ère, l'avènement des Grandes Pyramides qui non seulement couronneront pour toujours la puissance d'un peuple, mais constitueront un point culminant de la grande aventure humaine.

Qu'on ne s'y trompe pas et quitte à déplaire aux amateurs de théories mystiques, nous le déclarons tout net au début de ce livre : nous sommes résolument opposés à toutes les formes de mysticisme et à ces innombrables théories, dites scientifiques, qui surgissent comme par enchantement dès qu'on aborde la question des pyramides.

Nous n'énumérerons pas les théories par lesquelles des auteurs, souvent de très bonne foi, se sont laissé séduire ou qu'ils ont invoquées pour défendre de soi-disant prodiges arithmétiques ou astronomiques.

Il est certain que le problème relatif à la construction des Grandes Pyramides a intrigué et intrigue encore le monde depuis des générations.

Parmi les nombreux chercheurs, beaucoup sont des amateurs de mystères ou de rébus à résoudre qui, sans la moindre connaissance des mœurs et des techniques antiques, et parfois même sans connaître les lieux, ont subitement le sentiment flatteur de détenir la vérité.

Ils affirment et écrivent alors, et souvent même avec une certaine impudence, tout ce qui leur vient en tête[5]. D'autres sont parfois des ingénieurs ou des architectes, certes compétents dans leur art, mais qui, à défaut d'une connaissance suffisante des habitudes et des procédés techniques des anciens Égyptiens, proposent périodiquement dans des livres ou dans des revues des solutions inadéquates, quand elles ne sont pas elles aussi aberrantes.

En général, les égyptologues se contentent de nos jours, pour rejeter ces élucubrations parfois hautement fantaisistes, d'un simple haussement d'épaules. Il nous suffira, quant à nous, de renvoyer le lecteur au *Mystère des Pyramides*[6], l'excellent livre de notre ami, J.-Ph. Lauer, qui a bien voulu prendre la peine de le faire pour la plupart d'entre elles.

Notre contribution à cette controverse consistera uniquement à projeter la lumière sur les détails techniques de la construction, en les expliquant d'une manière qui ne relève que de la pratique de l'art de bâtir ou du simple bon sens, pour montrer que ces gigantesques documents ne sont, et cela seul est déjà admirable, que des œuvres humaines.

L'abondance d'ouvrages fantaisistes a détourné depuis assez longtemps les égyptologues de cette embarrassante, mais combien importante, énigme.

Mais était-ce là une raison suffisante pour jeter le manche après la cognée ?

Les pyramides sont pourtant là, hautaines, avec leurs problèmes de construction parfaitement résolus il y a 4 700 ans.

Un archéologue, qui se croit spécialisé dans l'étude des techniques des anciens Égyptiens et qui a très longtemps pratiqué la pyramide de Khéops, avait-il le droit de considérer le sujet comme interdit et de laisser à ces mêmes fantaisistes le soin de proposer leur solution ? C'est le cas de conscience que nous nous sommes posé.

Avant d'exprimer notre point de vue, nous reverrons rapidement les théories des auteurs modernes qui essayèrent de résoudre le problème technique de leur édification. Non pas celles de ces personnes qui, après une visite de quelques heures, émettent les théories les plus fantaisistes, mais celles de quelques archéologues expérimentés, très peu nombreux en vérité, qui arpentèrent longtemps le plateau des pyramides, le mètre à la main.

Ensuite, nous suivrons, pas à pas, les différentes phases de la construction en n'envisageant l'emploi que des outils et des procédés dont nous sommes certains qu'ils furent employés par les Égyptiens et de préférence ceux de l'Ancien Empire.

On remarquera que, pour chaque solution proposée, nous avons systématiquement rejeté toutes celles qui nous ont paru trop compliquées et au-dessus du niveau mental ou scientifique de l'époque.

Lorsque, par exemple, nous prendrons parti pour la solution de l'échafaudage en spirale, nous avons envisagé cette méthode, non seulement parce qu'elle était à la portée des Égyptiens de cette époque, mais surtout parce que nous savions qu'à peu près dans les mêmes temps les Chaldéens pratiquaient ce moyen élévatoire pour leurs « ziqqourats » que la tradition biblique nomme « tour de Babel » (fig. 1). Nous sommes convaincus que les idées et les inspirations des hommes ont circulé et circulent encore à travers l'espace à la vitesse de l'éclair[7].

En un mot, lorsque le document précis nous a fait défaut, nous avons essayé de penser et de réagir comme l'aurait fait un technicien égyptien vivant quelque quarante siècles auparavant.

Ensuite, à propos de la mort de Khéops, nous tenterons de reconstituer l'inventaire *ad minima* de toutes les richesses que des pillards inconnus trouvèrent dans la chambre sépulcrale le jour où ils pénétrèrent dans le

Fig. 1. *Ziqqourat de Khorsabad. (G. Conteneau,* Le Déluge, *p. 271.)*

cœur de la pyramide. Cet inventaire n'est pas le fruit de l'imagination de l'auteur, mais la constitution d'un usage égyptien qui consistait à accumuler dans la tombe royale un mobilier et un matériel tels qu'ils sont énumérés dans la *Frise des objets des sarcophages* de G. Jéquier, et ceux découverts dans les tombes des reines Hetep-Hérès, Iahhotep, du pharaon Toutankhamon. Mais nous évoquerons surtout le témoignage d'une expérience unique qui a amené l'auteur de ces lignes à être activement présent lors de la découverte des tombes royales intactes des pharaons Psousennès, Ousermarê-Chéchonk (Sésac), Amenemapit, du prince Hornekht, fils d'Osorkon, ainsi que celle de la tombe du ministre Ounoudjebaouendjed, tous ensevelis dans la nécropole royale de Tanis[8].

Enfin, en nous aidant des résultats acquis par cette science privilégiée qu'est l'égyptologie, nous essayerons de reconstituer les cérémonies qui suivirent la mort du roi Khéops, les opérations de momification, le pèlerinage funèbre au pays des ancêtres, le retour du cortège à la pyramide, les rites qui s'y accomplirent, la fermeture des chambres sépulcrales.

Et pour finir, nous dirons comment fut forcée la pyramide, sans oublier de citer un curieux document égyptien, véritable procès-verbal sur papyrus et qui est la confession d'un pillard de pyramides professionnel, qui exerçait sa coupable activité sous la XIIIe dynastie.

Cet ouvrage doit beaucoup à M. Pottier, Directeur scientifique du Centre national de la Recherche scientifique qui a bien voulu nous faire confiance et s'intéresser à l'accomplissement de ce travail. Nos remerciements s'adressent plus particulièrement à M. Jean Leclant, membre de l'Institut, à M. Jean Yoyotte, actuel directeur de la Mission archéologique française de Tanis, et à notre ami et collègue J.-Ph. Lauer qui a suivi ce travail et qui a souvent discuté avec nous sur ces divers sujets au cours de nos longues soirées de repos aux Fouilles de Saqqarah.

Nos remerciements s'adressent également à Mme Raberin qui a bien voulu assumer la tâche ingrate de relire notre texte.

Et enfin comment pouvons-nous ne pas adresser une pensée émue à la mémoire de notre maître, le professeur Pierre Montet, membre de l'Institut, qui nous enseigna l'Égyptologie à la Faculté de Strasbourg et qui a partagé avec nous les inoubliables émotions lors de la découverte des tombes royales aux Fouilles de Tanis ?

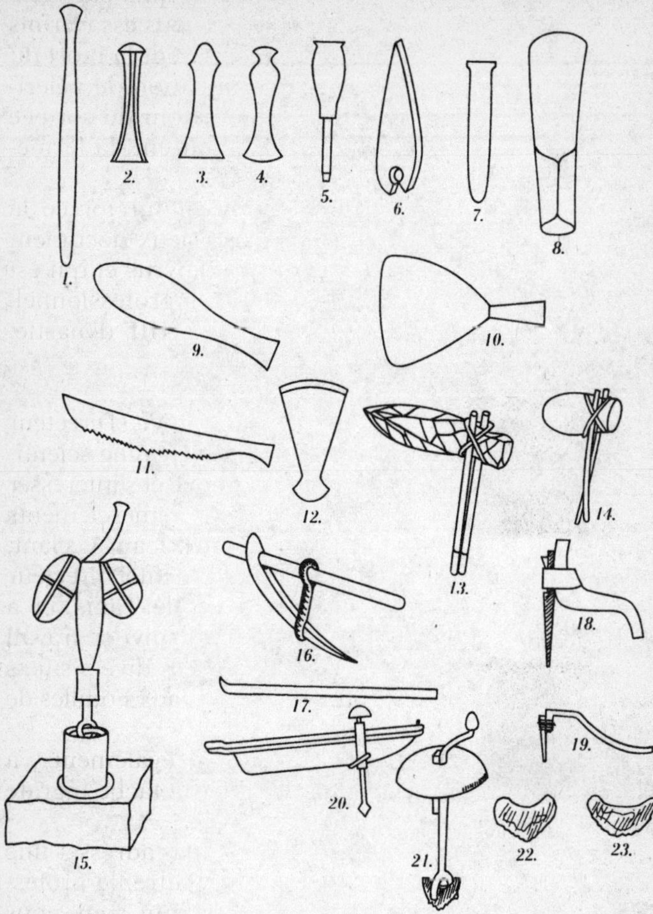

SEUL OUTILLAGE CONNU ET UTILISÉ
PAR LES ÉGYPTIENS DU TEMPS DES PYRAMIDES

1. Longs ciseaux en cuivre – 2. 3. 4. 5. 7. Ciseaux en cuivre – 6. 12. Racloirs — 8. 18. 19. Herminettes – 9. 10. Maillets en bois – 11. Scie en cuivre — 13. 14. Pics de mineur – 17. Barre à mines – 15. Foreuse tubulaire – 16. Pioche — 20. Foreuse – 21. 22. 23. Foreuse et têtes en silex taillées.

1. Sens du complexe monumental d'une pyramide

(tumulus-mastaba-pyramide)

Les plus anciennes tombes trouvées en Égypte sont de l'époque néolithique[9].

Les sépultures étaient alors de simples fosses recouvertes d'un amas de pierrailles destinées à protéger le corps contre les atteintes des bêtes. Le cadavre était enseveli, cousu dans des nattes ou des peaux de bêtes, gazelle ou antilope.

Plus tard, les tombes furent placées sous les propres huttes de ceux qui les avaient habitées durant leur vie.

Mais avec les développements de la civilisation, les habitants de la Vallée du Nil acquirent progressivement des notions nouvelles dont celle de la survie de l'âme. Selon leur croyance, le corps étant le support du « ka » ou de l'âme, celui-ci ne subsistait que dans la mesure où le cadavre demeurait intact. Le corps du défunt fut donc l'objet de soins particuliers.

Dès la première dynastie, quand les hommes eurent appris à utiliser la brique tirée du limon du Nil, ils construisirent de véritables maisons souterraines où les morts étaient censés vivre leur vie de l'au-delà.

Ces tombeaux comportaient une ou plusieurs chambres dans lesquelles, outre le sarcophage de pierre ou de bois, on enfermait les provisions dont se nourrissait l'âme du mort.

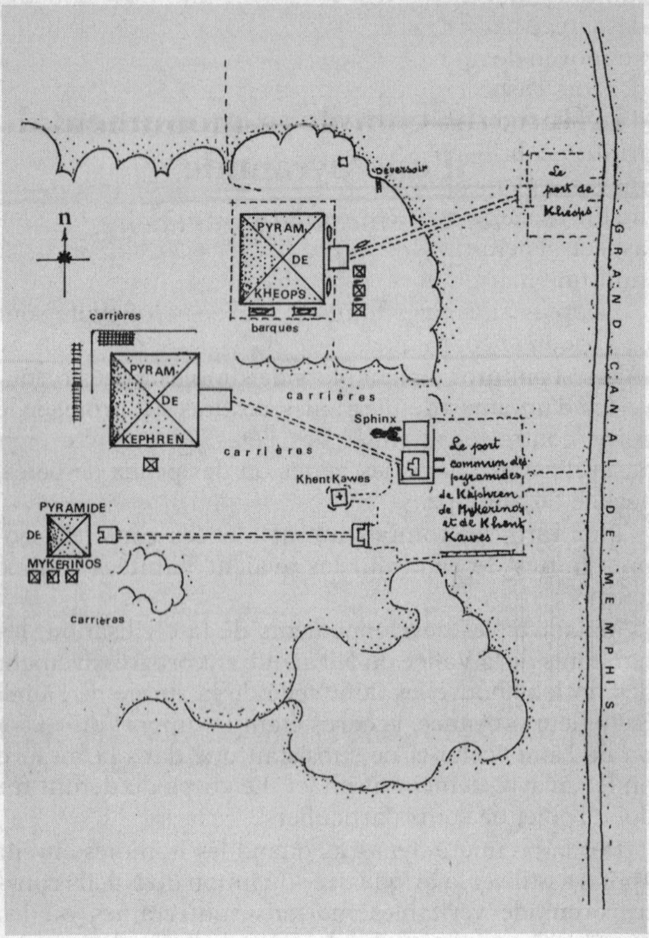

Fig. 2. *Plan de situation du plateau de Gizeh.*

La tombe était recouverte de terre à la manière d'un tumulus. Mais pour éviter que celui-ci ne fût à la longue désagrégé par les intempéries, on en vint à le maintenir au moyen de murs de soutènement. Ces tombes prirent dès lors l'aspect d'une véritable maison surmontée soit d'un plafond en bois, soit d'une voûte en berceau construite en brique, sans l'aide d'un coffrage ou forme, mais simplement avec des briques disposées de champ, inclinées sur le mur de tête en forme de rouleau[10]. Leur aspect général se retrouve dans les sarcophages figurant une maison de l'Ancien Empire (fig. 3).

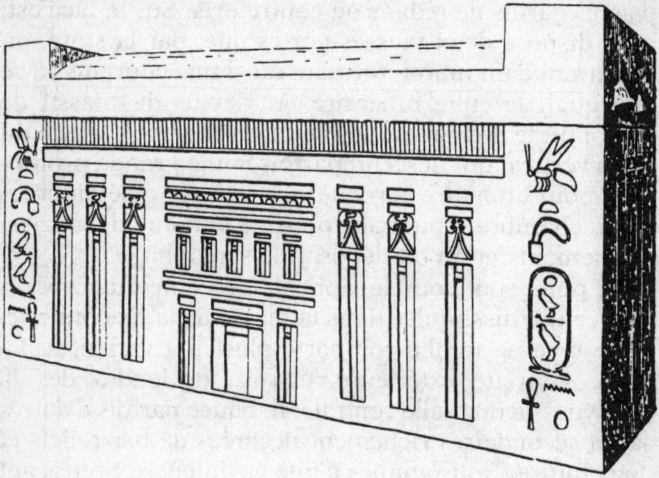

Fig. 3. *Sarcophage d'Ankhou décoré à l'image d'un palais de l'époque IVe dynastie, musée du Caire.*

Une niche ou fausse porte, était pratiquée dans la façade orientée vers le Nil, simulant une porte aveugle d'où l'âme du défunt pouvait, invisible, sortir et se repaître des offrandes déposées sur des tables en pierre par les parents et les visiteurs.

Cette pratique durera jusqu'à la IIIe dynastie. Rien ne distinguait, quant à la forme, les tombes royales de celles des particuliers. Mais dès le début de cette dernière dynastie, la tombe, au moins celle des personnages importants, fut construite en pierre et prit cette forme de sépulture que les premiers égyptologues nommèrent « mastaba » à cause de sa ressemblance avec le banc d'accueil disposé à l'entrée des maisons villageoises arabes.

Le mastaba se caractérise par un massif parallélépipédique émergeant de terre. Les murs en pierre sont parfois garnis de redans ou contreforts. Sur la face est, on a disposé deux fausses-portes que, par la suite, on entourera d'un muret, formant ainsi une courette où se pratiquait le culte funéraire. Au-dessus du massif de maçonnerie donnant accès au toit, se trouve l'orifice du puits vertical qui descend parfois à une grande profondeur pour atteindre la roche vive : c'est là qu'était creusée la chambre sépulcrale, presque toujours dépourvue d'ornements et où on déposait le sarcophage.

Le puits était comblé, après la descente du corps, et l'ouverture dissimulée dans la masse de la maçonnerie.

Ce type de tombe comporte plusieurs variantes. La petite courette extérieure, élargie, deviendra dès la IVe dynastie une salle centrale, flanquée parfois d'autres salles secondaires richement décorées de bas-reliefs et de peintures, tous animés d'une vie intense et retraçant l'existence terrestre du défunt : scènes de chasse, de pêche, visite des domaines, offrandes de boucherie, construction de navires, transport de statues, etc.

Une de ces salles, le « serdab », inaccessible aux humains, contient une ou plusieurs statues de l'occupant du tombeau. Le serdab est muni d'une étroite ouverture qui permet au défunt de circuler et de profiter des offrandes des vivants.

Mais déjà à partir de la IIIe dynastie, sous le règne du roi Neterierkhet-Djeser, le constructeur de la tombe royale, recherchant le faste et la grandeur, plus conformes à la majesté du roi-dieu, ainsi qu'à des pratiques religieuses plus compliquées, la différenciera des autres tombes.

Dès lors, sous l'influence de l'architecte Imhotep, la tombe royale tendra, après quelques tâtonnements, vers la forme pyramidale en gradins. Ensuite, entouré par les tombes des membres de la famille royale et des annexes qui y auront été ajoutées, l'ensemble prendra l'aspect d'une véritable cité funéraire.

Alentour se trouvaient les tombeaux des privilégiés ou des familiers du roi qui revendiquaient l'honneur de reposer auprès de leur maître après leur mort.

Quant à la pyramide, même après avoir atteint sa forme définitive, elle gardera les éléments constitutifs du mastaba d'où elle était issue. Comme le mastaba, elle conservera une chambre centrale disposée, en principe, au fond d'un puits profond où gît le sarcophage.

Celui-ci est généralement taillé dans une pierre de choix, telle que l'albâtre, le granit ou le basalte. La chambre sépulcrale sera scellée après les funérailles et deviendra le lieu inviolable où repose définitivement la dépouille royale.

Mais à partir de la fin de la IIIe dynastie et du commencement de la IVe, les constructeurs des pyramides s'aperçurent que les gradins, symboles de l'escalier, le *rd wr* des textes (Wb. II, 462, 17), que l'âme gravissait pour atteindre l'autre monde, offraient certains inconvénients. Entre autres, celui de se recouvrir de poussière de sable et de débris apportés par le vent et de servir de perchoir aux gros oiseaux qui souillaient le monument. Ce qui était incompatible avec le sentiment de pureté rituelle, particulièrement prononcé chez les anciens Égyptiens[11]. Mais comme il était indispensable de conserver le symbole de l'escalier[12], on se contenta de recouvrir les gradins d'un épiderme lisse. Mais le véritable monument funéraire demeure celui de l'intérieur, avec ses degrés ou marches dont le nombre, variable, pense-t-on, n'a pas encore été reconnu définitivement.

Un bon document[13], d'époque plus tardive il est vrai, qui explique le sens de la pyramide théorique dans sa forme en escalier, se rencontre dans les textes religieux illustrés.

Des variantes de la même scène sont souvent figurées dans les papyrus funéraires (voir fig. 4) et sur les parois des sarcophages. Ainsi dans la 5e division de l'Am Douat, le roi momifié est enfermé, couché dans sa tombe. À l'extérieur, à droite, la déesse Mout (?), dans sa forme de vautour, monte l'escalier, tandis que, arrivé au sommet, le Serpent (Noun, l'Océan primordial) force de l'Au-delà, symbolisant l'éternité, porte sur son dos le pharaon devenu Osiris-Rê triomphant. Ensuite, celui-ci, assis sur son trône, reçoit les hommages du dieu Thot et de sa mère Isis.

Fig. 4. *Piankoff-Rambova*, Mythological Papyri, *fig. 46.*

Ce qui nous intéresse dans cette représentation, c'est le fait que la pyramide essentielle, c'est l'escalier, lui-même recouvert d'un revêtement. C'est ce qui explique pourquoi, dans certaines pyramides, le revêtement des degrés, pourtant destinés à être cachés à la vue, apparaît complètement achevé, voire soigneusement poli. On constate ce fait dans les parties détériorées des pyramides de Meïdoum et de Saqqarah. Les degrés sont en partie visibles dans celle de Mykérinos[14].

Le culte funéraire quotidien de la pyramide était célébré dans un sanctuaire extérieur adossé à la face est du monument. Ce sanctuaire n'est autre que l'extension de la fausse-porte primitive. À la pyramide de Meïdoum, il était réduit à une petite chapelle comprenant une courette à l'extrémité de laquelle se dressaient deux stèles sans inscriptions et une table d'offrandes.

Plus tard, sous la IVe dynastie, la petite chapelle deviendra une grande salle entourée de piliers à section carrée. Au centre de celle-ci se trouvaient une ou plusieurs chambres parmi lesquelles figurait le « serdab » contenant les statues du maître du tombeau. Certaines chambres étaient aménagées probablement pour recevoir les provisions ou enfermer les instruments du culte.

Tel est le schéma simplifié du temple funéraire d'une pyramide au début de la IVe dynastie. Il devait subir d'importantes modifications dès le début du règne de Khéphren.

Comme pour souligner le caractère exclusivement personnel du tombeau royal, une enceinte, ou téménos, entoure le temple de la pyramide. À l'intérieur de cette enceinte, une petite pyramide annexe était située au sud-est. À l'époque de Khéops, il y en eut trois attribuées aux reines, quoique des études récentes aient montré que l'une d'elles, au moins, pouvait être réservée en tant que dépôt funéraire, en attendant les funérailles officielles. Et enfin une extension de l'enceinte de la nécropole royale pouvait être destinée aux membres de la famille du pharaon.

À cause de la grande distance qui sépare généralement la pyramide située sur le plateau du niveau de la vallée ou plus exactement du plan d'eau, on avait établi une longue chaussée en pente qui reliait le temple du culte au temple dit d'accueil[15], placé au bas de la vallée. Ce dernier était entouré d'un grand bassin en forme de T, lequel constituait un véritable petit port fluvial où venaient accoster les navires. Nous savons maintenant que toutes les nécropoles de l'Ancien Empire qui possédaient une pyramide étaient desservies par un très long canal navigable, parallèle au Nil, qui reliait successivement toutes les nécropoles royales sur la rive occidentale[16].

C'est donc dans ces ports qu'abordaient, pendant la période de construction, les navires chargés de matériaux. La pyramide une fois achevée, le simple débarcadère ou appontement destiné aux débarquements était transformé en un somptueux temple aux proportions imposantes. C'était le Temple de la Vallée ou Temple d'accueil où étaient reçus les fidèles et les personnes chargées du culte funéraire. Ces temples, dont un exemple presque intact est parvenu jusqu'à nous, le Temple de la Vallée de Khéphren, répondaient avant tout aux exigences du culte funéraire.

L'origine et le sens de ces sortes de temples ont été dégagés par B. Grdseloff[17] à qui revient le mérite d'avoir su discerner dans les bas-reliefs de certains tombeaux de particuliers les schémas et la destination du Temple de la Vallée. Les représentations des mastabas font état en effet d'une « Tente de purification » dont le sens primitif désigne « un abri de pêcheur en clayonnage établi au bord de l'eau pour permettre de dormir en se protégeant des crocodiles[18] ». L'étude de ces bas-reliefs dont l'interprétation, comme celle de tous les dessins égyptiens est difficile, a toutefois permis de rétablir l'ordonnancement des funérailles royales sous l'Ancien Empire.

Ces « Tentes de purification » seraient, en définitive, le lieu où l'on procédait à l'embaumement du corps et où l'on pratiquait, avant que le corps divinisé fût admis dans le territoire sacré de la nécropole, le rite du lavage rituel et la cérémonie de l'Ouverture de la Bouche. On pourrait, selon l'auteur, y voir une sorte de « douane » par où devaient nécessairement passer tous les défunts abordant l'Occident[19].

Enfin notons, parmi les éléments constitutifs d'une pyramide, la présence de barques solaires fictives, destinées aux voyages cosmiques de l'âme et aussi l'existence de fosses ayant contenu des barques bien réelles qui ont servi, comme celle qu'on a trouvée près de la pyramide de Khéops, aux déplacements du roi durant sa vie terrestre.

Il existe aussi un troisième type de barque enfermée dans une sorte de tranchée naviforme sur laquelle nous reviendrons en détail (cf. p. 266).

Naissance de la civilisation égyptienne

Mais essayons de comprendre et d'exposer très schématiquement comment prit naissance cette civilisation égyptienne, point de départ des civilisations occidentales.

Les habitants de la Vallée du Nil, à l'époque des toutes premières dynasties, se souvenaient du temps, pas trop lointain, où l'Égypte, encore plongée dans l'âge néolithique, était composée d'une infinité de tribus, petites communautés autonomes de races différentes, établies sur les terrasses rocheuses des deux rives du Nil[20].

Ils vivaient indépendants, mais dans des espaces cloisonnés, sur des territoires à la fois fluides et strictement délimités par l'antagonisme des peuples voisins.

Groupés en tribus, puis en clans, ils étaient venus se réfugier là, au fur et à mesure du dessèchement des grands déserts africains. Les habitants vivaient de la chasse, de la pêche au bord du fleuve et de la cueillette. De maigres cultures étaient pratiquées presque furtivement dans la crainte du pillage et de la maraude.

On naviguait assez peu sur le Nil, à l'aide de simples pirogues de roseau ou en tiges de papyrus, tout juste bonnes pour passer d'une rive à l'autre.

Les hommes, sans métiers bien définis, étaient à la fois chasseurs, pêcheurs, constructeurs de cabanes et par la force des choses potiers, tisserands, etc. Pour toute institution religieuse ou sociale, ils possédaient le « totem », dont chacun des membres du clan portait le nom. Son emblème était fixé au sommet d'un mât ou enseigne. Aucun rapport de voisinage avec le clan limitrophe, hostile et jaloux, ne favorisait les échanges, générateurs de progrès. Tout déplacement d'un individu ou d'un groupe en dehors des limites du territoire ancestral était considéré par le voisin comme un acte d'hostilité. D'où guerres locales, haines tenaces entre tribus voisines. Et aussi croyances opposées et tabous paralysants.

À côté de cela, le Nil bienfaisant et terrible s'étirait, faisant se succéder des crues dévastatrices et des sécheresses porteuses de famine. Celles-ci parfois si sévères qu'on en était réduit, au cours des années de crue défavorable ou même inexistante, à la misère la plus horrible. Les périodes d'alternance, rapportées par la Bible, des sept années de vaches grasses et de vaches maigres, répondent sûrement à des faits climatologiques réels, particuliers à l'Égypte.

Mais le Nil, comme le Tigre et l'Euphrate, comme l'Indus et les grandes voies d'eau, sont aussi les chemins de la civilisation.

Grâce à la liaison naturelle qu'offrait le grand fleuve, patrimoine commun, en somme, à toutes ces tribus autochtones, il s'établit enfin des associations, puis des fédérations de clans et ensuite l'institution de nomes, divisions primitives que l'on a pris l'habitude de comparer à nos départements.

Leur union se fit-elle par la force ? Probablement pas, puisque chaque clan, lorsqu'il deviendra un nome, gardera toujours au cours de l'histoire ses croyances et ses divinités propres.

La mythologie égyptienne laisse supposer qu'il y eut plusieurs tentatives d'unification. Une première fois sous le sceptre d'Osiris, suivie de la séparation des deux royaumes : la Haute et la Basse-Égypte, par son fils Horus après sa victoire sur Seth[21]. Mais cette opinion est controversée par Kees, pour qui l'Égypte préhistorique n'aurait jamais connu l'unité[22].

Quoi qu'il en soit, vers la fin du IVe millénaire, l'Égypte était encore divisée en deux grandes fédérations : le royaume de Haute-Égypte dont le roi porte la grande couronne blanche et réside à Nekhen, ville de la déesse vautour et le royaume de Basse-Égypte dont le souverain est coiffé de la couronne rouge et régnait à Bouto, cité de la déesse cobra ou uraeus.

Comment se fit l'unification du pays ? Par la guerre sans doute, puisque les inscriptions sur palettes font état de violences et de massacres d'ennemis. Mais y eut-il, à la fin, une sorte de congrès qui élut un dirigeant unique ou en accepta le principe ?

Ce fut sans doute Ménès, originaire de la région de This, métropole située aux environs d'Abydos, qui, vers l'an 3000 avant notre ère, aidé par les « Compagnons d'Horus », l'emporta puisque l'histoire égyptienne en garde le souvenir comme du premier souverain unificateur de la Haute et de la Basse-Égypte.

La prise du pouvoir se fit probablement dans des conditions si mémorables que les successeurs de Ménès ne manquèrent jamais de s'en prévaloir dans leurs titres de gloire. Néanmoins, les deux provinces du Nord et du Sud ne fusionnèrent jamais complètement et les pharaons porteront toujours le double titre de souverain de la Haute et de la Basse-Égypte, titre qu'ils revendiqueront d'ailleurs rituellement au début de chaque règne.

Ce fut une révolution extraordinaire. Les hommes comprirent, peut-être pour la première fois, qu'en unissant leur puissance de travail sous la direction d'un seul ils pouvaient vaincre, non seulement des ennemis, mais les éléments eux-mêmes, les forces de la nature.

En effet, en creusant en commun des canaux, en aménageant un réservoir immense, la dépression du lac Moeris, régularisant ainsi la culture et la navigation, les hommes sentirent qu'ils dominaient la nature, qu'ils transformaient leur vie. En domestiquant le Nil, ils atténuaient les effets de la crue et par voie de conséquence ceux de la famine.

Le régime des eaux du Nil les força, en somme, d'inventer des méthodes agricoles en rendant nécessaire l'effort en commun.

Ménès fut certainement un très grand roi, un législateur de génie. Il établit des lois, ou plutôt un ensemble de règles qui donnaient à chaque individu la possibilité de distinguer le bien du mal.

Avec la création d'une société fondée sur l'acceptation d'autrui, les hommes ne craignaient désormais plus de se déplacer – la toute première liberté –, de circuler sur tout le territoire. Tous se sentaient des citoyens libres, confiants en leurs semblables, en leur intelligence.

Dès lors, on pouvait planter un arbre, semer la terre et être sûr de récolter. Le Nil, toujours lui, axe du pays, chemin liquide, favorisait les échanges matériels, mais aussi celui des procédés, des idées.

Avec le travail à plein temps les spécialistes se formaient. On pouvait désormais être uniquement artisan, maçon, potier, menuisier, donc exceller dans son métier.

Le fait est là qui témoigne que c'est à partir de cette époque que tous les arts de la pierre, du bois, de la brique, atteignirent une perfection manuelle qui jusqu'à nos jours ne fut pas dépassée.

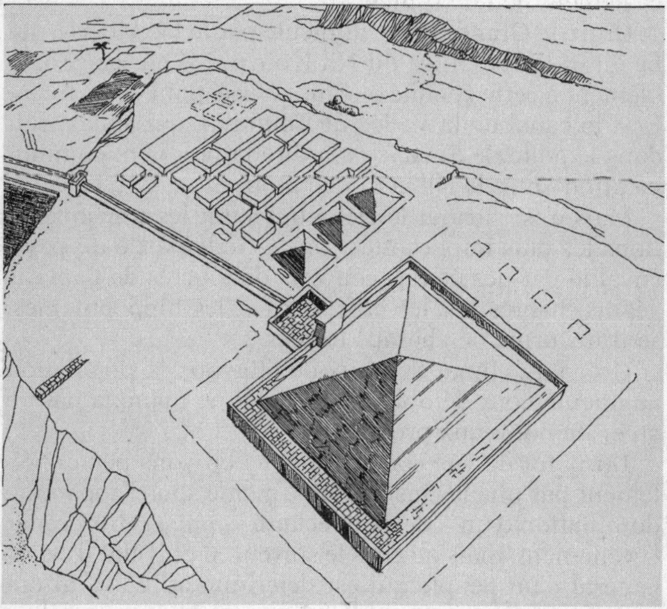

Fig. 5. *Vue aérienne de la Grande Pyramide à la fin de la construction.*

Une écriture naissante identifiait les individus, fixait la pensée avant de cimenter les accords.

La population de la Vallée du Nil passait pour la première fois de l'ère néolithique à l'époque historique.

Plusieurs rois succédèrent à Ménès. Leur activité tendit surtout à faire de l'homme mi-sauvage, vivant uniquement de la chasse et de la pêche, un agriculteur et un éleveur.

Le pays fut organisé administrativement, divisé en nomes, cellules primitives d'où est sortie l'organisation politique et sociale de l'Égypte. Dans la pratique, toute la contrée fut quadrillée par le passage d'une multitude de drains et de cours d'eau navigables[23] qui tenaient également lieu de routes.

Outre le Grand Canal, alimenté par le lac Moeris, qui facilitait la remontée du Nil (voir p. 147), c'est probablement à cette époque que fut creusé, pour la première fois, le canal de la Vallée de Toumilat, qui aboutissait dans le golfe de Suez, c'est-à-dire la première communication entre le Nil et la mer Rouge.

Mais c'est surtout le Delta qui subit les transformations les plus importantes. Une grande partie du pays, envahie par des étangs couverts de fourrés de papyrus géants, hantés par les crocodiles et les hippopotames, se transforma en champs fertiles.

Grâce au climat heureux de l'Égypte, la population augmenta considérablement, ce qui ne manqua pas de créer de nouveaux problèmes.

Du point de vue social, nous ne croyons personnellement pas que les institutions, même sous l'apparente domination d'un « despote éclairé », puissent précéder l'événement, mais qu'elles le suivent. C'est l'état d'esprit général d'un peuple qui est déterminant. C'est lui qui crée la motivation, donc l'action.

Aussi, les hommes acceptèrent-ils comme un progrès immense le fait qu'en confiant leurs récoltes, fruit de leur travail, à un arbitre intègre, ils s'assuraient contre les inégalités du sort, contre les effets de la surpopulation, contre la famine.

Cette politique se traduisit par une centralisation intense. Une administration royale directement née du contrôle des eaux du Nil, de leur répartition et de l'entretien des canaux créa en outre des greniers et des magasins immenses chargés de la distribution équitable des biens et des aliments. Le très grand nombre et l'importance des scribes témoignent du rôle considérable que jouait déjà à cette époque l'administration pharaonique.

Le pharaon était devenu le chef religieux, militaire, mais il était surtout l'arbitre, le justicier. Quiconque, pauvre ou riche, pouvait librement en appeler à lui. Les textes de l'époque traduisent l'éthique égyptienne : Vérité-Justice[24].

Les rois qui se succédèrent au cours de cette époque dite archaïque furent sans doute de bons rois. L'amour du peuple à l'égard du souverain juste, bon, unificateur, se manifeste par une véritable adoration. Pharaon, c'était l'incarnation du dieu. On attribuait au roi tous les bienfaits venus du ciel. Il était l'intercesseur auprès du Dieu-Grand[25], le vrai protecteur de l'Égypte. C'est grâce à lui que le Nil apporte ses crues bienfaisantes, c'est grâce à lui que les récoltes étaient multipliées, c'est lui qui « donne le souffle de la vie ».

Le roi, représentant du dieu sur la terre, était considéré comme le fils de Dieu lui-même.

En contre-partie, le roi, devenu mythe, subissait l'emprise d'un système compliqué de cérémonies et de protocoles.

Bien entendu, ses prérogatives n'allaient pas sans imposer un certain nombre d'interdits, celui, par exemple, de l'intouchabilité du roi. Nous possédons un texte significatif de la Ve dynastie qui le démontre : le roi Neferirkarê-Kakaï laissa, au cours d'une cérémonie, échapper son bâton de commandement, qui roula au pied d'un courtisan nommé Raouer. Aussitôt le roi cria : « *Tu es sauf !* », et le texte ajoute : « *Il n'y eut pas massacre pour lui.* » De plus, le roi, dans sa bonté, permit que cet événement mémorable fût inscrit sur le mur de son tombeau[26].

Le pharaon croyait-il profondément à son origine divine ? Sans aucun doute.

Dans ces conditions, un pareil roi ne pouvait, en mourant, disparaître définitivement. Même après sa mort, apparente seulement, il ne devait cesser de prodiguer son action bienfaisante. Il allait seulement rejoindre son père, reprendre sa place dans le cycle cosmique pour participer à la marche du monde.

Dès l'instant de sa mort, le pharaon se sublimise. Ce n'est plus un être humain. C'est une fonction du moment et non un être quand il devient Rê ou un autre dieu.

Il puise l'énergie dans son tombeau et garde les forces qui doivent servir aux vivants[27].

Aussi, même après la mort, l'âme ne devait-elle pas se séparer du corps, son support, mais le conserver sous peine de se perdre, de se diluer dans le néant. Les Égyptiens s'y employèrent. Mais ils ne parvinrent à conserver parfaitement le corps momifié que beaucoup plus tard.

Il fallut le temps de plusieurs générations pour digérer un tel progrès. Plusieurs rois de cette époque dite « thinite » succédèrent au grand Ménès.

Puis à la IIIe dynastie survint le roi Neterierkhet-Djeser et avec lui un changement de la doctrine religieuse, l'avènement du culte de Rê, dieu solaire d'Héliopolis[28].

Djeser fut sans doute un des plus grands rois qui régnèrent sur l'Égypte. Est-ce vraiment lui le novateur, l'initiateur de l'immense progrès que la civilisation égyptienne tout entière accomplit sous son règne ? Il eut en tout cas l'intelligence de reconnaître le génie d'un de ces êtres exceptionnels comme il n'en naquit que quelques-uns depuis l'origine du monde : Imhotep, Grand Pontife d'Héliopolis, ministre et architecte du roi. On ne connaît pas grand-chose du personnage lui-même, mais on sait qu'il laissa un souvenir impérissable dans la mémoire des Égyptiens, au point qu'il mérita le titre de « divin ». Imhotep fut un homme universel, un novateur dans toutes les sciences de l'époque ; nul autre n'égala la diversité ni la puissance de ses conceptions. L'architecture en bois ? Il la mua en pierre. La médecine ? Il en rassembla les recettes pour en faire un art. N'est-ce pas lui qui créa à Memphis une école de médecine encore célèbre à l'époque grecque[29] ? L'écriture ? Il en fixa les règles. Moraliste ? Il est l'auteur des premiers enseignements sapientiaux, dont on ne connaît malheureusement que le nom[30]. Pour ce qui est de la science, c'est probablement de lui qu'est issue toute la métrologie avec la notion d'une mesure-étalon, la coudée royale. Naîtra alors, avec les carrés de réduction qui sont la définition même de la géométrie, l'application du dessin et des plans cotés. Il toucha certainement à beaucoup d'autres branches du savoir humain, particulièrement aux mathématiques et à l'astronomie, puisque c'est juste après lui que s'épanouissent les sciences et les arts des Égyptiens. On peut, croyons-nous, affirmer sans crainte que, grâce à Imhotep, le règne de Djeser fut celui de la naissance de la science.

Mais c'est par la voie de l'architecture que nous connaissons le mieux son œuvre. Il inventa l'appareillage de la pierre et avec elle la statufication de l'architecture végétale, en particulier, de certains types de colonnes jadis en bois ou en tiges de roseau. Puis, non sans certains tâtonnements, à travers lesquels on pressent les tourments de la recherche, il invente le principe de la pyramide à degrés, concrétisation de l'amour de tout un peuple, en vue de dresser une véritable échelle que gravira l'âme du roi pour monter au ciel. Ensuite ce fut la IVe dynastie et avec elle Snéfrou, un autre géant.

Dès lors, on perfectionne, on étend toutes les données acquises sous la IIIe dynastie et aux époques antérieures. On avait jadis domestiqué le fleuve. On bâtira des montagnes. L'homme, car c'est de lui seul qu'il s'agit, ne sent plus les limites de sa force, de ses possibilités.

Pour préserver le corps du roi, on lui construira une demeure éternelle. On bâtira un monument qui sera le plus grand amoncellement de matériaux qu'on ait jamais vu « depuis le temps des dieux ».

Mais pour faire mieux encore que la nature, on donnera à ce monument une forme géométrique compréhensible par tous, puisqu'elle est issue de la croyance des ancêtres concernant l'origine du monde : le Benben, la colline primordiale qui surgit au milieu de l'Océan à l'instant de la création, première manifestation d'Atoum-le-Parfait. Et ce sera la construction de la pyramide de Meïdoum ou bien de celle, encore plus gigantesque, de Dahchour ou même, dit-on, des deux ensemble (!), par le roi Snéfrou à l'aube de la IVe dynastie[31].

Mais pour transporter les pierres, parfois énormes, tirées des carrières lointaines, on a besoin de navires et ces navires sont en bois. Or, le bois de construction est rare en Égypte. Le grand pharaon Snéfrou n'hésite pas. Il fait alliance avec le roi de Byblos, au Liban, et celui-ci lui livre une cargaison de bois de cèdre, si énorme qu'elle suffira jusqu'à la fin de la génération suivante[32].

On construira des navires de plus de 50 mètres de long – mais était-ce bien la première fois ? –, navires si merveilleux qu'on jugea l'exploit digne de figurer dans les Annales du pays. On en trouvera l'écho sur la pierre gravée conservée aujourd'hui au Musée de Palerme[33].

Khéops-le-Gigantesque est le fils de Snéfrou et de la reine Hétep-Hérès.

La légende le présente comme un grand caractère. On le montre, au soir de sa vie, sous l'aspect d'un vieillard puissant, au verbe haut et coloré, entouré de ses fils et de ses conseillers. S'il pousse les limites du royaume jusqu'en Nubie et en Asie, son œuvre semble, en définitive, surtout concentrée sur l'édification de la célèbre pyramide. Fut-il secondé, comme son prédécesseur, le roi Djeser, par un ministre, un architecte génial comme l'était Imhotep ? Il est certain qu'il sut choisir parmi ses sujets des hommes de valeur. Mais en ce qui concerne la construction de la pyramide, il semble qu'il en fut le véritable artisan. Les textes ne le montrent-ils pas cherchant des solutions ingénieuses pour parfaire son monument, sa « maison d'éternité » ? Le goût de Khéops pour les chambres secrètes était devenu légendaire : « *Or la Majesté du roi Khéops passait tout son temps à chercher pour Elle-même ces chambres secrètes du sanctuaire de Thot afin de faire quelque chose de semblable pour son horizon*[34] ». Ainsi s'exprime le papyrus Westcar, datant du Nouvel Empire, mais dont l'original doit dater d'une époque bien antérieure. Le fait est qu'on trouve à la pyramide des réalisations architecturales ingénieuses, entre autres l'extraordinaire système quasi automatique de fermeture du tombeau, dont on trouvera plus loin la description (voir p. 227, 300), et qui ne fut imité.

En fait, nous savons peu de choses de la vie de Khéops et même des traits de son visage. Contrairement à ce qui s'est produit pour Khéphren et Mykérinos, il ne nous est parvenu qu'une seule effigie, au demeurant peu représentative, du roi Khéops. La disparition de toutes les images du pharaon semble confirmer, à première vue, l'assertion d'Hérodote (II, 128) selon laquelle la construction des grandes pyramides « *avait tellement épuisé le peuple égyptien que celui-ci le prit en aversion au point qu'après sa mort on évitait même de prononcer son nom* ».

Le souvenir légendaire de Khéops vénéré par les Égyptiens contredit cette affirmation. Son culte funéraire se perpétua au cours des âges et Khéops fut toujours considéré comme un des plus grands rois de l'Égypte[35]. Il est, en revanche, surprenant de constater que de nombreuses effigies de Khéphren, pourtant inclus, selon Hérodote, dans la même animosité, soient parvenues jusqu'à nous. En ce qui nous concerne, nous expliquerions la destruction presque totale des monuments de Khéops d'une manière plus prosaïque, par le fait que tous les monuments de ce roi étaient construits en pierre calcaire de Tourah, de la qualité la plus belle et la plus fine. Ce matériau de choix est très recherché, même de nos jours, par les amateurs de pierres extraites à peu de frais et par les chaufourniers pour la fabrication de la chaux la plus pure.

Quelle fut la durée du règne de Khéops ? Cette question nous intéresse particulièrement parce qu'elle constitue une donnée essentielle permettant d'aborder l'explication du monument dont il est question.

Selon Manéthon, Khéops régna 63 ans, tandis que la liste des rois contenue dans le papyrus conservé aujourd'hui au Musée de Turin, en indique 23. La plus ancienne date trouvée sur les monuments par les archéologues remonte à l'an 16 de son règne. Mais cette dernière donnée ne constitue qu'un témoignage *ad minima*[36].

Hérodote, qui rapporte des renseignements fournis à l'époque de son passage en Égypte par les prêtres égyptiens, prétend que Khéops régna 50 ans, mais que sa pyramide fut bâtie en trente années. Connaissant la coutume des Égyptiens qui, à la mort du souverain, achevaient à la hâte la construction de sa pyramide pour bâtir celle du nouveau roi, nous croyons pouvoir affirmer, en nous fondant uniquement sur la technique et sur le temps nécessaire pour construire un tel complexe funéraire, que le règne de Khéops dura au moins trente ans.

Après Khéops, ce fut son frère Didoufri qui gouverna l'Égypte. C'est lui, nous en sommes sûrs aujourd'hui, qui procéda à l'inhumation de Khéops. C'est encore lui, croyons-nous, qui profitant d'une laisse de carrier, fit modeler la face du grand Sphinx. Il ne régna pas longtemps et sa pyramide d'Abou Roach, nommée « *Sehedhou de Didoufri* »[37], demeura inachevée.

Khéphren, fils de Khéops, construisit une pyramide presque aussi grande que celle de son père. Seul l'angle de la pente fut modifié et simplifié. Il inaugura l'emploi du granit pour la construction de la base du monument ainsi que pour l'ensemble du revêtement du Temple de la Vallée, qui nous est parvenu presque complet. Mariette y a retrouvé, en 1860, une statue en diorite du roi Khéphren qui peut être considérée comme une des plus belles œuvres de la statuaire mondiale.

Quant à la pyramide de Mykérinos, elle est notablement plus petite que les deux précédentes, puisqu'elle ne mesurait que 65,50 mètres de haut. Elle fut revêtue de pierres de qualités diverses. Selon des auteurs arabes, elle était nommée la « maoulana » c'est-à-dire la « colorée », ce qui paraît indiquer que les pierres du revêtement, aujourd'hui disparues, étaient composées de bandes de minéraux de couleurs différentes.

Le monument demeura inachevé. Les 16 premiers rangs du revêtement en granit encore en place n'ont jamais été entièrement ravalés. Seul un essai, un ravalement partiel autour de l'entrée a été effectué. Le temple du culte funéraire est construit en matériaux de mauvaise qualité, ce qui semble le signe de la mort prématurée du roi.

La condition humaine à l'époque des pyramides

L'immense labeur que constitue la construction d'une pyramide représente-t-elle la concrétisation d'un rêve de despote à la puissance illimitée ? Les hommes qui élevèrent ces gigantesques ouvrages y furent-ils contraints par la force et par la violence ? Certainement pas. Il faut tout d'abord souligner que l'esclavage de type romain n'a jamais existé au cours de toute la période pharaonique. D'autre part, si on considère la qualité des travaux exécutés au cours de ces époques primitives, les sculptures si vivantes de l'Ancien Empire, les bas-reliefs des tombes privées, merveilleux de finesse et de réalisme, on constate qu'ils représentent tous des scènes rayonnantes de paix et de joie de vivre. Si enfin on examine à Khéops la qualité du travail de ce qui subsiste de l'ancien revêtement, dont les joints sont si bien ajustés qu'une mince pellicule de papier n'y passerait pas, et pour tout dire, le soin dans l'exécution des moindres détails, on peut affirmer sans crainte que ce ne sont pas là ouvrages de mornes troupeaux d'esclaves agissant sous la contrainte et la peur. Et pour ce qui est des pyramides, ce sont, au contraire, des travaux d'hommes libres, conscients d'accomplir une œuvre exaltante. C'est la participation, un acte de foi de tout un peuple, agissant pour assurer le bonheur et la sauvegarde de la nation entière.

Certes, parmi les travailleurs, il y avait un certain nombre d'étrangers, Libyens, Bédouins, Nègres, capturés au cours des expéditions guerrières. Mais même ceux-ci étaient protégés par des statuts particuliers, fort avantageux, puisqu'ils limitent singulièrement les droits des maîtres. Ce qui interdit d'assimiler ce type de travailleurs à des esclaves. D'ailleurs, les innombrables bas-reliefs et peintures de l'Ancien Empire ne figurent jamais l'esclave au travail.

Pour nous renseigner sur l'organisation sociale du travail en Égypte, nous aurons recours le plus souvent possible aux inscriptions rupestres trouvées dans les carrières lointaines, telles que celles du Wadi Hammamat, du Sinaï, de Hatnoub, etc. Véritables procès-verbaux de travail, ces textes nous fournissent parfois de précieuses indications sur l'organisation d'une entreprise dont la ressemblance avec celle de la construction d'une pyramide est évidente[38].

Le gros d'une troupe chargée des grands travaux était généralement constitué par des hommes levés dans les provinces maritimes ou terriennes et capables d'effectuer toutes sortes de besognes[39].

C'étaient, probablement comme ceux qui travaillaient aux carrières, des *neferou*, des jeunes gens ou encore une autre espèce de travailleurs, des *hesbou*, « manœuvres », peut-être des sans-travail. Organisés et assemblés à la manière d'une armée, en bataillons ou en compagnies, ils étaient groupés sous les ordres de chefs dont les grades sont applicables indifféremment aux travaux civils et à ceux de l'armée. C'était, en quelque sorte, un service national obligatoire effectué par les citoyens, comparable à celui qu'on voit appliquer de nos jours dans certains pays d'Extrême-Orient.

Nous ne connaissons aucun exemple de l'emploi des femmes, même au titre d'auxiliaires, dans ces chantiers.

La question se pose de savoir si les bataillons qui étaient astreints à ces servitudes l'étaient temporairement ou durant toute leur vie, ce qui serait dans la pratique parfaitement insupportable. Hérodote (II, 124), qui ne fait, en somme, que rapporter les usages habituels des Égyptiens de toutes les époques, nous dit que cent mille ouvriers se « renouvelaient » tous les trois mois pour effectuer les travaux de la pyramide. Le mot « renouveler » indique qu'il s'agissait là d'un service probablement obligatoire et que celui-ci était restreint à une période très limitée. D'ailleurs, la fréquence et la minutie des recensements pratiqués périodiquement tous les deux ans, par l'Administration pharaonique, rendent tout à fait plausible et par conséquent très vraisemblable cette interprétation.

La semaine était divisée en période de dix jours. C'était alors jour de repos. Les ouvriers pouvaient se permettre de descendre dans leur village, se laver, changer de vêtement, se reposer et même de faire bombance.

Ils étaient groupés par corporations, sortes de syndicats en somme, qui défendaient probablement leurs intérêts. Au Nouvel Empire, on a même connu des grèves.

Les ouvriers étaient-ils astreints à un travail continu, réalisé dans des conditions effroyables, comme on l'a très souvent prétendu ? Il n'en est rien. Sans atteindre peut-être celles des ouvriers traditionnels des nécropoles du Nouvel Empire au cours desquelles les fiches de présence signalent des excuses pour des raisons fallacieuses – tels la maladie d'un âne qu'il fallait conduire au vétérinaire ou l'enterrement renouvelé d'une vieille tante –, les conditions de travail devaient être sensiblement les mêmes, si l'on veut bien se souvenir qu'au cours de tout l'Ancien Empire la construction d'une pyramide était une entreprise tout à fait routinière.

L'autre partie des travailleurs était, au contraire, constituée par des employés permanents, des spécialistes. Fortement hiérarchisés, ceux-ci étaient des citoyens libres ou des fonctionnaires ou pensionnés *(ankh n tt)*, parmi lesquels il faut compter les ouvriers de la nécropole, carriers, maçons, sculpteurs, métallurgistes, dépendant de l'administration centrale et bénéficiant d'avantages matériels spéciaux. Ils étaient payés en nature, en pain, bière, huile, vêtements, etc., fournis par la Trésorerie royale, c'est-à-dire qu'ils étaient rétribués selon les idées et les moyens du temps.

Comment ces gens étaient-ils traités au point de vue matériel ? Nous allons produire ici un texte, postérieur il est vrai, puisqu'il date du règne de Ramsès II (1200 ans avant Jésus-Christ environ), mais qui révèle la manière paternaliste des dirigeants de cette époque lointaine. Le roi, ordonnateur d'un certain travail, dit :

> ... J'ai assuré votre subsistance en tous produits, pensant que vous travailleriez pour moi d'un cœur reconnaissant ; j'ai été constamment soucieux de vos besoins, multipliant les vivres en votre possession, car

je sais que pour le travail que vous faites, on se réjouit de le faire quand on a le ventre plein. Les greniers sont pleins de blé pour vous. J'ai rempli à votre intention les magasins de toutes sortes de produits, tels que pains, viandes, gâteaux pour vous sustenter, sandales, habits, huiles en abondance pour vous enduire la tête tous les dix jours, vous vêtir à neuf tous les ans, et vous pourvoir de sandales tous les jours… Et le roi conclut : j'ai fait tout cela en me disant que vous y trouveriez un motif de travailler pour moi d'un cœur unanime.

Trad. Sauneron[40]

Ce n'est évidemment pas de cette manière qu'on traite les esclaves et qu'on les traitera aux époques postérieures.

Il existait d'ailleurs, en faveur des hommes du peuple, une protection civile, une sorte de Sécurité sociale dont l'administration était assurée par les temples.

Et enfin, si on en croit Diodore de Sicile (I, 92), les gens étaient soignés gratuitement, car les médecins, étant fonctionnarisés, recevaient un traitement et non des honoraires[41].

Faut-il conclure à des conditions idylliques de travail ? Certainement pas, mais il est aussi bien certain que les actes d'atrocité ont été étonnamment rares en Égypte. Nous ne connaissons, ni dans la littérature ni dans les représentations figurées de l'époque pharaonique, aucun acte de cruauté, si on excepte quelques scènes de bastonnade, d'ailleurs exécutées après jugement et le sacrifice, peut-être rituel, des chefs ennemis vaincus à la guerre, lesquels étaient théoriquement assommés par le roi lui-même.

Le climat toujours égal, le ciel pur, la facilité de la vie, qui ont toujours conditionné le caractère des individus, ont produit l'éthique sur laquelle est fondée la civilisation égyptienne[42].

Au cours des grandes expéditions aux carrières, telles que celles du Wadi Hammamat, organisées dans le dessein de rapporter les pierres nécessaires à l'édification des monuments, une des troupes ne réunissait pas moins de 18 742 personnes[43]. Son effectif n'était donc guère inférieur à celui des travailleurs que nous estimons être celui d'une grande pyramide (voir Appendice en fin d'ouvrage). Cette expédition était dirigée par un état-major étonnamment nombreux et varié et où chacun des membres remplissait un rôle efficace. Sous la direction d'un « messager royal », on compte dans l'effectif trois directeurs, des officiers de l'état-major, des chefs de travaux, ingénieurs, scribes, comptables et même des gardes champêtres et des chanteurs.

Une proportion assez importante des travailleurs était, comme nous le disions, composée de marins, recrues spécialisées sans doute dans les arrimages compliqués des traîneaux ou dans le halage des véhicules.

Ces mêmes textes nous apprennent que, pour prévenir les rixes, les désertions, et peut-être aux chantiers des pyramides pour assurer la circulation sur les routes d'accès au plateau, il était prévu un service d'ordre. Celui-ci était composé, selon les lieux et les époques, d'archers ou de gendarmes. Un corps de magistrats était chargé de régler les litiges et de faire régner l'ordre et la paix.

L'Intendance n'était pas oubliée. Là aussi, on constate la présence de brasseurs, de boulangers, de bouchers, de cuisiniers.

L'entretien du matériel était assuré par des magasiniers, des cordonniers.

Sous le Moyen Empire, au cours d'une de ces expéditions aux carrières lointaines, les hommes recevaient une ration journalière en pain et en bière, selon une proportion et un ordre hiérarchique précis, dont l'ordonnance ne laisse pas de nous étonner. Voici, pour avoir une idée, la rétribution réservée à chaque membre du personnel :

le chef de l'expédition	200 pains,	5 mesures de bière
le chef des carriers de la nécropole et les officiers	100 pains,	3 mesures de bière
le Juge, le chef de la Trésorerie	50 pains,	2 mesures de bière
scribe	30 pains,	1 mesure de bière
armurier	15 pains,	1/3 mesure de bière
sculpteur	20 pains,	1/2 mesure de bière
homme de troupe (manœuvre, soldat)	10 pains,	1/3 mesure de bière

Une autre inscription[44] indique qu'on distribuait en plus, à chacun des hommes, viande 12 (?), gâteaux 3.

Ces produits provenaient de l'Administration centrale, laquelle comprenait :

1. Les greniers du roi (pour les céréales) ;

2. Les magasins du roi (viandes et volailles) ;

3. La Trésorerie (matériel : outils, outres, tombereaux, vêtements, sandales, etc.).

Il est donc très vraisemblable qu'à part les détails propres à une expédition en marche et opérant à grande distance, une organisation assez semblable devait être appliquée au cours de l'édification d'une Grande Pyramide.

On pourra objecter que ces documents sont puisés à des sources datant d'une époque postérieure (2 000 au lieu de 2 600 ans environ avant Jésus-Christ) et qu'à cette époque l'Administration était peut-être plus structurée, plus perfectionnée. Ce n'est pas notre avis.

En effet, lorsqu'on considère l'énormité des travaux exécutés sous la IVe dynastie, l'édification d'au moins quatre ou cinq grandes pyramides, dont la construction a été menée à bonne fin, on peut penser que ces ouvrages techniques étaient presque devenus des travaux de routine, puisque dès qu'une pyramide était achevée, on en construisait une autre.

Ayant atteint ce degré de perfection, l'Administration de l'Ancien Empire ne pouvait plus, au cours des âges qui suivront, que dégénérer plutôt que progresser.

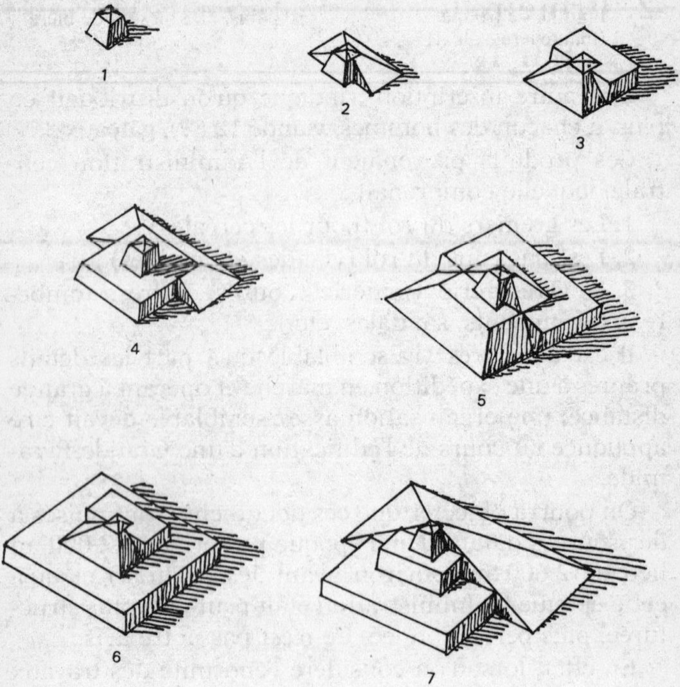

Fig. 5bis. *États successifs de la construction d'une pyramide d'après un système exposé dans les anciens guides touristiques ; cf. Perrot et Chippiez,* L'Égypte, *T. I, p. 215.*

2. Principales théories préconisées par les auteurs modernes

(exposition et réfutation)

> ... Les ouvriers avaient avec eux des feuilles couvertes d'écritures (magiques) et dès qu'une pierre était taillée et parée, on posait une de ces feuilles sur laquelle on donnait un coup, et ce coup suffisait pour lui faire parcourir une distance de 100 sahnes (200 portées de flèches = 26 000 mètres) et l'on recommençait jusqu'à ce que la pierre arrivât sur le plateau des pyramides.
>
> AHMED-AL-MAQRIZI (environ 1360-1442). *Description topographique et historique de l'Égypte* (trad. Bouriant et Casanova). Mém. de la Mission arch. française, Le Caire, p. 323.

Avant d'exposer notre point de vue sur la manière dont furent construits ces gigantesques monuments, nous allons passer en revue les principales méthodes qui, au cours des siècles, ont été proposées par les auteurs qui étudièrent le plus sérieusement la construction des Grandes Pyramides. Nous montrerons les défauts et les avantages de chacune d'elles en ne faisant appel qu'à des critères parfaitement vérifiables.

Nous devons, en premier lieu, chasser rigoureusement de notre esprit toute hypothèse fondée sur l'emploi du bois en tant que matériau d'échafaudage. L'état de nos connaissances sur l'Égypte ancienne nous permet d'être catégorique sur ce point : le bois fut toujours rare dans la Vallée du Nil. Les découvertes ont montré suffisamment avec quelle parcimonie les menuisiers et les ébénistes utilisaient jusqu'au moindre bout de bois, au point que, pour exécuter un simple meuble, ils constituaient une véritable mosaïque de pièces et de morceaux[45]. Les seuls bois indigènes étaient l'acacia, le sycomore, le tamaris et le saule. Tous les autres : cèdre, sapin, cyprès utilisés par les Égyptiens, provenaient de pays étrangers tels que le Liban ou la Syrie. L'ébène était rapportée du Centre de l'Afrique. Les textes témoignent d'ailleurs des efforts déployés par les Égyptiens de toutes les époques pour se procurer du bois à l'étranger[46].

D'autre part, les Égyptiens ne connaissaient ou n'utilisaient pas le fer. Partant, pas de câbles métalliques, pas de roues, donc pas de poulies ni de machine mystérieuse.

Les rares rouleaux de bois trouvés par les archéologues sont de petite taille, d'ailleurs difficiles à employer sans les faire rouler autrement qu'entre deux surfaces dures et parfaitement planes. En bois et sans un frettage métallique approprié, les rouleaux sont rapidement « mâchés » par les aspérités de la pierre[47].

Et enfin, les Égyptiens de l'Ancien Empire n'ont jamais connu le char à roues. Celui-ci est du reste mal adapté au terrain égyptien. En effet, la terre y est sablonneuse ou bien formée d'un limon gras, conditions peu favorables à l'emploi d'un véhicule muni de roues. Les premières représentations de cet organe de forme circulaire coïncident avec l'arrivée des Hyksos en Égypte. Et encore son usage était-il limité au char de combat attelé.

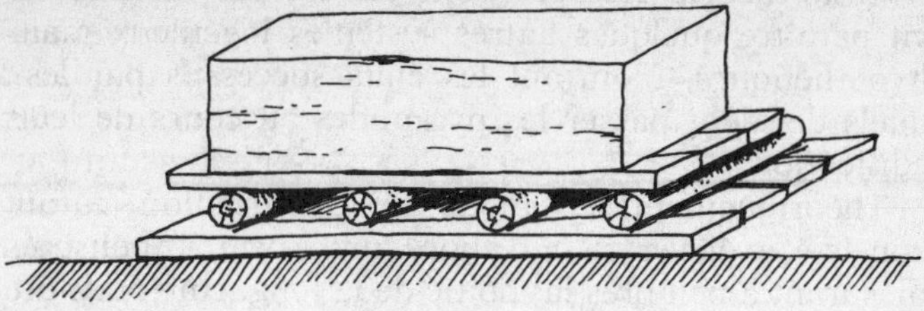

Fig. 6.

La théorie de Lepsius sur les accrétions

Une hypothèse relative à l'édification des pyramides doit être définitivement éliminée. C'est la théorie dite des « accrétions ». En effet, à la suite d'une curieuse aberration collective, presque tous les chercheurs qui se sont efforcés de trouver une explication du mode de construction des pyramides se sont détournés du vrai problème et ont présenté une solution qui ne répond pas à la véritable question, à savoir comment les pierres ont pu être transportées au sommet de la pyramide (146,59 mètres pour celle de Khéops).

Le savant allemand Richard Lepsius, vers 1840, en étudiant la structure interne des pyramides de Saqqarah, de Meïdoum et d'Abousir, décela, en effet, le premier sur les flancs de ces édifices des juxtapositions de maçonnerie qui lui parurent anormales. Il avait, par exemple, remarqué à Meïdoum des couches de revêtement à lit déversé. Il émit la théorie selon laquelle la plupart des pyramides, sinon toutes, avaient été bâties par des additions successives de revêtements se recouvrant les uns les autres, comme la chair d'un oignon. Les dimensions des pyramides auraient ainsi été déterminées par la longueur du règne du souverain qui les avait construites[48].

Cette théorie des accrétions eut ses partisans et on vit paraître quelques autres systèmes ingénieux mais hypothétiques, montrant les états successifs par lesquels devaient passer les pyramides au cours de leur édification[49].

Théoriquement, ce mode de construction aurait consisté à élever tout d'abord une sorte d'obélisque mesurant à peu près la moitié de la longueur totale du monument projeté. Contre cet obélisque, on aurait bâti un massif, lequel élargi en bas par la juxtaposition de petits massifs prismatiques, aurait formé une petite pyramide. Appuyées à ce parement incliné, ces pierres ajustées devaient envelopper cette première construction pour former ensuite un massif parallélépipédique, du genre du Mastaba el-Faraoun.

Si la vie du pharaon se prolongeait, l'opération continuait, et on élevait sur le massif ainsi constitué un autre obélisque, et le procédé recommençait pour se terminer par la pose d'un revêtement général. Celui-ci était construit en commençant par le bas et devait donner au monument la forme que nous lui connaissons.

Selon l'architecte Choisy, auteur de *l'Art de bâtir chez les Anciens Égyptiens*, et partisan de ce système, les masses étaient « progressivement grossies et croissaient comme d'immenses cristaux par couches qui s'enveloppent les unes dans les autres[50] ».

Cette théorie des accrétions a été combattue avec raison par Fl. Petrie et, à sa suite, par la plupart des archéologues[51].

En effet, il est difficile, d'une part, d'admettre que le temple funéraire, normalement construit sur la face est, fut démoli et reconstruit chaque fois que la pyramide s'agrandissait.

D'autre part, si cette théorie est exacte, les pyramides les plus grandes correspondraient aux règnes les plus longs. Or il n'en est rien, puisque, par exemple, la pyramide de Pépi II, qui, selon Manéthon, régna 95 ans, ne mesurait guère plus de 52 mètres de haut, alors que Mykérinos, qui ne règna que 18 ans, construisit une pyramide de 65,50 mètres (mesures Lauer, Maragioglio).

Fig. 7. *Système préconisé par Choisy*. (L'Art de bâtir, *p. 99*.)

En revanche, on a maintes fois constaté que, si le roi venait à mourir avant l'achèvement de son tombeau, le projet, si grandiose fût-il, était terminé à la hâte ou quelquefois abandonné. Cela dépendait de la piété, ou de l'indifférence que le roi avait su inspirer à ses successeurs. Ainsi, à la pyramide de Khéphren, le temple ne fut pas entièrement achevé ; à celle de Mykérinos, on dut se contenter d'un sanctuaire en brique crue construit à la hâte. Quant à la pyramide nord de Zaouiet el-Aryân, ainsi que celle de Didoufri à Abou-Roach, quoique conçues pour atteindre de grandes dimensions, elles ne furent même pas construites ; seules les parties souterraines furent creusées.

L'erreur de Lepsius provient peut-être du fait qu'on connaissait mal, à son époque, le principe de la montée mystique de l'âme du roi par l'escalier, principe sur lequel nous nous sommes déjà expliqué.

La principale objection que nous faisons au système élaboré par Choisy se rapporte au fait que celui-ci ne tient pas compte de la façon dont les « accrétions » auraient pu être bâties avec les moyens dont disposaient les Égyptiens. Techniquement parlant, le système par couches latérales appliquées sur les flancs d'une pyramide est irrationnel, simplement parce qu'il leur était impossible de hisser les matériaux à la hauteur voulue. D'ailleurs, comme le font remarquer Clarke et Engelbach, le procédé des accrétions constitue la façon de construire la plus « gaspilleuse » et les Égyptiens étaient trop bons bâtisseurs pour cela[52].

Il est exact que, dans les premières pyramides de Saqqarah et de Meïdoum, on observe une sorte d'accroissement du plan primitif[53], mais nullement à la manière indiquée par Choisy, c'est-à-dire par le procédé des accrétions. Ces agrandissements trahissent uniquement les tâtonnements du début et des changements de plan, mais pas du tout quelque procédé de construction.

À notre avis, le témoignage qui démontre formellement que la pyramide interne fut construite d'une seule venue est fourni par la pyramide à degrés inachevée de Sekhemkhet, successeur de Djeser, assez récemment découverte à Saqqarah[54]. En effet, on peut constater sur place que, bien que la pyramide soit encore à l'état de fondation, les massifs en forme de gradins sont déjà entièrement formés de sept murs indépendants s'appuyant les uns sur les autres et inclinés vers l'intérieur (voir photo). En effet, on n'aurait construit dans le cas contraire que le noyau initial, lequel aurait progressivement pris de l'ampleur au fur et à mesure de l'avancement des travaux.

L'archéologue allemand L. Borchardt, en étudiant les pyramides de la Ve dynastie[55], avait bien observé des sortes de gradins qui, par le fait qu'ils étaient indépendants du corps et du revêtement de l'édifice, lui avaient paru conformes à la théorie de Lepsius.

Il avait pensé qu'il n'y avait aucune raison qu'il n'en fût pas de même à la pyramide de Khéops[56].

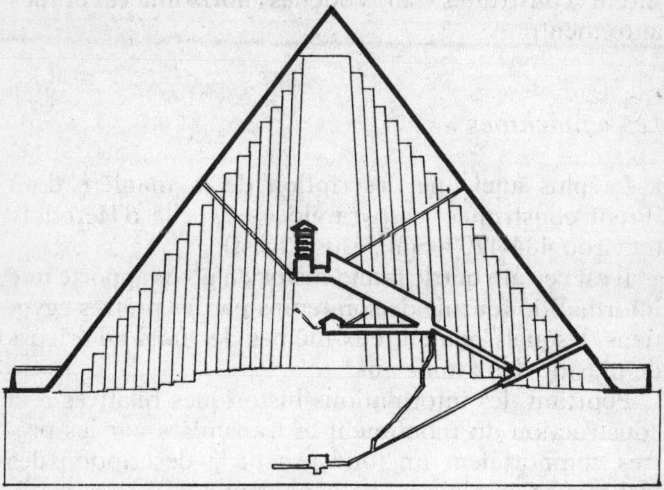

Fig. 8. *Le système par couches successives, L. Borchardt,* Einiges zur dritten Bauperiode, *Le Caire, 1932, Tafel I.*

La découverte d'irrégularités observées dans les joints de pierres des parois du couloir ascendant venait, lui semblait-il, confirmer cette opinion et lui permit d'énoncer le principe des « blocs-ceinture » *(girdle-stone)*, théorie qui a, elle aussi, été vigoureusement combattue par Clarke-Engelbach, et sur laquelle il ne nous paraît pas nécessaire de revenir[57].

Enfin, un autre préjugé, qui est en fait le même, doit être définitivement éliminé au début de cette étude. Il s'agit du prétendu système de la construction préliminaire d'une pyramide à degrés, en forme de gradins, suivie de l'édification du revêtement. Ce procédé est impraticable et nous aurons souvent l'occasion de le démontrer au cours de cette étude. Il faut donc chasser définitivement cette absurde légende. Les pyramides furent construites par couches horizontales et pas autrement.

Les « machines »

La plus ancienne description de la manière dont furent construites les pyramides est celle d'Hérodote (environ 484-420 avant Jésus-Christ).

Il est certain que le grand historien grec rapporte une information fournie de son temps par les prêtres égyptiens, lesquels relatent eux-mêmes des faits antérieurs de plus de deux mille ans.

Pourtant, les informations historiques relatives à la construction du monument et transmises par les prêtres comportaient un fond exact ; la description des techniques employées est conforme aux usages traditionnels de la construction égyptienne de cette époque.

Mais Hérodote écoute en historien et non en technicien et c'est la raison pour laquelle ses assertions paraissent assez vagues. Elles furent la cause de bien des erreurs, qui, prises à la lettre, aboutissaient immanquablement à des impasses.

Pourtant, répétons-le, les explications des prêtres égyptiens étaient parfaitement vraies. Nous le constaterons plus loin en relisant et en groupant les textes des différents auteurs anciens qui ont écrit sur ce sujet. Revoyons le problème : l'historien grec nous apprend, en substance, que les pyramides furent construites à l'aide d'un système d'échafaudage en forme de gradins et qu'on utilisa des « *machines faites de courtes pièces de bois* ».

Comment expliquer cela et qu'étaient ces fameuses machines ?

L'ascenseur oscillant

Parmi les objets trouvés dans les dépôts de fondation datant du Nouvel Empire, Champollion mentionne la présence d'un curieux appareil en bois[58] offrant quelque ressemblance, en réduction, avec nos traîneaux. À la différence près, cependant, que ces modèles réduits possèdent des patins plus arrondis, presque circulaires. Il ne pouvait être question, comme on l'a parfois envisagé, d'y voir des cintres ou formes, sortes de moules en bois, dont on se sert aujourd'hui pour confectionner les arcs et les voûtes, puisque les Égyptiens savaient fort bien s'en passer pour les rares voûtes en brique crue en usage chez eux.

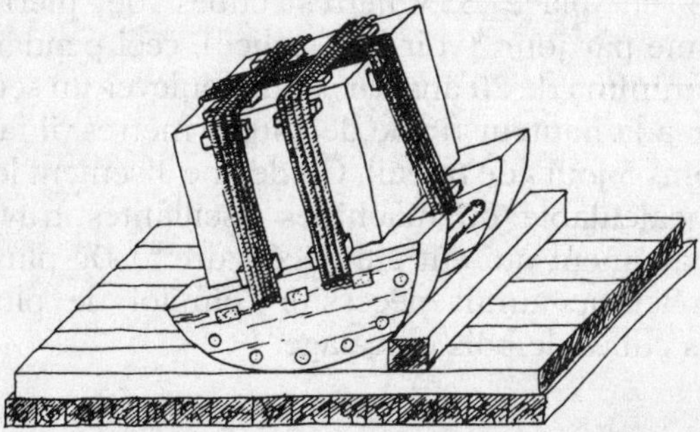

Fig. 9. *Système de l'ascenseur oscillant.*

Tout de suite l'idée des « machines faites de courtes pièces de bois »[59] vint à l'esprit. Ce fut G. Legrain qui trouva une explication à l'usage de cet appareil, qu'il nomma « ascenseur oscillant ». Celui-ci devait fonctionner de la manière suivante : on fixe un bloc de pierre sur cette sorte de traîneau au moyen de cordages, une simple poussée provoque alors un mouvement de bascule. On glisse aussitôt un madrier au-dessous. Une autre poussée en sens inverse, suivie de la pose d'un autre madrier et la pierre se trouve soulevée de quelques centimètres et ainsi de suite, de gradin en gradin.

Pour ingénieuse qu'elle soit, l'hypothèse concernant le fonctionnement d'une pareille machine ne manque pas de soulever plusieurs objections d'ordre pratique.

Tout d'abord, et bien que le volume moyen des blocs de Khéops se situe aux environs de 1 m^3 (2,5 t), on peut se demander comment étaient faites ces bascules capables de supporter un poids parfois supérieur à 40 tonnes ? D'autre part, nous avons calculé qu'il était indispensable, pour achever la construction d'un monument dans les délais voulus, de transporter et de mettre en place 355 mètres cubes de pierres en moyenne par jour, (voir Appendice), ceci pendant une durée minima de 20 ans. Or, pour soulever un seul bloc moyen à la hauteur finale de 146,59 mètres, il faudrait au moins 5 jours de travail. On devine aisément le nombre incalculable de machines oscillantes travaillant simultanément qui eût été nécessaire[60] ! De plus, chaque machine aurait nécessité l'emploi de plusieurs mètres cubes de bois de calage.

Fig. 10. *Systèmes élévatoires selon Fl. Petrie. Petrie,* Arts et Métiers de l'Anc. Égypte, *p. 90 ; Petrie,* Égypt. Arch., *pl. X.*

Choisy, dans son ouvrage l'*Art de bâtir chez les Égyptiens*, reconnaît d'ailleurs que « la profondeur de giron de chaque marche serait insuffisante », et il y remédie en suggérant l'emploi de fourrures en brique groupant les gradins par deux[61], ce qui, à notre avis, n'aurait eu pour résultat que d'augmenter les difficultés. En effet, comment « accrocher » ces gradins sur le revêtement lisse, si celui-ci était déjà construit ? Et si celui-ci ne l'était pas, comment faire ensuite pour monter les pierres du revêtement ? Il eût été impossible de les glisser au-dessous de celles qui étaient déjà placées. On ne construit pas sur le vide. Il aurait donc fallu démolir les fourrures qui avaient servi pour bâtir le gros œuvre et poser le revêtement en partant de la base. Dans ce cas, le problème reste le même. Comment hisser les blocs de revêtements ?

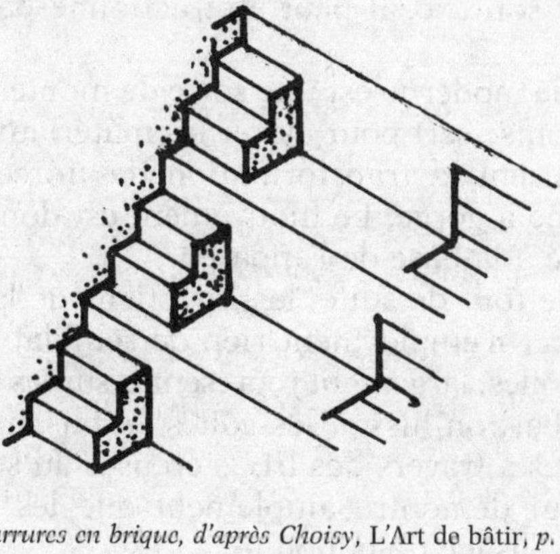

Fig. 11. *Fourrures en brique, d'après Choisy,* L'Art de bâtir, *p. 100, fig. 80.*

On voit par là qu'il y a incompatibilité absolue entre l'emploi des redans et une pyramide à parois lisses et que le fameux « ascenseur oscillant » n'est qu'une vue de l'esprit. Nous préférerions, quoique encore avec beaucoup de réserve, voir dans cet énigmatique appareil, avec Clarke-Engelbach, quelque engin destiné à assembler et à ajuster les blocs des appareillages[62].

La chèvre ou sapine

Quoique cet appareil de levage ne soit jamais représenté sur les bas-reliefs égyptiens, nous estimons devoir le mentionner ici parce que l'idée de cet appareil ne manque pas de se présenter à l'esprit, car c'est le premier et le seul moyen concevable de nos jours.

L'appareil, que nous nommons actuellement une chèvre, se compose essentiellement de deux montants ou bras s'assemblant par le haut ; à leur point de jonction se trouve une poulie sur laquelle roule une corde. À la partie inférieure, un treuil mobile ou un cabestan tourne sur son axe. Il peut être actionné par la force des bras.

La sapine moderne est une sorte de monte-charge en bois dont on se sert pour élever les matériaux. L'une et l'autre utilisent la transformation des forces à l'aide d'une poulie à gorge. Le mouvement est donné par un treuil placé à la base de l'appareil.

Disons-le tout de suite, les Égyptiens ne la connaissaient pas et n'employaient rien de semblable. Sur les navires à voiles, largement représentés sur les bas-reliefs des mastabas, on hissait les voiles en faisant coulisser les cordages à travers des trous creusés au sommet du mât, ce qui démontre amplement que les Égyptiens ignoraient l'usage de la poulie.

Lauer a observé à la pyramide de Djeser des poutres en bois encore en place dans les couloirs de la descenderie sud[63]. Celles-ci portent de profonds sillons provoqués par le frottement des cordages. Il ne s'agit évidemment pas là d'un système fondé sur la transformation des forces, mais d'un procédé de blocage de la corde.

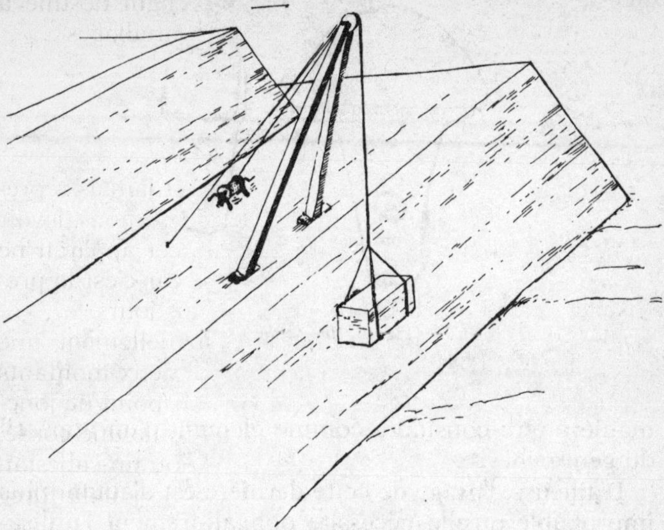

Fig. 12. *Mode de levage à l'aide de la chèvre.*

Le seul objet que nous possédions ayant vaguement l'aspect d'une poulie rudimentaire consiste en une sorte d'engin taillé dans du basalte, trouvé par Selim Hassan aux abords de la pyramide de Khent-Kawès[64] (fig. 13).

Cet élément, de forme semi-circulaire, est creusé à la partie supérieure d'une gorge destinée à recevoir un cordage. La partie inférieure comprend un tenon cylindrique qui a pour but évident de servir à le fixer sur une sorte de support. Le cordage glissant dans la rainure recevait donc d'une part la force (force musculaire) et de l'autre la résistance (fardeau). Pour que l'équilibre fût rompu, il fallait vaincre la résistance passive due au frottement en graissant abondamment le cordage. Ce médiocre engin dut sans doute être employé au cours de la construction de l'édifice. Mais il ne doit en aucune

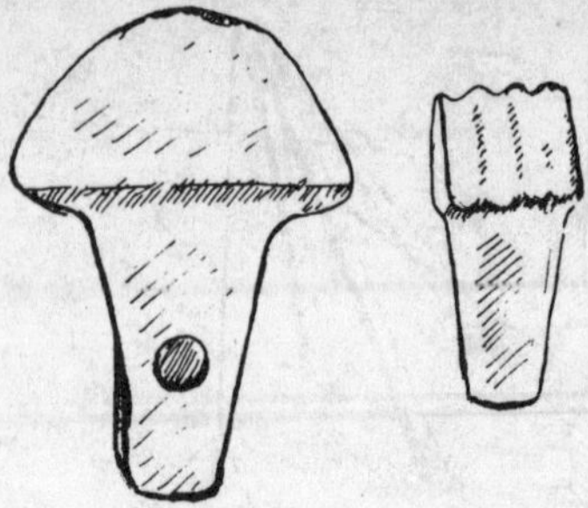

Fig. 13. *Une poulie ?*

manière être considéré comme élément d'un appareil du genre chèvre.

D'ailleurs, l'usage de cette dernière est d'autant plus improbable qu'elle nécessite obligatoirement l'utilisation du système de paliers en gradins appuyés sur le flanc de l'édifice. Et nous avons vu que le travail à l'aide de gradins est incompatible avec la construction d'une pyramide à parois lisses.

Échafaudages en sapines

L'architecte allemand Hölscher avait, au cours des fouilles pratiquées à la pyramide de Khéphren, remarqué la présence de fortes encoches creusées sur certains blocs du parement en granit[65]. Ces encoches étaient disposées à la partie supérieure et à l'arrière des blocs. En raison de leur emplacement peu commode pour exercer la manœuvre de pose, Hölscher estimait que ce n'étaient pas là des cavités creusées pour servir de point d'appui aux leviers.

D'autre part, il avait également observé, disposés sous le dallage du temple de la même pyramide, des

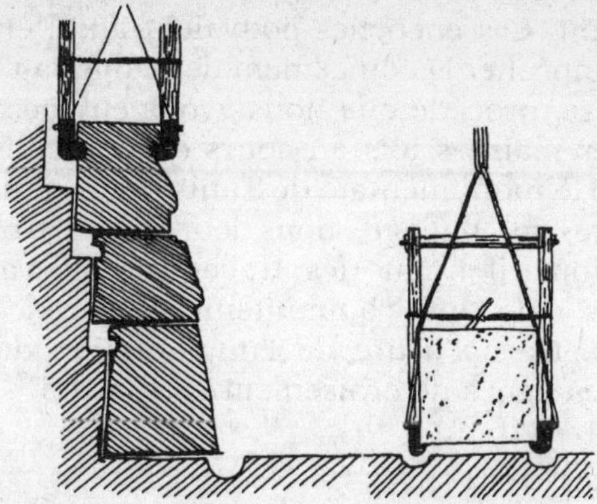

Fig. 14. *Le procédé d'Hölscher.*

trous circulaires de 25 cm de diamètre et de profondeur. Ils étaient creusés à peu près régulièrement sur deux ou trois rangs. Il en a conclu qu'il pouvait s'agir là de cavités ayant servi à fixer les pieds d'une sorte d'échafaudage en boulins destiné à soulever les pierres et à dresser les statues.

Jusque-là c'est, à la rigueur, plausible. Mais de ces deux observations, il déduisit que les Égyptiens avaient pu disposer de quelque appareil de levage et il imagina un ingénieux système d'accrochage des blocs à l'aide de pinces, ce qui nous paraît tout à fait inadmissible parce que impossible à exécuter avec les moyens dont disposaient les Égyptiens de l'Antiquité. En effet, cet engin implique forcément l'usage de la poulie, du treuil et de crochets en acier. Or, nous croyons avoir démontré leur inexistence à l'époque des pyramides.

Les encoches trouvées sur les blocs et signalées plus haut ont pu être creusées pour assurer la fixité des cordages nécessaires à la manœuvre (voir fig. 72), précisément dans le cas où l'espace manquait ou était insuffisant. Ces encoches pouvaient aussi être destinées à empêcher le coincement des câbles au moment de la pose, procédé que nous avons eu l'occasion de pratiquer maintes fois au cours de la reconstitution de la Porte monumentale de Tanis[66]. Quant aux trous circulaires du dallage, nous leur avons trouvé une explication ; il s'agit des traces des chevalets, les « chaises », destinées à maintenir en place le cordeau du géomètre à l'heure de l'implantation du monument. Les lignes de croisement en font foi[67].

Le procédé de levage par suspension de Croon

Un ingénieur allemand, Louis Croon[68], refusant tout d'abord la possibilité de l'emploi de rampes perpendiculaires à une face de la pyramide, jugeant avec raison – et nous le confirmerons plus loin –, que leur édification aurait exigé autant de travail que pour la pyramide elle-même, propose un tout autre système de levage. Ce procédé serait fondé sur le principe du « chaddouf », employé encore de nos jours par les fellahs égyptiens pour tirer de l'eau. Déjà connu à l'époque pharaonique, cet appareil est constitué, comme on le sait, par un levier horizontal mobile, posé à distance inégale sur un poteau fixe. Selon Croon, le bloc devait être fixé à la partie courte du levier tandis que, sur la partie longue, un certain nombre d'hommes faisaient contrepoids, suspendus à des brins de corde. Arrivé à la hauteur de l'assise supérieure, le bloc était glissé sur une épaisseur de madriers. L'opération était répétée de gradin en gradin.

Si on considère le fait mathématique qu'il a fallu, comme nous l'avons déjà dit, mettre journellement en place 355 mètres cubes de pierres, soit en moyenne le même nombre de pierres pendant une durée d'au moins

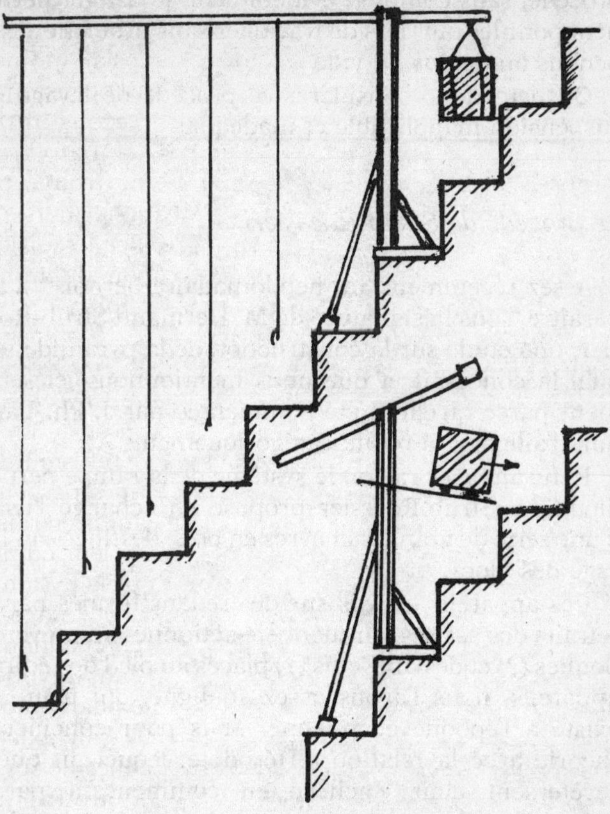

Fig. 15. *L'appareil élévatoire proposé par L. Croon.*
(cf. *Lauer,* Mystère, *p. 277.*)

vingt ans (voir Appendice I) et que ces appareils devaient être actionnés autant de fois qu'il y avait d'assises ou de gradins, soit quelque 240 fois pour placer un seul bloc parmi ceux du sommet, on peut imaginer le fourmillement d'hommes et d'appareils qu'aurait nécessité un tel procédé, sans compter, évidemment, le danger permanent pour les ouvriers de travailler sans protection, suspendus au-dessus du vide.

On peut donc considérer ce procédé de levage par suspension inapplicable et inadéquat.

Le procédé de Strub-Roessler

Assez récemment, un hebdomadaire bernois[69] a fait paraître, sous la signature de M. Hermann Strub-Roessler, une étude sur la construction de la pyramide telle qu'il la concevait et que nous mentionnons ici seulement parce qu'elle a été commentée par J.-Ph. Lauer qui, d'ailleurs, la réfute catégoriquement[70].

Refusant avec raison le système de la rampe perpendiculaire, Strub-Roessler propose en échange l'usage d'une série de grandes chèvres en bois, destinées au hissage des blocs.

Ces appareils, placés sur des redans formés par les retraits des assises, auraient été actionnés au moyen de poulies (?) et de cabestans (?) placés au pied de l'édifice, appareils, nous l'avons assez souligné, qui n'ont pas existé à l'époque égyptienne. Mais pour concilier sa théorie avec la relation d'Hérodote, lequel dit que le revêtement était « achevé en commençant par le sommet », il imagine un système permettant de construire le revêtement de haut en bas.

Pour y parvenir, Strub-Roessler est obligé d'inventer une taille de pierre destinée à s'imbriquer par coincement à la précédente pierre déjà posée. Procédé qui n'a qu'un défaut, c'est qu'on n'a trouvé dans aucune pyramide une seule pierre de revêtement taillée de cette manière. Et nous ne nous étendrons pas, entre autres impossibilités, sur l'action négative du poids ni sur la grosseur des câbles, forcément en matière végétale,

Fig. 16. *Système de la « chèvre » d'après M. Strub-Roessler.*

nécessaires au fonctionnement d'appareils situés à 100 mètres de haut et plus.

Le plan incliné général

L'explication la plus sommaire, et cependant la plus répandue, concernant le procédé mis en œuvre par les Égyptiens pour construire les Grandes Pyramides, celle que fournissent, par exemple, les guides qui font visiter les célèbres monuments, est la suivante : on avait, disent-ils, commencé par poser la première assise. Cela fait, on accumulait sur les quatre côtés autant de sable qu'il était nécessaire pour constituer tout autour une sorte de glacis ou pente. Après quoi, on pouvait, à l'aide de traîneaux, faire glisser les pierres et poser la deuxième assise. Celle-ci mise en place à son tour, on répandait une nouvelle couche de sable en suivant la même inclinaison, ce qui permettait d'amener les blocs de la troisième assise. Et ainsi de suite, jusqu'à la pierre finale du sommet.

Ce procédé ne résiste pas à l'examen le plus élémentaire. En effet, en supposant que l'on eût même employé une pente maxima de 1/10 ou 10 cm par mètre, ce qui constitue déjà une pente très raide, on obtiendrait, compte tenu de la hauteur finale de 146,594 mètres, la distance de :

$$\frac{100 \times 146{,}594}{10} = 1\ 465{,}94 \text{ mètres,}$$

ce qui revient à dire que tout le plateau de Gizeh aurait été submergé, enseveli sous une énorme épaisseur de sable et cela sur un rayon de 1 465 mètres, ce qui évidemment est impossible.

L'usage de la rampe en brique crue

Ayant mis l'accent sur l'impossibilité de l'existence et de l'emploi de prétendues machines – celles que décrit Hérodote devaient être en définitive de simples traîneaux –, nous allons, si l'on ose dire, nous trouver en terrain plus solide.

En effet, les archéologues qui étudièrent le plus sérieusement les pyramides – tels que Petrie, Borchardt, Hölscher, Croon, Engelbach, Wheeler ainsi que Lauer, l'éminent spécialiste de la pyramide à degrés, et, dans un autre domaine, Chevrier, architecte des monuments de Louxor – sont tous d'accord sur un point : les Égyptiens utilisèrent, tant pour la construction des pyramides que pour celle des grands temples, des rampes en brique crue. L'usage de la rampe est également attesté pour les travaux de carrières[71].

Par ailleurs, des témoignages de l'époque pharaonique confirment l'emploi du plan incliné pour hisser des matériaux[72]. Il existe aussi un texte sur papyrus[73] où il est question de la construction d'une rampe en brique et que nous commenterons plus loin. Ce dernier texte prouve, non seulement l'usage courant d'une telle rampe, mais également l'existence et l'emploi du calcul prévisionnel par les architectes égyptiens.

Notons, enfin, que l'emploi de la rampe en brique est attesté au cours de toutes les époques pharaoniques. Les vestiges de plusieurs d'entre elles, signalés à Meïdoum par Petrie-Wainwright[74] et Borchardt[75], ont été étudiés par Lauer[76]. En ce qui concerne les rampes de Meïdoum, nous pensons qu'il s'agissait de rampes secondaircs d'approche, réservées au passage des ouvriers et au transport des matériaux légers, mais non de la rampe principale. En effet, le peu d'épaisseur du sommier en brique crue et la variété des pentes ne permettaient pas, sur une rampe même garnie de troncs de palmier, le passage de lourds fardeaux. Le véritable échafaudage en brique était d'ailleurs détruit, et pour cause, aussitôt après l'achèvement, même partiel, d'une pyramide.

D'autres rampes, également secondaires, ont été signalées à Gizeh, au sud de la pyramide de Khéphren[77], dans la cour du temple solaire d'Abou-Gourab (V^{e} dynastie)[78], à la pyramide de Licht (XIIe dynastie)[79].

Il n'en est peut-être pas de même pour ce mur ou massif en brique crue qui entoure sur trois côtés la pyramide de la reine Khent-Kawès (V^{e} dynastie). Hölscher avait proposé d'y voir un type d'échafaudage formé de rampes latérales. Par la suite, l'archéologue égyptien Sélim Hassan[80] avait cru y reconnaître un mur d'enceinte en brique crue aux angles arrondis (?) disposé de manière à permettre un étroit passage de circulation entre le mur de brique et le bas de la pyramide. Mais, à notre avis, il paraît trop étroit pour cet usage.

Sans vouloir être trop catégorique, nous aurions tendance à admettre, sous réserve de nouveaux contrôles, le premier jugement de Hölscher, c'est-à-dire qu'il s'agit des vestiges d'une rampe en brique (fig. 17 et photo).

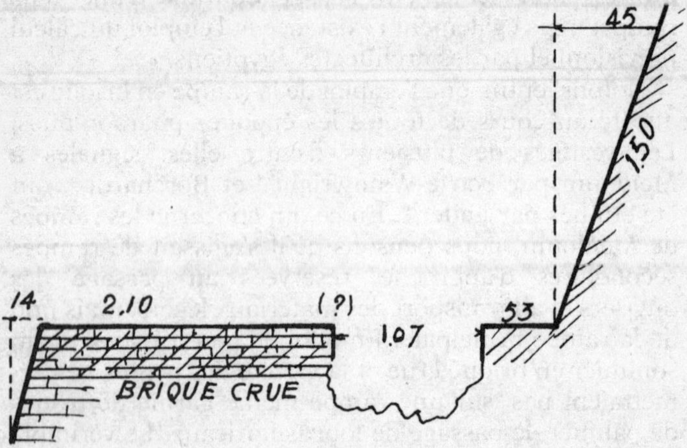

Fig. 17. *Mur de brique de la pyramide de Khent-Kawes.*

Enfin rappelons l'existence maintes fois signalée de l'échafaudage en brique sur une face du premier pylône de Karnak. On remarquera sur la paroi de ce dernier les pierres en « bossage »[81]. Tout cela établit d'une manière formelle que les Égyptiens ont employé une rampe en brique pour construire leurs pyramides. Mais de quelle sorte de rampe s'agissait-il ?

Le système de Petrie

Dérivé du plan incliné général – qui aurait eu pour résultat de submerger tout le plateau sous la masse de terre ou de sable –, le procédé imaginé par Petrie[82] se serait borné à accumuler du sable sur un seul côté de la pyramide. La rampe devait s'élever, à mesure que le travail de construction progressait, jusqu'aux 3/4 environ de la hauteur. Ensuite, changeant de méthode, on devait pouvoir atteindre le sommet par une pente en zigzag (fig. 18).

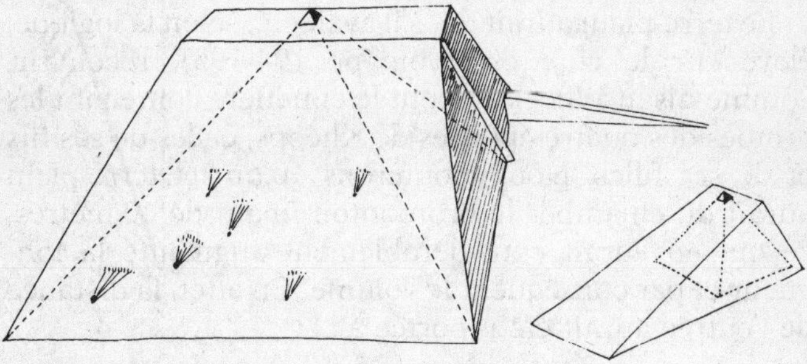

Fig. 18. *Peter Fischer. Carl v. Klinckowstroem,* Nouv. Hist. des Techniques (Ed. du Sud, Paris, 1967, *p. 30*).

Ce procédé aurait fait l'objet, avec quelques modifications, d'une maquette établie par Norman Bel Geddes pour l'*Encyclopedia Britannica,* mais ne semble pas avoir été exposé dans cet important ouvrage. Cependant, une maquette établie sur le même principe par Peter Fischer et reproduite dans certains journaux, a été publiée dans des ouvrages de vulgarisation[83].

Ce système de cheminement des matériaux, quoique exigeant moins de travail et un moins gros volume de terre à déplacer que le précédent, est néanmoins irréalisable. En effet, bien que les traîneaux aient pu être traînés, non pas sur du sable ou de la terre rapportée, mais seulement sur des chemins d'argile mouillée renforcée par des traverses de bois, on semble avoir oublié les impératifs imposés par la pente, qui, selon nous, ne pourrait guère dépasser 3 doigts (0,056) par mètre[84] pour de très longues distances. Dans ces conditions, l'extrémité du terre-plein, ou cavalier ainsi formé se serait trouvé à une distance de :

$$\frac{146{,}594}{0{,}056} = 2\,617{,}75 \text{ m.}$$

Le terre-plein aurait dû, s'il avait été, selon la logique, élevé sur le côté est (voir pp. 194-195), recouvrir, comme disait Wheeler[85] tout le cimetière contenant les tombes des quatre épouses de Khéops, celles de ses fils et de ses filles. Nous ajouterons qu'un tel terre-plein aurait dû enjamber le promontoire haut de 40 mètres, ce qui en aurait considérablement augmenté la longueur et par conséquent le volume. En effet, la distance de l'entrée aurait été reportée à :

$$\frac{146{,}594 + 40}{0{,}056} = 3\,332 \text{ m.}$$

Cet hypothétique terre-plein aurait atteint alors un volume tel que celui de la pyramide aurait compté, comparativement, pour peu de chose[86].

La rampe de Borchardt

L'archéologue allemand Borchardt, en étudiant le complexe funéraire de la pyramide de Meïdoum, découvrit en 1926, sur la face sud, les traces d'une chaussée en brique crue[87]. Il acquit alors la conviction que les matériaux nécessaires à la construction d'une pyramide ne pouvaient avoir été acheminés qu'au moyen de rampes en brique.

Cette conviction était du reste dans le cadre des observations faites auparavant par Petrie et ses

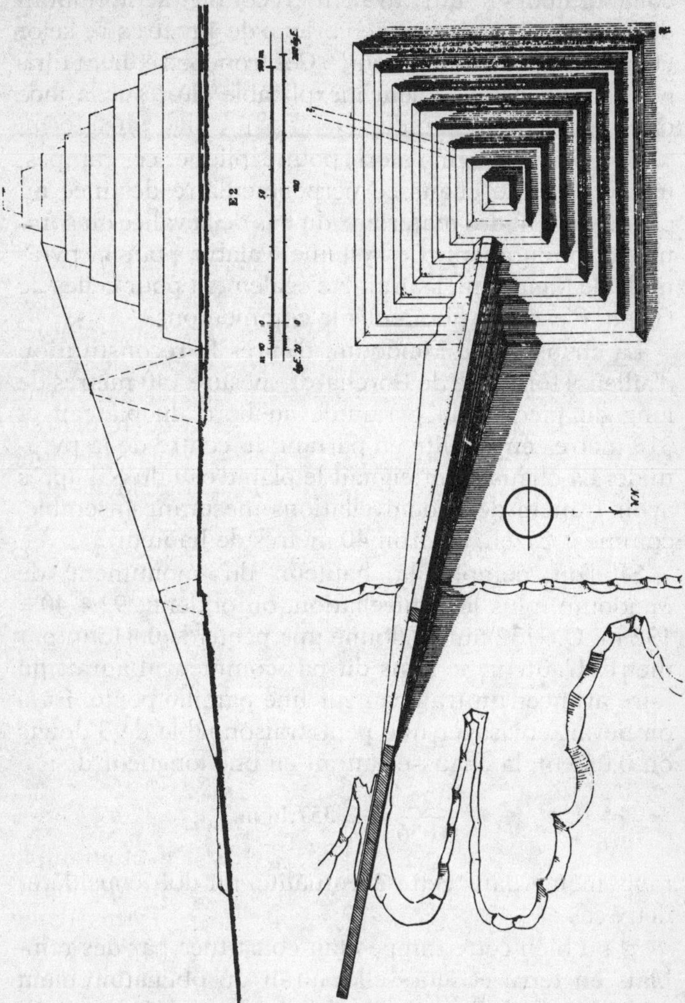

Fig. 19. *La rampe de Borchardt.*

collaborateurs[88] qui avaient reconnu à Meïdoum d'autres vestiges de voies en brique de 4 mètres de large et de 0,70 mètre d'épaisseur[89]. Ces tronçons étaient dirigés vers un défoncement inexplicable situé sur la face orientale de la pyramide.

Borchardt imagina alors, pour expliquer ces rampes, un système de chaussée perpendiculaire destinée au cheminement des matériaux du bas de la vallée au sommet du monument. Ce système, valable pour la pyramide de Meïdoum, l'aurait été également pour celles de Gizeh. C'est pourquoi nous le commentons.

La chaussée de Meïdoum, d'après la reconstitution d'ailleurs fort belle de Borchardt, mesure 140 mètres de long du pied de la pyramide au bord du plateau et 318 mètres en totalité en partant du centre de la pyramide. La chaussée atteignait le plan d'eau du Nil après avoir franchi deux dénivellations mesurant ensemble, comme à Gizeh, environ 40 mètres de hauteur.

Si l'on compte la hauteur du monument de Meïdoum, plus la dénivellation, on obtient : 92 + 40 = 132 m. Or, 132 aurait donné une pente de 0,415 m par mètre. L'auteur ne nous dit pas comment il aurait pu faire avancer un traîneau sur une pareille pente. Et si on devait envisager une pente raisonnable de 3 doigts ou 0,056 m, la chaussée aurait eu une longueur de :

$$\frac{132}{0,056} = 2\,357,14 \text{ m.}$$

mais même dans cette éventualité, on doit considérer deux cas :

a) ou bien cette rampe était constituée par des remblais en terre et alors elle aurait dû obligatoirement posséder un fruit ou talus d'un angle de 45 degrés au moins, de sorte que le remblai aurait formé une masse d'un volume colossal bien supérieur à celui de la pyramide elle-même ;

b) ou bien la rampe était entièrement bâtie en brique crue avec un fruit latéral de 10 % et elle aurait alors offert l'aspect d'une muraille immense, sans appui de mur de retour, ce qui est sans exemple à aucune époque, y compris la nôtre.

Mais laissons parler MM. Maragioglio et Rinaldi, architectes-constructeurs expérimentés, auteurs d'un important et utile ouvrage sur les pyramides, qui montrent combien la rampe de Meïdoum aurait été difficile à construire dans les conditions proposées par Borchardt :

> En fait, la succession de projets aurait comporté, dans le cas de trois stades, la construction et la destruction successives de non moins de trois rampes de travail et, dans le cas de deux stades, l'érection et la destruction de deux de ces rampes. Rampes, notez bien, presque aussi hautes que la pyramide et, par conséquent, énormes. Étant donné qu'au-dessus du premier étage les travaux devaient être aussi commencés par la base, les rampes précédentes ne devaient plus être utiles et même elles constituaient une gêne pour les travaux et auraient dû être détruites, au moins en partie, avant l'agrandissement et le revêtement de la pyramide. Tout ceci aurait imposé un tel travail que nous ne retenons pas l'idée comme possible[90].

Si on applique à la pyramide de Khéops le système de la rampe perpendiculaire proposé par Borchardt, celle ci aurait présenté les caractéristiques suivantes :

— hauteur du dénivellement depuis le bas de la vallée jusqu'au sommet de la pyramide : 146,59 + 40 = 186,59 mètres.

— longueur de la rampe avec une pente de 3 doigts (0,056) soit :

$$\frac{186,59}{0,056} = 3\,331,96 \text{ mètres.}$$

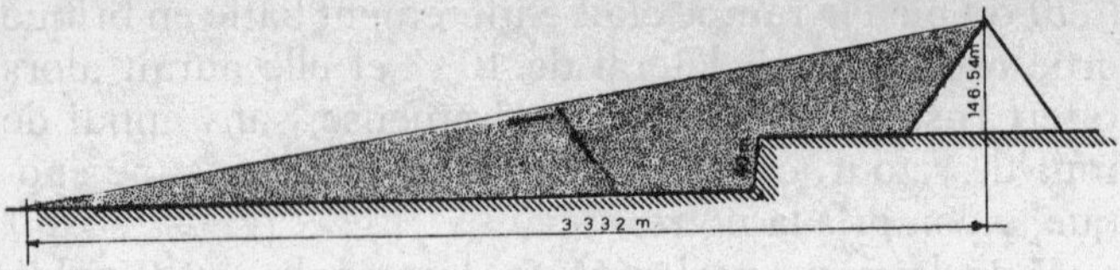

Fig. 19 bis.

Empattement maximum de la rampe couronnée au sommet par une voie de 15 m de large, cela en prévision de l'éventail imposé par l'écartement des files de haleurs et le passage réservé pour le retour des traîneaux vides ; on aurait eu, avec un remblai de terre formant un angle de 45 degrés, un cavalier de 315 m de large au pied de la pyramide. Celui-ci irait, naturellement, en s'amincissant à mesure qu'il s'éloignerait et cela formerait une masse de terre si énorme que nous ne croyons pas utile de pousser plus loin nos calculs de cubage.

Enfin, pour démontrer l'impossibilité d'un pareil système, ainsi que de tous ceux qui sont fondés sur le principe de la rampe perpendiculaire à un côté de la pyramide, disons simplement qu'une telle rampe n'aurait jamais pu être achevée dans les délais voulus puisque, au sommet de cette sorte de digue, le chemin devait être refait sur toute sa longueur après la pose de chaque nouvelle assise. On peut se demander aussi à quel moment de la journée les ouvriers auraient pu exécuter ce travail, puisque, comme on le verra plus loin, les files de traîneaux devaient se succéder sans arrêt, à une cadence accélérée, afin que le travail fût achevé dans le délai minimum de vingt ans.

Le système de Croon

Après s'être opposé au système de la rampe construite en brique parce qu'il aurait fallu presque autant de travail pour édifier la rampe que pour bâtir la pyramide elle-même, et après avoir écrit une thèse fort documentée tendant à prouver l'impossibilité du transport par traîneau, Croon revient sur son opinion[91]. Sur la foi des nouvelles découvertes des rampes de Meïdoum par Petrie et Borchardt, l'ingénieur allemand reprend le problème et propose lui aussi une grande rampe perpendiculaire à un côté de la pyramide. Cette rampe devait être pourvue à son sommet d'un chemin offrant une largeur constante de 8 mètres. À mesure qu'une assise de la pyramide était posée, la rampe et les faces du talus devaient être coiffées par une nouvelle couche de briques d'une hauteur égale à celle de l'assise.

Naturellement, comme nous le disions plus haut, la rampe, en raison de la pente, s'allongeait au fur et à mesure de l'exhaussement de la pyramide. Arrivée à la hauteur de 136 mètres, celle-ci devait encore être couronnée de son pyramidion. L'auteur se trouve alors embarrassé par l'énorme échafaudage auquel il aboutit et dont le cubage ne pouvait continuer de s'accroître. Il estime qu'à partir de là, la place nécessaire à la traction des pierres devenait insuffisante et qu'il était nécessaire d'utiliser des appareils de levage.

Nous avons dit plus haut ce que nous pensions de ceux-ci et de la rampe perpendiculaire.

D'autre part, il est bien évident que la voie de 8 mètres envisagée par Croon comme hypothèse de travail est trop étroite ainsi que nous l'avons fait remarquer. Il en est de même pour la pente de 20 cm par mètre qui nous paraît excessive. Il est impossible, même à de simples promeneurs, de soutenir longtemps une pareille marche. De nos jours, une rampe de 20 cm par mètre est considérée comme difficile, même pour des engins mécaniques ordinaires.

Une pente douce nécessite en contrepartie l'allongement de la rampe perpendiculaire qui aurait atteint pour Khéops, nous l'avons vu (p. 80), la longueur de

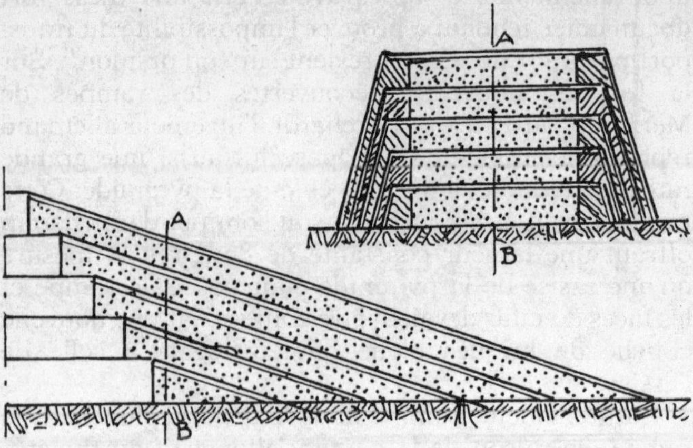

Fig. 20. *Système d'exhaussement des rampes d'après L. Croon.*

2 617,75 m à partir du centre de la pyramide. Une telle rampe aurait suivi le tracé de la chaussée monumentale dont la présence a été repérée avec certitude sur la face est du monument[92], et même aurait dû l'enjamber.

Enfin lorsque, dans ses calculs pour réduire la durée de la construction et respecter les délais voulus, Croon envisage l'utilisation d'appareils de levage, il retombe dans le dilemme précédent.

Plus logique et infiniment plus réaliste que Croon, J.-Ph. Lauer s'attache surtout[93] à remédier aux défauts qu'il décèle dans le système de l'ingénieur allemand.

Il se rend compte en effet que, si la largeur constante d'une rampe de 8 m est à la rigueur valable pour le sommet, elle est fort insuffisante, même avec un fruit, pour assurer la stabilité du plan incliné en brique crue, lequel mesure, ne l'oublions pas, 146,59 m dans sa plus grande hauteur. « *Ce résultat*, ajoute l'auteur, *est obtenu par un système illogique d'exhaussement et d'allongement*

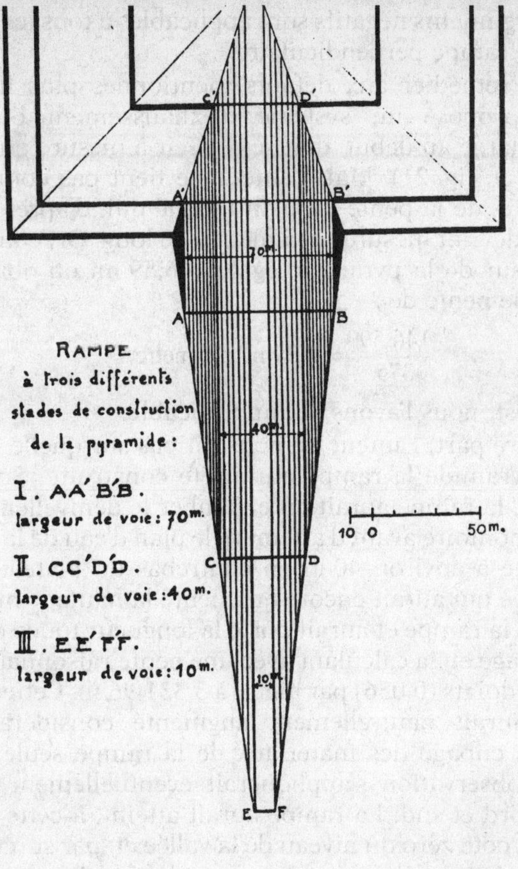

Fig. 21. *Système de J.-Ph. Lauer.*

des rampes, consistant à recharger et à refaire à chaque nouvelle assise non seulement la chaussée, mais aussi les faces de tout le talus. » Nous sommes tout à fait d'accord et ses arguments négatifs sont applicables à tous les systèmes à rampe perpendiculaire.

Pour remédier aux défauts mentionnés plus haut, Lauer propose un système d'exhaussement où la rampe, large au début, doit se rétrécir à mesure qu'elle s'élève (cf. fig. 21). Mais l'auteur ne tient pas compte, là encore, de la pente du plan incliné qui, d'après son dessin, devrait mesurer 375 mètres de long. Or, comme la hauteur de la pyramide égale 146,59 m, on obtiendrait une pente de :

$$\frac{146{,}59}{375} = 0{,}39 \text{ m par mètre}$$

ce qui est, nous l'avons vu, impraticable.

D'autre part, l'auteur ne nous dit pas sur quelle face de la pyramide la rampe aurait été construite. Sur la face est, la rampe aurait dû enjamber le dénivellement ou promontoire avant d'atteindre le plan d'eau de la vallée, situé à environ 40 m en contrebas du plateau de Gizeh, ce qui aurait encore augmenté la hauteur maximale de la rampe et aurait porté la longueur totale d'un tel ouvrage en la calculant avec une pente raisonnable[94] de trois doigts (0,056) par mètre à 3 331,96 m. Cette distance aurait naturellement augmenté considérablement le cubage des matériaux de la rampe seule. La même observation s'appliquerait éventuellement aux faces nord et sud. La rampe aurait atteint, à cette distance la cote zéro du niveau de la vallée et, par surcroît, elle devait éviter les emplacements des carrières.

Seule, peut-être, la face ouest échappe à ce dernier inconvénient, mais l'extrémité de la rampe se perdrait dans le désert et tournerait le dos à l'approche des approvisionnements. Enfin, une chaussée de cette importance n'aurait pas manqué de laisser des traces, ce qui n'est pas le cas.

Se rendant compte qu'avec ce système, la place aurait manqué aux haleurs pour manœuvrer lorsqu'ils auraient atteint le sommet, l'auteur propose à 7 m environ avant le sommet la construction d'*une plate-forme additionnelle en brique crue prolongeant celle de la pyramide même.* (cf. J.-Ph. Lauer, op. cit.) Il aurait alors été *possible aux haleurs de faire coulisser leurs câbles de traction sur de gros rondins fixés horizontalement au-dessus des bords de la plate-forme provisoire de la pyramide, soit en redescendant eux-mêmes de quelques mètres sur la rampe, soit plutôt en poursuivant leur chemin sur une plate-forme de brique crue qui aurait prolongé celle de la pyramide elle-même.* Nous ne sommes naturellement pas d'accord sur l'emploi de ce procédé.

J.-Ph. Lauer a justement fait observer que, dans les monuments de forme pyramidale, la masse des matériaux à mettre en œuvre diminue rapidement d'assise en assise au fur et à mesure de l'accroissement de l'édifice en hauteur. Autrement dit, la surface de chaque assise décroît suivant une proportion égale au carré de la fraction de la hauteur de la pyramide qui reste à construire[95]. Par conséquent, le nombre des ouvriers employé devait diminuer proportionnellement pour finir par se réduire à quelques unités. D'où, semble-t-il, désorganisation progressive des chantiers.

Mais à notre avis, ce calcul relève du domaine de l'abstraction mathématique et non de la pratique des travaux. En fait, lorsqu'il s'agit de porter des matériaux à une certaine hauteur et que ces matériaux sont acheminés à l'aide d'attelages humains, il faut tenir compte du facteur temps de cheminement, lequel augmente à mesure qu'on s'élève. Or, nous le verrons, avec notre système de rampe en spirale, une bonne pente moyenne ne pouvait guère excéder 3 doigts ou 0,056 par mètre et la distance à parcourir devait varier du niveau 0 du début des travaux jusqu'à la fin[96].

Par conséquent, loin de désorganiser constamment les équipes par suite de la diminution progressive de la

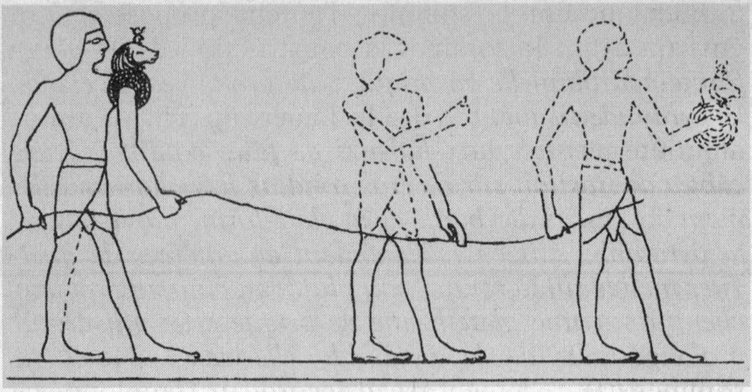

Fig. 22. *Arpenteurs.*

surface des assises, le rapport distance-nombre de travailleurs devait merveilleusement s'équilibrer. L'expérience aidant, on devait obtenir un approvisionnement constant et régulier. Le nombre d'hommes nécessaire à la traction pouvait ainsi demeurer invariable du commencement à la fin des travaux, puisque chaque ouvrier devait finalement parcourir une distance de 2 617 mètres de plus qu'au début.

De même, le nombre des échafaudeurs chargés des travaux en brique crue pouvait rester immuable, de la base au sommet.

Seul devait varier le cubage de maçonnerie et par conséquent le nombre de carriers et celui des appareilleurs-maçons. Mais étalés sur une période de 20 ou 30 ans, durée probable de la construction, les inconvénients du chômage devaient être minimes. Les ouvriers pouvaient d'ailleurs être affectés à la construction du temple du culte, des pyramides satellites et des enceintes, à condition que les abords de la pyramide soient parfaitement dégagés, ce qui est le cas avec le procédé que nous proposons.

Bien que essayant de sauver le système préconisé par Croon, l'éminent archéologue des fouilles de Saqqarah paraît cependant peu convaincu lui-même du projet qu'il défend puisqu'il ne rejette pas d'autres solutions de rechange, y compris celle de la rampe enveloppante[97].

Le procédé d'Hölscher

La méthode la plus valable et la plus rationnelle pour expliquer la construction de certaines pyramides est sans doute celle proposée par Uvo Hölscher[98].

Elle consiste à employer de courts massifs en brique crue en forme de plans inclinés, appliqués parallèlement aux parois d'une pyramide à degrés pour hisser les pierres jusqu'à pied d'œuvre[99].

Il est très probable que les anciens Égyptiens employèrent cette méthode du plan incliné latéral, mais seulement pour la construction des pyramides à degrés. En effet, la longueur de ces sortes de rampes est limitée par la largeur de la pyramide, ce qui implique l'obligation de leur donner une pente trop forte pour permettre la traction de véhicules chargés de matériaux lourds. Dans ce cas, les pierres ne pouvaient avoir que des dimensions assez réduites pour être transportées à l'aide de brancards. Naturellement, la montée ne pouvait se pratiquer que sur une rampe munie de marches.

Ce fut très certainement ce type de rampe-échafaudage qui fut employé pour la construction de la pyramide à degrés de Neterierkhet-Djeser à Saqqarah, dont les pierres ont un volume maximum de 0,144 mètre cube et un poids de 350 kg environ[100]. Ce fut également le cas pour les petites pyramides construites à partir de la Ve dynastie, ainsi que pour celles du Moyen Empire, entièrement bâties en brique crue avec un revêtement en calcaire.

Les brancards étaient des appareils de transport bien connus des Égyptiens de toutes les époques. Soulevés par quatre ou huit hommes, ils étaient capables de porter des pierres pesant jusqu'à 350 kg environ. Des pierres plus petites pouvaient être transportées par un attelage formé simplement par deux barres de bois, semblable à ceux qui furent employés en Asie pour la construction de la Grande Muraille de Chine. On pouvait de cette manière déplacer un poids de 100 kg.

De toute façon, comme le font remarquer Clarke-Engelbach, l'emploi d'une telle rampe laisse non résolue la question de la pose du revêtement[101].

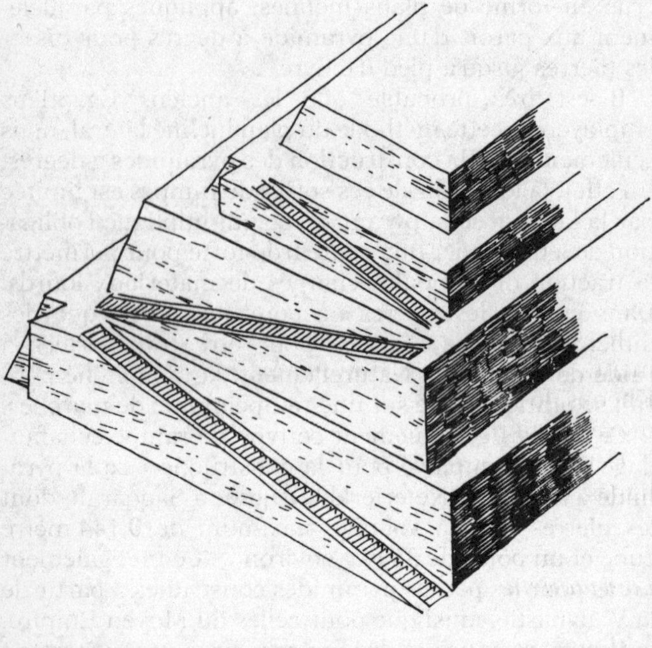

Fig. 23. *Le système d'Hölscher.*

L'opinion de N.F. Wheeler

Le seul auteur à avoir donné une opinion logique est l'archéologue anglais N.F. Wheeler[102] qui, en quelques lignes, préconise comme moyen de construction la rampe hélicoïdale.

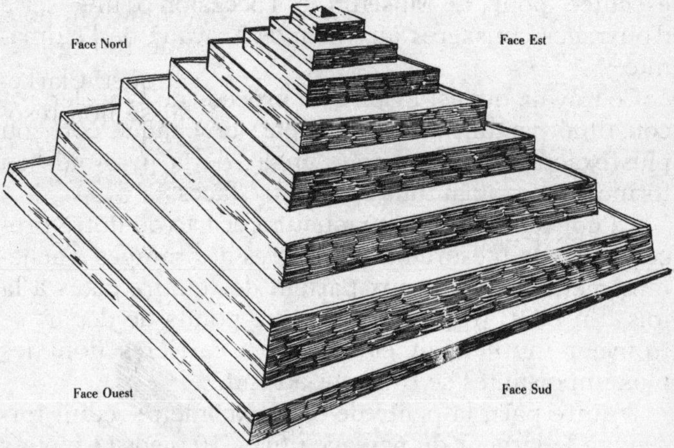

Fig. 24. *La rampe enveloppante proposée par l'auteur.*

Il est, en outre, le premier à avoir compris clairement, à propos de la fermeture de la pyramide de Khéops, le système de blocage du couloir ascendant au moyen d'un train de bouchons en granit.

Cet article, connu tardivement par l'auteur de ces lignes, confirme nos théories (voir p. 95).

La maquette de Boston

Il nous reste à signaler l'existence d'une intéressante maquette destinée à expliquer la construction d'une pyramide égyptienne. Elle a été exécutée par T.B. Pittman en 1951 pour le Museum of Science of Boston avec les conseils archéologiques du Dr. Dows Dunham et ceux du professeur Walter Vose, du Massachusetts Institute of Technology[103].

La maquette, qui représente la pyramide de Mykérinos (108 mètres à la base ; 66,40 mètres de haut), a été exécutée pour le Museum à l'occasion d'une série d'ouvrages consacrés aux Grands Travaux de l'Humanité.

Ce travail, qui est inspiré du procédé de Wheeler, est constitué par une rampe qui part de chaque côté, ou plus exactement de chaque angle, de la pyramide en forme de zigzag autour des quatre faces.

La conception de la maquette s'écarte de notre procédé dans la mesure où les entrées des rampes d'acheminement des traîneaux partent des quatre côtés à la fois. En effet, trois sur les quatre points de départ se trouvent inutilement éloignés des carrières dont les plus importantes se trouvent au sud.

D'autre part, la pente de 8 cm par mètre réduit forcément la largeur du passage utile à 10 pieds (3 mètres environ), ce qui, à notre avis, est nettement insuffisant, si l'on songe qu'à Khéops des travées en granit pesant plus de 40 tonnes ont été transportées pour atteindre les salles de décharge, jusqu'à 70 m au moins au-dessus du niveau du sol. Il fallait une rampe plus large et plus solide pour supporter à la fois le poids de la pierre, celui du véhicule, de son harnachement et celui des hommes chargés du halage, sans compter la place nécessaire au déploiement des files de haleurs, ainsi que l'espace indispensable pour permettre le franchissement des courbes.

Cependant, tel qu'il est, ce travail de maquette est extrêmement utile parce qu'il marque un progrès certain sur les conceptions anciennes et présente, en ce qui nous concerne, une certaine valeur de garantie, puisque l'éminent technicien qu'est le professeur W. Vose confirme qu'une pareille rampe s'appuyant sur la pente d'une pyramide est mécaniquement faisable.

Les objections de I.E.S. Edwards

Pour répondre aux objections d'I.E.S. Edwards[104] contre le principe de ce système élévatoire, nous dirons :

a) la rampe de Meïdoum dont on avait trouvé les vestiges constitue non pas un indice d'échafaudage, celui-ci ayant été enlevé au moment de la finition, mais un simple chemin d'approche en pente ;

b) les bossages du parement en granit de la pyramide de Mykérinos ne sont pas des marches, mais des protubérances conservées après la pose pour protéger la surface de la pierre et pour augmenter l'adhérence de l'échafaudage en brique sur la paroi de l'édifice.

Mais s'il est exact que, sur la maquette de Boston, les gradins de la rampe ne sont pas assez larges pour permettre les manœuvres du transport, on verra plus loin que notre système de rampe enveloppante d'une largeur moyenne de 14 mètres remédie à cet inconvénient.

Évidences techniques de l'emploi de la rampe enveloppante préconisée par l'auteur (fig. 24)

Ce système offre les avantages suivants :

1. Il ne nécessite pas de changement de pente à mesure que le corps de la pyramide s'élève, comme ce serait le cas pour les immenses rampes perpendiculaires.

2. Il présente une largeur suffisante pour permettre la manœuvre et le déploiement des files de haleurs.

3. Il permet la construction simultanée du parement, du blocage interne, des salles et des couloirs intérieurs.

4. Il n'encombre pas, par l'étalement des blocs, le plateau de Gizeh et permet l'établissement des constructions annexes.

5. Il ne nécessite qu'une pente légère et régulière, donc aisée et rapide à parcourir. La rampe peut être construite à mesure que la maçonnerie s'élève.

6. C'est le seul système qui permette le ravalement en commençant par le sommet de la pyramide.

7. Il présente une sécurité certaine pour les travailleurs, alors que les autres systèmes sont très périlleux.

8. Il est conforme à l'esprit, sinon à la lettre, des renseignements fournis par les auteurs classiques : Hérodote, Pline, Diodore.

9. Il explique la présence de la boue constatée dans certains tombeaux (Selim Hassan).

10. C'est le plus économique.

11. C'est le seul système qui ne nécessite pas le déchargement du traîneau, les blocs étant fixés au traîneau une fois pour toutes à la carrière et déchargés à pied d'œuvre.

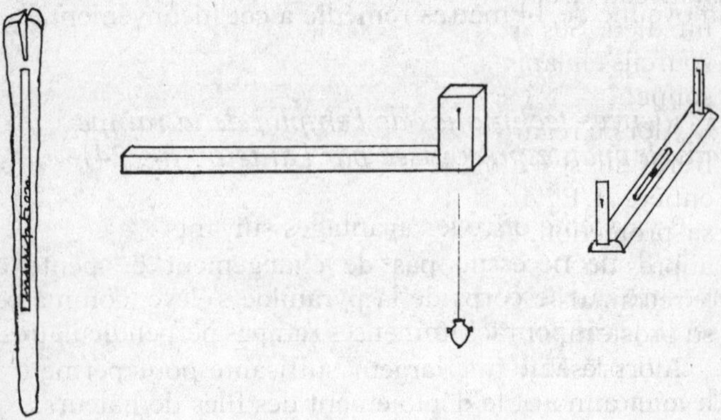

Fig. 25. *Le merkhet. À droite, une alidade à pinnule moderne.*

3. L'organisation du travail
Les moyens

Je ne pense que ce qui est faisable.
P. VALÉRY, *Eupalinos ou l'Architecte.*

L'Ordre du roi

LE ROI SNÉFROU EST MORT !
LE DIEU S'EST ENVOLÉ VERS SON HORIZON[105] !

À peine ce cri a-t-il retenti dans les couloirs de la Grande-Maison que le prince Khéops se dresse... Subitement, il oublie son affliction. Il a changé, un sang nouveau circule dans ses veines. L'homme se sent devenir dieu. Ses membres sont en or, ses cheveux et ses sourcils en lapis-lazuli véritable. C'est le dieu Rê en personne...

Alors il regarde autour de lui et ne reconnaît plus ses frères ni ses amis. Il est seul, seul devant la Terre entière. L'Égypte, c'est lui, c'est sa chair. Elle est sous sa protection. Il est l'intercesseur de tout son peuple auprès du Dieu-Grand... Ses compagnons non plus ne le reconnaissent plus. Une aura lumineuse l'entoure. Ils se prosternent tous, ils flairent la terre.

Alors la Majesté du roi Khéops, Vie-Santé-Force, se lève et annonce : *Mon règne sera le plus grand, le plus glorieux. Il dépassera en renommée celui du Grand Snéfrou, mon père*[106], le glorifié.

Déjà, il songe aux quatre épreuves rituelles : coiffer la Couronne blanche de la Haute-Égypte, puis la Couronne rouge de la Basse-Égypte ; pratiquer la cérémonie de la Réunion des Deux-Terres, toujours renouvelée au début de chaque règne. Et enfin il aura à faire en courant le tour de la Résidence du Mur-Blanc, quatre fois…

C'est alors qu'il pense aux obsèques de son père, le Justifié, aux grandes pyramides neuves qu'il s'était fait construire[107].

Laquelle sera sa dernière demeure ?

Lui aussi aura sa pyramide, la plus belle, la plus grande. On ne doit pas perdre de temps. Et voici qu'il désigne Khaefsnéfrou, son oncle, Grand-Prêtre de Ptah, un sage et un savant. Depuis Imhotep, vizir du roi Neterierkhet-Djeser, son ancêtre, le Justifié, c'est le plus grand, le plus habile de tous les hommes.

Il est *our herp hemou*, grand maître de l'Art. N'a-t-il pas conçu et dirigé les travaux des deux immenses pyramides[108] de son père Snéfrou, le Justifié ? Que de créations, que d'innovations n'a-t-il pas apportées au cours de leur construction !

> Le roi, V.S.F. parle : *Que l'on construise pour moi un monument indestructible comme rien de pareil n'a été fait depuis le temps du Dieu. Afin que l'on dise : « Il a fait son monument d'éternité pour affirmer son identité avec la Grande Ennéade divine. »* Puis il ajoute : *« Ma pyramide portera le nom qui proclamera au monde éternellement et pour toujours : "Khéops est celui qui appartient à l'Horizon[109]". »*

Le Grand-Prêtre s'incline. Il en fait l'annonce solennelle au peuple et celui-ci exulte. Conserver le corps lumineux du roi, V.S.F., n'est-ce pas assumer la protection éternelle des dieux et la prospérité de l'Égypte ?

On consulte alors, dans la Maison de Vie, le livre de la Fondation des Temples rédigé par Imhotep au temps de l'ancêtre vénéré, le roi Neterierkhet Djeser, lui-même. Prêtres, astronomes, architectes, scelleurs du dieu, chefs des travaux sont alors assemblés et dans sa sagesse Khaefsnéfrou prononce :

> « La pyramide sera conçue de telle manière que, si un cercle possède une circonférence égale au périmètre de la base de la pyramide, le rayon de ce cercle sera sa hauteur[110]. »

Ensuite l'astrologue en chef se lève et annonce solennellement :

> « Le monument doit être placé sous la protection astrale du dieu Horus, Seigneur de Khem (Létopolis)[111]. »

Et S.M. s'exclame :

> « C'est bien, c'est bien ce que tu as énoncé là ; c'est bien plus que toute chose au monde. »

Aussitôt les mathématiciens s'affairent, les géomètres se sentent concernés, les chefs des travaux supputent leurs hommes. Les prospecteurs vont parcourir la montagne afin de trouver le lieu circonscrit le plus propice d'assurer à la fois la stabilité éternelle et la protection des dieux de l'Occident.

Pour orienter le monument sur la cité sainte de Khem, les astronomes vont déterminer le nord vrai en visant une étoile fixe, la Polaire, l'axe qui fait tourner le monde.

Première directive des astronomes

De quelle polaire s'agissait-il ? Nous sommes dans la période qui se situe entre 3200 et 2400 avant Jésus-

Christ, c'est-à-dire dans la période couverte par la protohistoire et l'Ancien Empire.

Jusqu'au début de la VIe dynastie, la polaire était l'α du Dragon dont la magnitude était légèrement inférieure à celle de notre polaire actuelle. Après cette date, il n'y eut plus de polaire jusqu'au début de l'ère chrétienne[112].

Or nous sommes vers 2650 avant notre ère.

Comment effectuer de telles observations avec les moyens dont on pouvait disposer ?

Nous savons peu de chose là-dessus. Faute d'instruments d'optique, on devait se contenter de la visée directe sur l'étoile.

Il nous est cependant parvenu un instrument : le « merkhet ». C'est un appareil des plus rudimentaires (voir fig. 25), composé d'une règle au bout de laquelle est suspendu un fil à plomb (peson) et d'une tige de palmier fendue à une extrémité. Cet appareil sommaire ne servirait pas à grand-chose, s'il n'était complété d'un plan de référence, c'est-à-dire d'un cercle en pierre ou en métal, probablement en cuivre gravé et même doré, semblable au cercle de bronze du Musée d'Alexandrie signalé par Ptolémée[113]. C'était en visant le milieu de l'ellipse formée par l'écart maximum de la polaire que les astronomes parvenaient à trouver le nord exact (*cf.* figure ci-contre)[114].

Ils visaient l'une des étoiles de la constellation de la Grande Ourse, connue des Égyptiens sous le nom de *Meshtyw*, « Cuisse de Bœuf ».

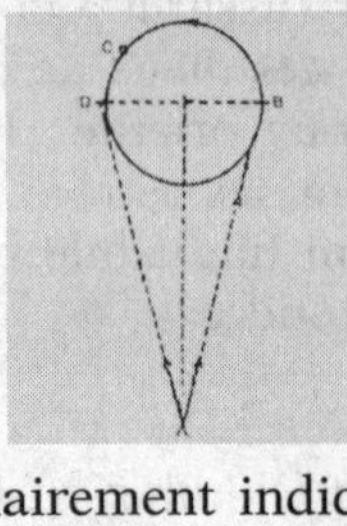

Cette manière de procéder est clairement indiquée dans une inscription du Temple d'Edfou, d'époque ptolémaïque : *J'ai saisi le jalon et le manche du maillet en tenant la corde quand vint la déesse Sefhket-Aboui*

(Dame des Écrits, Maîtresse de la maison du Livre). *J'ai observé le mouvement des étoiles et j'ai concentré mon attention sur la Constellation de la Cuisse. J'ai passé le temps à observer à l'aide du « merkhet ». J'ai déterminé les coins de ton temple* (trad. Lexa).

Mais cet usage en apparence d'ordre religieux avait une raison d'ordre pratique que nous expliquerons plus loin, au chapitre de la construction de la première assise.

Laquelle des deux raisons était prédominante ?

Un fait est certain : l'aplomb de l'étoile tombe exactement sur la cité, sainte par excellence, de Khem (Létopolis) qui est située au nord précis du lieu où se trouve la pyramide de Khéops. Ce fut donc ce lieu : le promontoire *Hîr*, « le Haut », qui fut choisi.

La situation de la pyramide a donc été longuement et savamment méditée par les savants égyptiens.

La découverte récente du principe de l'orientation[115] se fonde sur le fait que toutes les pyramides égyptiennes de l'Ancien Empire sont orientées de telle sorte que leur nord coïncide avec un lieu saint (sacré) ou avec une autre pyramide appartenant à un ancêtre particulièrement vénéré.

Ainsi les pyramides sont alignées :

Dahchour sud (Rhomboïdale) sur un ancien monument de la IIIe dynastie situé près du Serapeum de Saqqarah.

Dahchour nord sur le côté de l'enceinte dite « de Morgan ». (?)

Pépi Ier sur la pyramide d'Ouserkaf.

Isesi Djedkarê sur la pyramide de Teti.

Merenrê sur la pyramide d'Ounas et Pépi II.

Shepseskaf (Mastaba el-Faraoun) sur la pyramide de Neterierkhet-Djeser.

Pyramide de Khéops sur le site de Khem (Létopolis-Aussîm).

Didoufri sur le site de Sakhebou. (?)

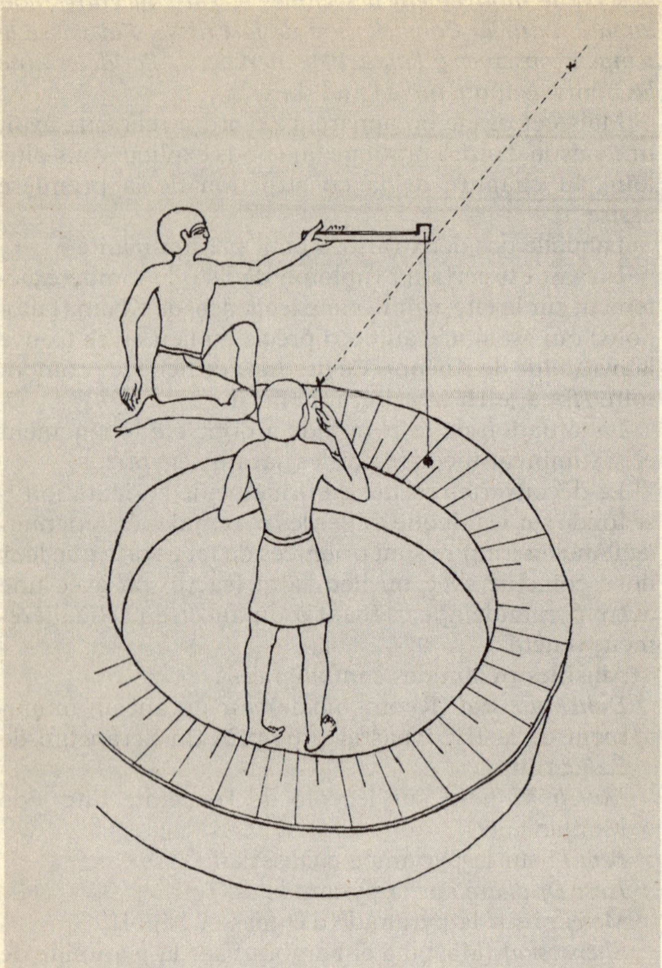

Fig. 26. *Emploi du merkhet.*

Neterierkhet-Djeser, sur un point situé au centre de la nécropole de la IIIe dynastie, près du Serapeum dit « le Cimetière des Vaches »[116].

Outre le fait astronomique et mystique, on peut se demander si une raison supplémentaire n'a pas déterminé le choix du lieu d'implantation de la pyramide de Khéops. N'existait-il pas une autre cause, d'ordre géodésique ou mathématique ? Cette précision extraordinaire de l'orientation, inférieur de 2" du nord vrai, ne répond-elle pas à quelque raison qui nous échappe ? C'est un fait certain que l'axe nord de la pyramide passe par la cité de Létopolis, lieu où le géographe Strabon (XVII, I, 30) signale la présence d'un célèbre observatoire, celui de *Kerkasôre*, fréquenté par les savants de son époque, tels Eudoxe et Platon (Hérodote II, 15-17-97)[117].

Si on prolonge encore cet axe vers la mer Méditerranée, la ligne droite tombe juste au sommet du Delta et se trouve presque exactement à égale distance entre les embouchures des branches de Rosette et de Damiette. Le rayon d'un cercle ayant pour centre la pyramide de Khéops et pour sommet celui du Delta suit la ligne du littoral et passe sur le même arc à l'est à Péluse et à l'ouest sur un point du rivage situé non loin de l'actuelle Alexandrie. Ces deux points sont signalés par Hérodote (II, 15) comme les limites du front de la mer respectivement connues sous le nom des « Saloirs de Péluse » et de la « Guette de Persée ».

Or une guette, c'est une tour d'observation. Y avait-il donc d'autres balises ou des observatoires pareils à celui de Kerkasôre ? Les Égyptiens du temps des Pyramides avaient-ils déjà des connaissances astronomiques et géodésiques beaucoup plus avancées que celles que nous leur prêtons ? Connaissaient-ils mieux que nous le croyons la géographie de leur pays ? Avaient-ils déjà, au troisième millénaire, mesuré, arpenté leur contrée, comme le constateront d'ailleurs par la suite les philosophes-mathématiciens grecs, tels que Thalès, Pythagore, Eudoxe, Platon, Démocrite, etc., qui dès le Ve siècle avant Jésus-Christ affluèrent en Égypte ?

Mais avant tout, pourquoi seule la pyramide de Khéops aurait-elle bénéficié de tous les calculs exécutés avec cette incomparable précision et non les autres pyramides ?

Voilà des questions troublantes qui méritent d'être signalées quand on parle de l'orientation de la Grande Pyramide.

Les calculs. Choix des pentes

Il va de soi que toutes ces opérations géodésiques et astronomiques ne se faisaient pas sans calculs approfondis.

Une épithète du temple de Karnak nommait ce dernier édifice *la plus calculée des places*. Épithète méritée sans doute, mais qui aurait pu être attribuée antérieurement à toutes les grandes pyramides, tant ces monuments sont étudiés avec soin. Et on peut affirmer sans crainte que la moindre partie de leur construction peut être considérée comme le résultat d'une opération mathématique ou géométrique mûrement réfléchie.

La première préoccupation d'un constructeur de pyramide consistait à établir la détermination de son profil, par conséquent le choix de ses pentes.

C'est aux savants, prêtres-mathématiciens égyptiens, qui, selon le témoignage unanime des écrivains grecs et notamment d'Aristote, s'occupaient de sciences mathématiques, que fut soumis le problème.

Il s'agissait de choisir, puis de calculer, une figure géométrique offrant la pente la plus favorable, c'est-à-dire celle qui possédait un rapport simple et dont les angles étaient faciles à trouver et à contrôler. Depuis la fin de la IIIe dynastie, plusieurs pyramides géantes avaient été construites. C'est dire que les architectes de cette époque ne manquaient pas d'expérience.

Parmi les pyramides construites antérieurement à celle de Khéops, on comptait celle du roi Houni à Meïdoum dont le profil sur l'apothème (rapport de la hauteur à la demi-base) était comme $\frac{14}{11}$ (51 ° 52') et le profil comme $\frac{9}{10}$.

Il y avait aussi celle de Dahchour-Sud, habituellement nommée la Rhomboïdale, mais qu'on devrait nommer la Double Pyramide parce qu'elle est formée de deux pyramides superposées[118], dont la partie inférieure = $\frac{7}{5}$ (environ 54 ° 31'13") et l'arête = $\frac{1}{1}$ (soit 45 °) et la partie supérieure = $\frac{15}{16}$ (43 ° 21'), arête $\frac{11}{17}$ [118].

Mais l'expérience avait montré que la Double Pyramide ne donnait pas une entière satisfaction d'ordre esthétique et ne répondait d'ailleurs plus aux exigences plus simples de la demande.

Il fallut donc trouver une pente qui présentât pour l'angle d'inclinaison de l'arête une tangente simple et facilement contrôlable, mais qui en même temps offrît avec celui de l'apothème les mêmes rapports simples. On avait donc à choisir entre les pentes des trois pyramides déjà construites.

Après des études précises auxquelles se mêlèrent géomètres et appareilleurs chargés des épures de stéréotomie qui avaient eux aussi leur mot à dire, on choisit celle de Meïdoum dont les deux angles de l'apothème et de l'arête possèdent des rapports comme $\frac{14}{11}$ et $\frac{9}{10}$ qui coïncident entre eux de façon précise et qui donnaient à l'apothème l'inclinaison de 51 ° 50' 35". Les géomètres marquèrent leur satisfaction parce que ces mesures offrent l'avantage de donner au rapport simple :

$$\frac{14}{11} = \frac{\text{2 coudées de 7 palmes}}{\text{11 palmes}} \text{ ou } \frac{\text{1 coudée}}{\text{5 1/2 palmes}} \text{ et}$$

$$\frac{9}{10} = \frac{\text{1 coudée + 2 palmes}}{\text{1 coudée + 3 palmes}}$$

Ce qui facilitait l'établissement et la vérification des épures de la pierre d'angle et du revêtement final.

Les calculs. L'arithmétique chez les Égyptiens

Il va de soi que toutes ces opérations ne pouvaient se faire sans calculs très approfondis, et nous avons vu plus haut combien les Égyptiens avaient coutume de calculer minutieusement l'exécution de leurs édifices.

La première préoccupation du constructeur d'une pyramide consista à en déterminer l'angle de la pente[119]. Ce furent sans doute les savants-prêtres égyptiens qui s'emparèrent du problème, puisque selon les auteurs grecs, ils pratiquaient en particulier les sciences mathématiques, et nous avons vu à quel choix ils s'arrêtèrent.

Dans la pratique, ces pentes étaient matériellement fixées une fois pour toutes sur des fausses équerres ou des gabarits et les tailleurs de pierre n'avaient qu'à s'y conformer pour exécuter leur travail.

Mais à mesure que les rangs s'élevaient, il était indispensable de connaître la hauteur des assises. Comment s'y prenait-on ? Y parvenait-on au moyen du calcul ou bien empiriquement ? Des documents nous montrent certaines méthodes employées pour résoudre des problèmes de géométrie.

Quelques papyrus de mathématiques qui sont parvenus jusqu'à nous[120] indiquent les problèmes pratiques relatifs aux pyramides qu'un maître pose à ses élèves[121].

Règle pour calculer une pyramide

a. Calcul de la hauteur d'une pyramide (Rhind. Probl. n° 57) :

Soit une pyramide qui ait 140 coudées de base et 5 empans 1/4 d'inclinaison. Quelle est son élévation ? Multiplie 7 par 10 1/2 (c'est-à-dire divise 1 coudée par 10 1/2).

7 divisé par 10 1/2 = $\frac{2}{3}$.

Pose 140 qui est la mesure de la base ; divise 140 par $\frac{2}{3}$ *= 93 1/3. Voilà, c'est son élévation.*

b. Calcul de la pente d'une pyramide (Rhind. Probl. n° 56) :

Façon de déterminer une pyramide dont la base est de 360 et la hauteur de 250. Indique-moi sa pente :

Tu prends la moitié de 360, soit 180 ; tu divises 180 par 250, ce qui fait $\frac{1}{2} + \frac{1}{5} + \frac{1}{50}$ *d'une coudée.*

Comme une coudée fait 7 palmes, tu multiplies par 7. Sa pente est de 5 palmes 1/25.

Cela revient à déterminer la pente par rapport à la demi-base et la hauteur (cotangente de l'angle de base).

Un autre problème (Moscou, Probl. n° 14) permet de déterminer le volume du tronc d'une pyramide à base carrée dont on connaît le grand, le petit côté et la hauteur. Après une série d'opérations en apparence incohérentes au cours desquelles le scribe emploie des périphrases compliquées, nous trouvons la formule exacte du volume du tronc de la pyramide : $V = (h/3)(a^2 + ab + b^2)$.

Pour résoudre les quatre opérations simples, l'Égyptien effectuait des séries d'additions ou plutôt de multiplications ou duplications. Les divisions s'effectuaient de la même manière mais en procédant par inversion[122]. Cela lui permettait d'effectuer ses opérations sans s'encombrer la mémoire d'une « table de multiplication » si redoutée par nos écoliers. Il semble avoir plus de difficultés avec les fractions.

Mais ces exemples de problèmes, de caractère évidemment didactiquc, s'appliquaient à des opérations élémentaires.

Cependant, T.E. Peet, qui publia le papyrus mathématique Rhind, se demande avec raison s'il n'existait pas une géométrie supérieure transcendante, réservée aux prêtres, comme le laissent entrevoir certaines solutions inexplicables autrement.

Le maître d'œuvre

On peut dire que toute l'architecture monumentale égyptienne était par définition intimement liée au rite religieux. Le plan des monuments, tombeaux ou temples, s'inspirait obligatoirement du dogme. Cela est attesté depuis la Ire dynastie pharaonique et durera jusqu'à l'époque romaine. L'architecture pyramidale n'échappe pas à cette règle. L'idée directrice qui commande la construction était le culte funéraire réservé au pharaon. Aussi ne doit-on pas être surpris d'apprendre par les textes de l'Ancien Empire que l'architecte et les maçons étaient placés sous la direction de deux grands-prêtres de Ptah de Memphis, lesquels portaient le titre de *Our-herp-hemou* « grands maîtres de l'Art », analogue à nos « grands maîtres d'œuvre ». Ils déléguaient quelquefois des inspecteurs.

Comme tous les fonctionnaires de cette époque, l'architecte royal cumulait les titres et les hautes distinctions. Ainsi le célèbre Imhotep, sous la IIIe dynastie, était architecte mais aussi grand-prêtre d'Héliopolis, vizir, « ami intime », conseiller du roi.

Le rôle de l'architecte qui portait modestement le titre de *medeh*, « charpentier », survivance sans doute en rapport avec une ancienne architecture en bois, consistait avant tout à résoudre les problèmes techniques. En premier lieu, à étudier le projet et à dresser le plan du monument. Il en déterminait les dimensions, fixait les aménagements, lesquels étaient normalement calculés *une fois pour toutes*, établissait le niveau où serait construit le caveau et le système de fermeture de celui-ci, l'ordonnancement du temple réservé au culte funéraire, la pente et la direction de la Chaussée monumentale. Il fixait l'emplacement du port fluvial et du débarcadère où l'on procéderait au déchargement des matériaux – cet appontement qui deviendra, après achèvement, le temple d'accueil –, etc. Toutes ces opérations ne pouvaient qu'être conçues préalablement et dessinées à petite échelle, sur papyrus[123] ou sur tout autre support.

Il était nécessaire que le plan d'exécution dessiné ou peut-être gravé sur pierre puisse se conserver longtemps : la durée d'une génération en ce qui concerne les Grandes Pyramides. Sur tout cela, il ne nous est malheureusement parvenu aucun document archéologique probant.

Qui était l'architecte qui, le premier, conçut le plan ou, tout au moins, eut la responsabilité de la conduite des travaux de la Grande Pyramide ? Il est très difficile de le savoir. Il y en eut certainement plusieurs.

Un beau sarcophage en granit rose au nom de Khoufou-Ankh (n° 44 du Musée du Caire), lequel, avec quelques autres titres de caractère religieux et administratifs – il était aussi une sorte de notaire de la *Maison de Vie* – porte celui de « Chef de tous les travaux du roi », pourrait être le tombeau d'un constructeur de la pyramide.

Son sarcophage particulièrement riche constitue la véritable réplique, en miniature, d'un palais de l'époque.

Avec ses portes et ses fenêtres surmontées du motif ornemental figurant des lotus stylisés, ses rainures et ses saillants, caractéristiques des stèles-façades, il représente un type d'architecture très évoluée.

On attribue quelquefois la construction de la Grande Pyramide à un certain Hemyounou, fils de Kanefer, vizir de Snéfrou et cousin de Khéops. La statue de Hemyounou, actuellement au Musée d'Hildesheim, le montre sous les traits austères d'un homme grand, corpulent et un peu dégingandé. Mais il est probable que vu l'importance et la longue durée des travaux, plusieurs maîtres d'œuvre se sont succédé.

Un autre contemporain de Khéops pourrait être aussi un des principaux maîtres d'œuvre qui ont contribué à la construction du monument. C'est Ankh-haef, troisième mari de Hétep-Hérès II, fille de Khéops, dont il nous reste un admirable portrait, aujourd'hui au musée de Boston. Son visage intelligent et sérieux pourrait être comparé à celui d'un des plus beaux types de savants de notre époque. Son tombeau est le plus grand et fut certainement un des plus riches de la nécropole de Gizeh.

Si on admet que Ankh-haef fut un des constructeurs de la Grande Pyramide, il dut certainement exercer sa fonction à la fin des travaux à une époque où Khéops ne pouvait être que très âgé.

Les textes de l'Ancien Empire nous apprennent que les maîtres d'œuvre étaient secondés par des chefs de travaux particulièrement entreprenants. Ceux-ci étaient chargés non seulement d'accomplir les tâches ordinaires de la direction des chantiers mais encore, tel cet Ouni sous la VIe dynastie, d'entreprendre des expéditions en vue de recueillir et de rapporter les matériaux nécessaires à la construction de certains édifices importants. Les carrières de pierre étaient parfois situées à des distances considérables. Les chefs de travaux rapportaient de leurs expéditions lointaines les granits d'Assouan, l'albâtre de Hâtnoub, le schiste de la Vallée du Hammamat. Ces deux dernières carrières étaient exploitées dans la région située entre le Nil et la mer Rouge. Les chefs de travaux jouissaient alors d'une entière liberté d'action leur permettant toutes les initiatives.

Un autre type de personnage semble avoir joué un rôle important durant la construction d'une pyramide. Il portait un titre que nous traduisons par « capitaine de navire » et sa fonction voisine souvent dans les nomenclatures avec celle des « recrues de marine ». Dans un pays comme l'Égypte, traversé sur toute sa longueur par un fleuve immense et, de surcroît, sujet à des inondations qui faisaient ressembler le pays à une vaste mer, les navires et leurs équipages devaient jouer un rôle primordial. Le travail considérable que nécessitait le transport des matériaux provenant pour une bonne part de l'autre rive du Nil ne pouvait qu'augmenter leur importance. Mais ce n'était pas seulement à bord des navires que ces personnages exerçaient leurs activités. On les trouve aussi associés dans les listes des professions opérant dans les carrières. Quoi de plus naturel, dans ce cas, que de déduire que ce fut le capitaine et ses équipes de matelots qui furent chargés des manœuvres délicates d'amarrage et du halage des traîneaux à terre ?

L'innovation des architectes de Khéops

Une innovation importante dans l'art de bâtir eut lieu, sans doute sous le règne de Khéops. Ce fut, en maçonnerie, l'abandon de l'usage des lits déversés. En effet, par suite d'un raisonnement qui leur paraissait logique, les premiers constructeurs avaient cru qu'en déversant le lit des pierres de la construction en direction de l'axe central, de manière que les pierres s'épaulaient les unes les autres, ils augmentaient considérablement la stabilité de l'édifice. Cette pratique avait évidemment l'avantage de ne pas rendre nécessaire la taille trapézoïdale des pierres du revêtement. Cette technique constituait en fait une survivance, l'application à la pierre d'un principe de la construction en brique crue. Effectivement, celle-ci ne résiste guère aux efforts de flexion. Le liaisonnement des briques n'augmente pas considérablement la résistance à la cassure. C'est pourquoi on constate plusieurs types de constructions en brique présentant des dispositifs en vue de neutraliser cet effet de la flexion : lits incurvés ou ondulés, massifs retroussés aux angles. Ce procédé amena les Égyptiens à renforcer les murs à l'aide de parements successifs accolés concentriquement (voir fig. 27 ci-dessous, d'après Fougerousse dans Montet, *Les Nouvelles fouilles de Tanis*).

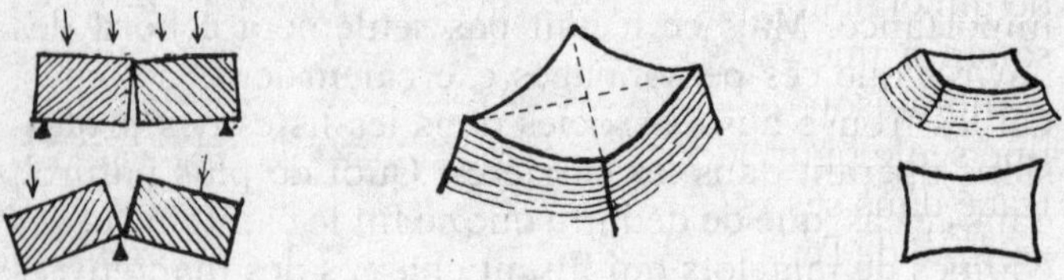

Fig. 27.

Lorsque après la IIIe dynastie, on remplaça les briques par des pierres de plus en plus volumineuses, on continua néanmoins d'appliquer le principe traditionnel. Ce n'est qu'à l'époque de Khéops qu'on s'aperçut, le matériau ayant changé, qu'il n'était plus nécessaire de bâtir selon le vieux principe et même que cela pouvait être nuisible à cause d'un possible glissement du revêtement contre le corps de l'ouvrage.

Les plans

Il n'est guère possible d'exécuter des travaux de quelque importance sans plan, duquel doivent résulter la forme de l'édifice, la hauteur et ses caractéristiques particulières.

Or, les scènes qui décorent les murailles des tombeaux montrent que les Égyptiens savaient exécuter des plans de construction. Ils employaient cependant un procédé graphique qui nous paraît étrange aujourd'hui parce qu'il ne correspond pas à celui dont nous avons l'habitude. En effet, nous concevons le dessin d'architecture moderne d'une manière qui, en fait, est entièrement conventionnelle, puisqu'il nécessite au moins trois figures : plan, élévation, coupe. Mais les Égyptiens, à cause de leurs croyances religieuses, sans doute pour ne pas déconcerter l'âme du défunt, au bénéfice de qui étaient en somme tracées les décorations, obéissaient à une tout autre convention. Ils opéraient une combinaison de trois formes de dessin contenues dans une seule figure. Le plan d'un édifice était tout d'abord tracé dans ses proportions relatives, sans qu'il fût tenu compte de l'épaisseur des murs. La façade en élévation était établie par rabattement sur le côté principal. Quelquefois, une face latérale était indiquée, souvent à gauche, conformément au sens le plus courant de l'écriture égyptienne. Parfois aussi, à la suite de l'autre, une deuxième façade était tracée, laquelle était plutôt une élévation vue par transparence.

Mais ce qui déroute l'observateur peu habitué au dessin égyptien, c'est le mélange du plan et de l'élévation, dans le détail. En effet, lorsque la place le permettait – comme dans le cas d'une maison disposant d'un jardin –, les portes, les kiosques, ou même les arbres sont représentés en élévation, couchés à terre, rabattus en charnière sur le plan lui-même, mais toujours disposés dans le même sens. Ces figures encadrent le plan, sans pour autant le rendre confus[124].

Ce système permet de suppléer à l'absence de perspective.

Mais, empressons-nous de le dire, ce type de dessin qui s'apparente aux figures de personnages typiquement égyptiens vus à la fois de profil et de face, était surtout destiné aux représentations non techniques, décors, scènes de la vie courante, etc.

Les Égyptiens connaissaient-ils le « géométral » utilisé de nos jours, et qui représente un objet avec ses formes et proportions exactement réduites, sans diminution de perspective ?

Nous aurions répondu par la négative si nous ne possédions pas au moins un véritable plan d'exécution tracé sur papyrus, datant, il est vrai, de la XVIIIe dynastie[125] (fig. 28).

Le sujet, un naos en bois, est dessiné à l'encre noire sur un fond de quadrillage rouge. Les cotes ne figurent pas explicitement, mais peuvent être facilement calculées au moyen du quadrillage. Celui-ci est constitué en fait de carrés de réduction, procédé qui repose sur l'étude des rapports des lignes, fondement même de la géométrie. Ces carrés jouent ici le rôle d'échelle.

Ainsi nous pouvons affirmer que les Égyptiens étaient fort capables, quand ils le désiraient, d'employer le dessin géométral qui seul peut donner une idée juste des formes et permet de les étudier.

Les Égyptiens employaient-ils dans la pratique des maquettes à échelle réduite et les études architecturales étaient-elles effectuées d'après elles ? C'est fort possible ; ce n'est d'ailleurs pas incompatible avec l'emploi des plans, comme ceux que nous décrivons plus haut. Cependant, à notre connaissance, il ne nous est pas parvenu de ces sortes de maquettes.

Il serait tentant de voir dans le pyramidion – en l'occurrence celui de Khéops aujourd'hui disparu – une

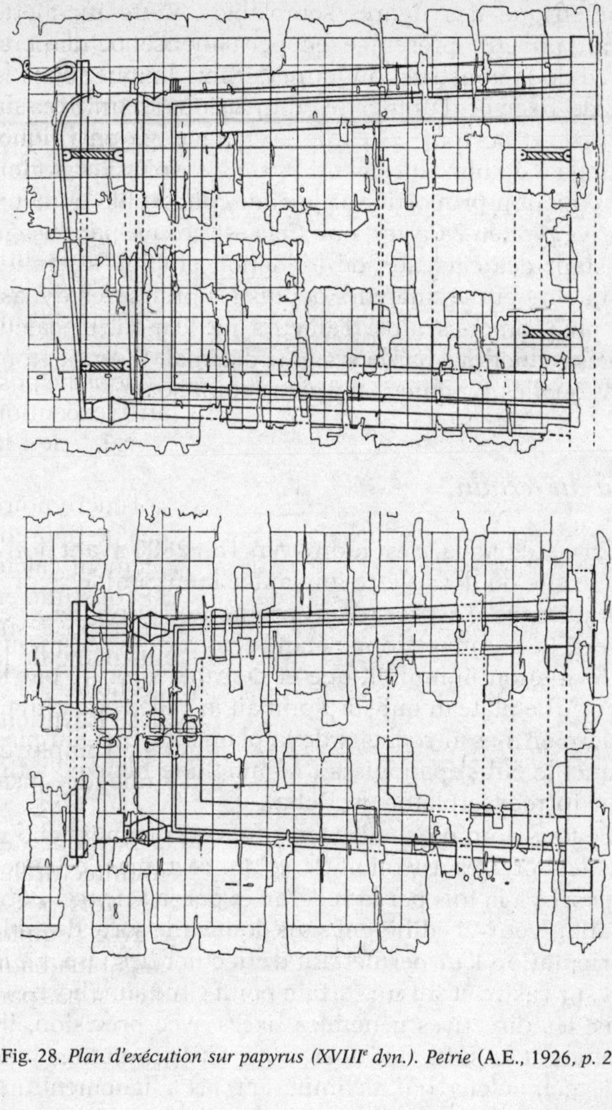

Fig. 28. *Plan d'exécution sur papyrus (XVIIIe dyn.). Petrie* (A.E., 1926, *p. 25*).

véritable maquette de réduction fondée sur le principe géométrique des figures semblables. Cette maquette aurait pu être présentée en permanence pendant la durée de la construction, qui était fort longue, dans le but de fixer et d'unifier les dimensions définitives de l'édifice et surtout celles de l'échafaudage en brique, difficile à établir autrement. Reste à savoir si la notion de réduction proportionnelle était concevable pour un esprit égyptien ? Certes, oui. Cela est prouvé par l'usage constant des carreaux de réduction employés par les sculpteurs et dessinateurs depuis les premières dynasties pharaoniques, ainsi d'ailleurs que le mode de calcul de ces réductions par le système décimal. Il serait étonnant que les Égyptiens n'y aient point songé.

État du terrain

En ce temps-là, c'est-à-dire vers l'an 2800 avant notre ère, le site où devait être implantée la pyramide se présentait sous l'aspect d'un promontoire rocheux et désert. Le sol mamelonné était recouvert de sédiments de formation nummulitique et de sable apporté par le vent[126]. Le plateau qui surplombait la vallée constituait le dernier massif rocheux de la plaine libyque, au pied duquel le Nil s'épanouissait comme une fleur de lotus pour former la plaine du Delta.

Ce lieu, dominant entre tous, fut certainement choisi par les prêtres-astronomes selon certaines données imposées à la fois par la religion et par la science. Pour l'établir, ceux-ci édifièrent sans doute une sorte de table d'orientation leur permettant d'effectuer des visées à la fois sur l'astre et sur un certain point situé sur l'horizon. Puis, les directives générales fixées avec précision, ils confièrent la suite des opérations aux géomètres, puis aux techniciens qui délimitèrent les alignements. Il s'agissait tout d'abord pour eux de déblayer le sol et d'aplanir le terrain jusqu'à la roche.

Mais les chefs des travaux s'aperçurent bientôt que l'emplacement choisi comportait, presque en son centre, une éminence de pierre parfaitement saine. Au lieu de la raser entièrement, ils estimèrent plus avantageux d'en dresser les surfaces et d'aplanir la partie supérieure. Ce faisant, ils constituaient un massif parfaitement équarri et formaient le noyau de la future pyramide. Quels étaient exactement le volume et la forme de ce noyau ? Il est impossible de le savoir, sinon qu'à certains endroits la roche naturelle dépasse la hauteur de 7 mètres, au-dessus du sol du plateau.

Les carrières de libage

Quelle sorte de pierre fut utilisée pour la construction de la grande pyramide ? Il y en eut de deux sortes.

Pour le gros œuvre et les remplissages, les Égyptiens employèrent une pierre nummulitique, parfois assez grossière, de couleur jaunâtre ou grise, qu'ils trouvaient tout près du lieu de son utilisation.

Mais au préalable, nous devons attirer l'attention sur une particularité, à notre avis capitale, sans laquelle les pyramides n'auraient jamais pu être construites, au moins dans leur forme présente. Nous voulons parler de la qualité et de la nature du sol sur le plateau de Gizeh.

En effet, le banc de pierre qui le constitue offre cette caractéristique, d'ailleurs commune dans tout le territoire qui borde la Vallée du Nil, de se présenter sous forme de strates bien horizontales, de hauteur variable, séparées les unes des autres par une couche d'argile détritique. L'épaisseur de la couche peut varier de 20 centimètres et plus à celle d'un fil imperceptible. Cette caractéristique précieuse permettait, le moment venu en se servant d'un simple levier, de détacher la pierre de son lit de carrière, sans avoir à effectuer un pénible travail en sous-œuvre, comme cela se faisait pour l'extraction en cave.

Une autre particularité de ces carrières réside dans le fait que les bancs de pierre se présentent parfois en couches d'une hauteur décroissante. On peut le constater sur les stratifications que présente la statue du Grand Sphinx de Gizeh. En effet, malgré l'usure du temps, la partie supérieure de la tête est demeurée intacte à cause de l'homogénéité, tandis que le corps, taillé dans la pierre aux strates plus minces et de composition moins uniforme, s'est détérioré (voir photo). Le mode d'extraction dans ces carrières locales est visible actuellement sur le quadrillage creusé dans l'aire qui se trouve devant la face nord de la pyramide de Khéphren. C'est de là que l'on a vraisemblablement tiré les énormes libages qui ont servi à la construction du Temple de la Vallée de Khéphren[127]. Ce quadrillage est formé par des séries de tranchées qui se coupent à angle droit, et dont la largeur varie de 55 à 65 cm.

On peut donc reconstituer le travail d'extraction de la pierre locale de la manière suivante : lorsqu'on envisageait, à la pyramide, de poser une nouvelle assise, le chef des carrières, qui connaissait l'épaisseur de la strate, traçait sur le sol, en se guidant de fils tendus, un grand carré sillonné de tranchées parallèles dont la largeur était suffisante pour permettre à un travailleur de se tenir assis (voir fig. ci-après). On assignait ensuite à chacun des ouvriers une tâche journalière dont la durée était minutieusement calculée. L'ouvrier, muni d'un outil des plus rudimentaires, formé généralement d'une sorte de pic en pierre dure attaché sur deux petits bâtons en guise de manche, piochait le sol.

L'ouvrier ne devait quitter le chantier qu'une fois sa tâche terminée. Nous possédons de multiples témoignages sur l'organisation de ce mode de travail par les

Fig. 29. *Procédé d'extraction à la carrière de Khéphren.*

marques peintes en rouge sur les murailles de nombreuses carrières antiques. Lorsque, après un nombre de journées déterminées, les ouvriers atteignaient la couche d'argile, il se trouvait que les pierres d'une assise tout entière, taillées à la hauteur voulue, étaient libérées toutes à la fois. Il suffisait alors de les hisser sur un traîneau et de les transporter.

Les carrières de Khéops étaient situées autour et à l'ouest du Sphinx. Il y en avait aussi sur l'escarpement

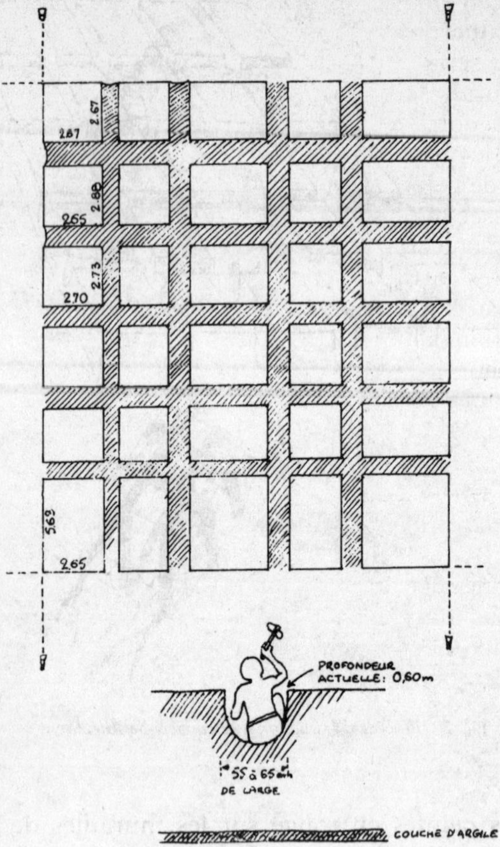

Fig. 29 bis. *Carrière de Khéphren.*

au nord de la pyramide[128]. Mais ces dernières étaient de moindre importance parce que les défoncements du terrain ainsi que l'encombrement prévisible auraient pu gêner le passage des convois de pierre blanche arrivant par l'est en empruntant l'avenue monumentale[129].

La statue du Sphinx, située au sud-est de la pyramide, ne serait en somme qu'une « laisse » de carrière qu'on aurait sculptée après coup. Ce dernier travail aurait, à notre avis, été exécuté par le successeur de Khéops, le pharaon Didoufri, puisque Khéphren, le successeur de celui-ci, fut obligé de dévier la direction de sa chaussée monumentale pour ne pas enjamber la statue consacrée, déjà en place.

D'autres carrières sont signalées un peu partout sur le plateau[130]. Un autre exemple du même système d'extraction par le procédé de quadrillage au sol est visible du haut de la pyramide de Mykérinos[131] (photo) ; la photographie nous en a été aimablement procurée par nos amis, MM. Maragioglio et Rinaldi.

Les carrières d'Anou de la rive est du Nil

Pendant qu'on aménageait le plateau de Gizeh, on ne restait pas inactif de l'autre côté du Nil.

En effet, nous avons dit que, dans les chantiers des pyramides, on utilisait deux qualités de pierre calcaire : l'une, grise et grossière, destinée aux travaux de remplissage, le libage, et une autre, employée aux revêtements et aux éléments architecturaux apparents. Cette dernière était une pierre de calcaire compacte réputée, que les Égyptiens nommaient « *la belle pierre blanche d'Anou* » . Elle était tirée des carrières de Tourah (anc. Troja) et de Ma'sarah, située dans le massif rocheux du Mokhattam, sur la rive est du Nil.

Contrairement à ce qu'on constate dans les carrières destinées a l'extraction des gros libages, les carrières de pierre blanche sont souvent exploitées en cave. L'aspect de ces dernières est peut-être aussi étonnant que celui des monuments qui en sortirent, disait Maspero[132]. Ces carrières couvertes sont formées d'immenses salles, hautes parfois de 10 mètres. Des galeries s'enfoncent jusqu'à 50 mètres de profondeur. Des piliers massifs, réservés pour soutenir le plafond, sont répartis irrégulièrement. Pour pratiquer l'extraction, on attaquait la face verticale de la pierre en commençant par le haut. La face arrière de la paroi était creusée, puis la pierre était détachée à l'aide de coins[133]. (Voir fig. 30.)

L'outillage du carrier consistait essentiellement en une sorte de pic en pierre dure dont la partie coupante était taillée en pointe ou bien constitué de ciseaux de cuivre et des maillets de bois (photo).

Il va sans dire que la grande habileté de l'ouvrier consistait à reconnaître et à suivre le lit de carrière, c'est-à-dire la ligne de stratification parfois réduite à un fil imperceptible.

La pierre, hissée sur un traîneau, était ensuite transportée jusqu'à la sortie du lieu d'exploitation.

Un plan incliné favorisait la descente jusqu'à la rive du Nil situé à quelques centaines de mètres de là[134].

Certaines carrières à ciel ouvert étaient exploitées de la même façon. Et c'est merveille de constater la régularité, la méthode et le sens de l'économie avec lesquels on extrayait les tranches de pierre, en employant ce même procédé d'attaque de front (fig. 30).

Les blocs, sans quitter le traîneau sur lequel ils étaient solidement attachés, étaient ensuite embarqués sur des barges pour la traversée du Nil.

La taille du granit et de la pierre dure

Contrairement à ce qu'on aurait pu penser, ce n'est pas par la taille du calcaire, mais bien par le travail des matériaux durs que les Égyptiens apprirent à tailler la pierre.

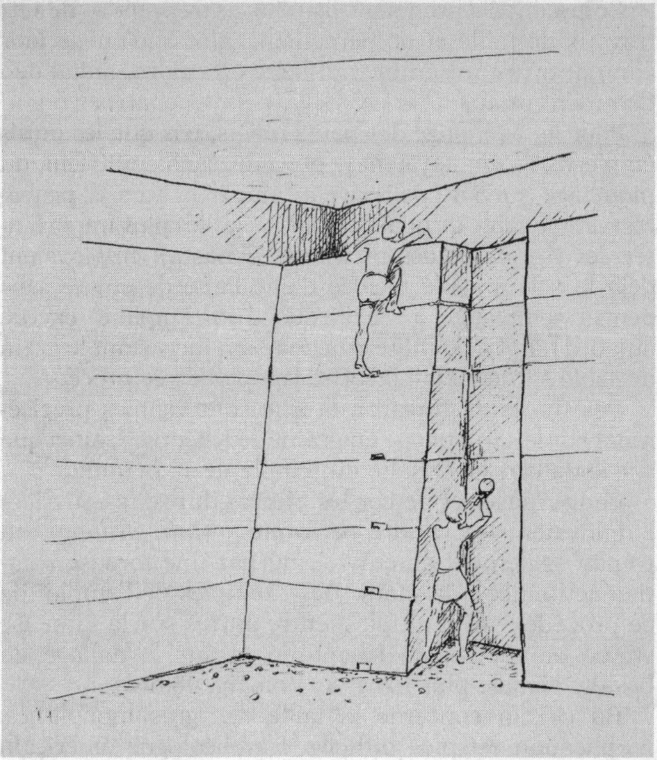

Fig. 30. *Exploitation en carrière souterraine.*

En effet, on peut voir de magnifiques vases datant de l'époque thinite façonnés en granit ou en diorite, cette dernière pierre étant certainement la plus difficile à travailler. Dès l'époque memphite, les tailleurs de pierre égyptiens avaient acquis la maîtrise de leur art, puisqu'ils étaient capables de sculpter dans le granit les stèles et les encadrements de portes de certains temples, tels que celui de Hiéraconpolis.

Comment s'y prenaient-ils pour entreprendre de tels travaux de taille et de percement, alors qu'on ne leur connaît qu'un misérable outillage en cuivre, métal évidemment mou ?

Pour le façonnage des petits objets, tels que les outils en pierre, ils employaient le procédé, sans doute lent, du piquetage, suivi du polissage à l'aide d'un abrasif, probablement le sable de quartz. Pour les tailles plus importantes, les Égyptiens des premières dynasties employaient déjà la scie à sable formée d'une lame de cuivre sans dents, semblable à celle que l'on emploie encore aujourd'hui. La ductilité du cuivre, en incrustant le grain de sable sur le métal, favorise l'emploi de ce procédé.

Des traces de travail à la scie sont visibles précisément sur le sarcophage en granit de Khéops[135], ainsi que sur le dallage en basalte du temple de sa pyramide[136].

Pour creuser et percer les pierres dures, les ouvriers employaient le cylindre perforateur *(tube drilling)*, ou trépan également en cuivre, mû par une foreuse rotative actionnée à la main. Des exemples de l'emploi de ce procédé sont multiples, entre autres sur la fameuse statue en diorite de Khéphren et sur le dallage en basalte signalé plus haut[137]. (Voir fig. 48 bis.)

En ce qui concerne la taille des gros monolithes, l'explication est plus difficile. L'archéologue américain Reisner, frappé par l'aspect mou, comme émoussé des blocs du revêtement de la base de Khéphren, pensait que les premiers monolithes utilisés avaient été recueillis parmi des blocs erratiques et ensuite à peine retouchés[138].

Les Égyptiens connaissaient-ils un procédé de travail du granit par l'action thermique ?

Plus récemment, Engelbach[139] a proposé une autre explication de l'étonnante facilité avec laquelle les Égyptiens parvenaient à tailler les grands blocs de granit. En effet, en étudiant sur place le gigantesque obélisque inachevé de la carrière de granit d'Assouan, il a estimé qu'on devait procéder par écrasement du grain de la pierre granitique à l'aide d'un percuteur sphérique en dolérite d'un poids variant de 3 à 5 kg. Effectivement, on trouve un grand nombre de percuteurs autour de ce chantier. À notre avis, l'emploi de ce procédé aurait offert de graves inconvénients. En effet, après chaque coup frappé verticalement, les ouvriers auraient dû nécessairement balayer immédiatement la poussière du granit, sous peine de former une sorte de matelas qui aurait rendu inopérant le coup suivant. Toujours selon Engelbach, pour dégager le monolithe de son banc, on pratiquait la taille des côtés de la même manière. Parvenu à la profondeur voulue, on le détachait en procédant de la même façon, mais cette fois en travaillant la pierre par-dessous. Comme pour l'extraction aux carrières de calcaire, ce travail devait s'effectuer à la tâche et on a trouvé des marques de niveau ou repères de contremaître, tracés à la peinture rouge. Engelbach a estimé que l'exécution de l'obélisque inachevé d'Assouan, aussi grand que celui de Saint-Jean-de-Latran, à Rome (32 mètres), aurait demandé seulement treize mois de travail[140].

Nous avouons cependant que, pour des raisons exposées plus haut, les explications d'Engelbach concernant la taille du granit nous laissent sceptiques. Existait-il un autre procédé de taille aujourd'hui oublié ? Nous le croyons. En effet, le même auteur signale la présence de traces de feu et l'existence d'une multitude de boules en dolérite sur ce même chantier d'Assouan.

Nous avons effectivement constaté leur présence à la carrière d'Assouan. D'après Engelbach, les vestiges de combustion seraient dus à quelque procédé d'égalisation ou de nettoyage de la surface du granit par l'emploi du feu. Des vestiges semblables sont néanmoins signalés à deux autres endroits, mais cette fois en profondeur.

Or, l'auteur de ces lignes[141] a observé à Gizeh, dans une coupe du terrain pratiquée par le Service des Antiquités de l'Égypte pour dégager la face nord de la pyramide de Mykérinos, les mêmes traces caractéristiques. En effet, à la limite du parement inachevé demeuré en bossage et sous la partie ravalée, donc achevée, nous avons remarqué les mêmes résidus de granit calciné. Ceux-ci étaient pareillement mélangés à du charbon de bois et à de la brique brûlée. Mais cette fois, on pouvait voir, directement mêlées aux détritus, les mêmes boules en dolérite.

Dans le cas présent, à la différence d'Assouan, il ne s'agissait pas d'un possible décapage horizontal de la surface de la carrière, mais bien d'un procédé de dressage des blocs de granit laissés en attente (bossage).

Était-ce là un procédé jusqu'ici ignoré employé par les Égyptiens pour tailler ou surfacer le granit ? Un procédé thermique était-il réalisable dans la pratique courante ? En trouve-t-on des exemples dans l'histoire des techniques ? Certainement. Un procédé semblable avec usage du feu a été utilisé au XVIIIe siècle lors de l'érection de la statue en bronze colossale (6 m de haut) de Pierre le Grand à Saint-Pétersbourg en 1777, exécutée par le sculpteur français Etienne Falconet. Pour donner à la statue un socle proportionné à sa taille, l'ingénieur Marin Carburi de Céphalonie, dit le comte de Lascaris, chargé de l'exécution, alla chercher dans les marais du golfe de Finlande un bloc de granit pesant quelque 2 000 tonnes à l'origine. Pour le retailler et lui donner une base plane, il utilisa un feu de charbon très violent et soutenu par l'action de deux grands soufflets de forge[142]. Le feu boursoufle la surface du granit. De simples coups à l'aide d'un objet dur suffisent à faire tomber une couche de la pierre.

Ajoutons qu'il existe aujourd'hui un procédé ultra-moderne, le système « Rocjet » utilisé par la société « L'Air liquide » de Paris, qui emploie ce même procédé thermique non seulement pour le surfaçage, mais aussi pour la taille et la sculpture du granit[143].

Les Égyptiens connaissaient-ils donc une telle méthode de travail du granit quelque quarante-six ou quarante-sept siècles auparavant ? Il faut le croire.

Mettaient-ils en œuvre encore et simultanément d'autres procédés ? Pour détacher les gros blocs, on utilisait des coins de métal, en cuivre ou peut-être même en fer, métal très rare mais pas inconnu semble-t-il, fichés à courte distance les uns des autres et qu'on frappait alternativement. Les coins étaient placés entre deux minces plaques de métal comme le démontre la forme évasée des trous (fig. 31), forme qui s'oppose formellement à l'emploi des coins en bois sec qu'on humidifie pour les faire gonfler, procédé qui, à notre avis, ne semble pas avoir été pratiqué en Égypte.

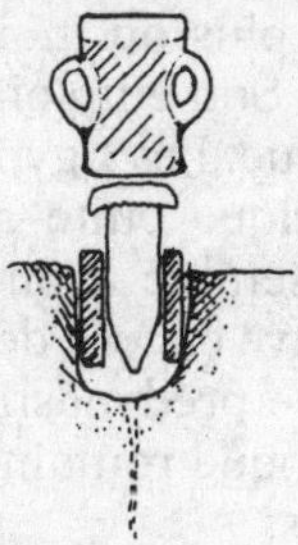

Fig. 31. *Procédé de taille du granit.*

Évidemment, ces trous avaient été au préalable creusés au moyen d'instruments métalliques. Quels étaient donc ces métaux ? le cuivre ? Cette question demeure pour nous encore troublante.

À ces techniques, probablement oubliées à jamais, il faut ajouter l'art subtil des anciens carriers qui savaient découvrir au son les plus minces lignes de clivage, ou de diaclase, en frappant la picrrc, ou encore par d'imperceptibles frémissements de la roche, qu'ils savaient déceler à la main.

La brique crue

La brique crue était, et est encore de nos jours dans les villages arabes, le matériau de construction le plus répandu en Égypte. Aux époques pharaoniques, toutes les maisons du peuple, les murs d'enceinte des villes et des temples, les forteresses, les palais mêmes étaient construits à l'aide de ce matériau économique.

La matière première est tirée du limon du Nil. En effet, l'argile qui entre dans la composition du limon a tendance à se déposer par couches. On recherche naturellement une argile plus ou moins pure selon l'usage auquel on la destine. Son emploi principal est la fabrication de la brique crue. Les Égyptiens ne semblent pas avoir apprécié la brique cuite avant l'époque gréco-romaine. Le temps semble avoir donné raison à leur choix, puisqu'on trouve encore des briques crues intactes datant de l'époque prédynastique alors que les briques mal cuites d'époque romaine et postérieures sont souvent décomposées.

Le limon ne peut pas être employé seul dans la fabrication de la brique, sinon celle-ci se craquelle et se brise à la dessication. Il doit être mélangé, soit avec du sable propre, soit avec de la paille hachée ou du chaume pour garder sa cohésion. La première manière ne donne pas des briques d'une grande solidité. En revanche, la brique mélangée à de la paille constitue un matériau excellent. Sa solidité dépend de sa richesse en paille et du soin apporté à sa fabrication. En effet, le secret de sa solidité réside dans le trempage que l'on fait subir au mélange argile-paille. On laisse l'amalgame tremper plusieurs jours dans l'eau. La paille rouie, décomposée juste à point, dégage un certain mucilage qui, se mélangeant à l'argile, lui communique une certaine viscosité, et en séchant en augmente la tenue. Des murs construits à l'aide de ces briques convenablement paillées offrent une grande résistance à l'arrachement.

Pour éviter la dégradation par l'eau de pluie, les fellahs actuels enduisent leurs maisons du même amalgame, mais encore plus riche en paille et mieux trempé, donc rendu encore plus mucilagineux. Après séchage, les enduits de cette sorte offrent presque la même résistance à l'arrachage que du papier fort. C'est cet enduit que des observateurs superficiels nomment boue.

Pendant la construction d'ouvrages en briques crues, celles-ci sont mises en place avant leur complète dessication. Elles sont liées entre elles au moyen d'un mortier en limon pur. Pour augmenter la solidité de certaines murailles parfois très épaisses, on intercalait entre les lits des nattes de roseaux.

À Tanis, où l'on trouve parfois des murailles épaisses de plus de 14 mètres, les Égyptiens faisaient alterner 4 ou 5 assises ou plus, avec un lit de nattes. De même, ils noyaient dans l'épaisseur des murs des troncs d'arbres ou des boulins[144]. Ils obtenaient ainsi une maçonnerie « armée », mais souple et élastique, sonnant sous les pas[145]. Des trous étaient aménagés çà et là afin de faciliter la dessication[146].

La brique crue telle que nous venons de la décrire[147] offre de plus l'avantage d'être plus légère que la brique cuite, celle que nous employons aujourd'hui[148].

Ce matériau tenace et économique rappellerait en quelque sorte la matière employée par la guêpe maçonne, emblème de la Basse-Égypte, pour construire sa ruche.

Tel était ce matériau assez extraordinaire, qui rendit possible la construction de la majorité des grands monuments égyptiens, grâce aux rampes-échafaudages dont nous allons parler.

Le petit outillage

Il est important de noter que, pendant la longue période de l'histoire égyptienne, l'outillage de l'artisan est demeuré à peu près le même. On peut être surpris de constater qu'à une époque aussi lointaine que la Ire dynastie, les ouvriers égyptiens possédaient toutes les maîtrises de leur art et que la forme de leur outillage était définitivement établie. Pour ne parler que du travail du bois, les règles concernant les assemblages à tenon et mortaise, à rainure et languette, à queue d'aronde, étaient déjà inventées. Les ébénistes étaient capables d'exécuter de façon courante les travaux de marqueterie les plus délicats, avec des incrustations en bois divers, en ivoire et en faïence[149].

Déjà à cette époque, les artisans sur pierre parvenaient à creuser des vases en matière dure tels que le granit, le basalte, la diorite et même le cristal de roche. Comment y parvenaient-ils ? Certaines questions, celles qui concernent les ciseaux de cuivre par exemple, n'ont pas encore reçu de réponse satisfaisante.

En ce qui concerne l'outillage du bâtiment qui nous intéresse plus directement, nous dirons que la forme des outils qui sont parvenus jusqu'à nous ressemble, à quelques exceptions près, à celle qu'emploieraient aujourd'hui les artisans des petites entreprises de construction. Faisons-en l'inventaire.

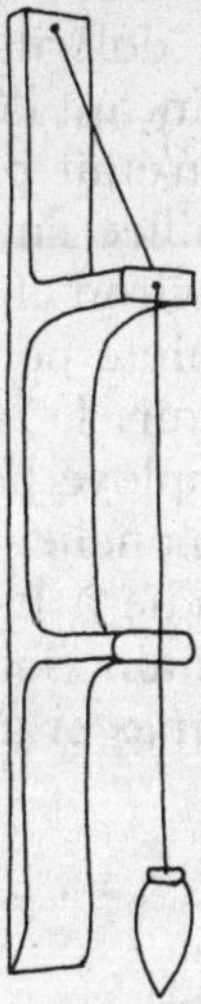

Fig. 32. *Fil à plomb.*

Le maçon connaissait l'équerre, le niveau à fil à plomb, la pince ou levier, le maillet, les ciseaux de formes diverses utilisés pour la taille des pierres, la pointerolle, le pic, le marteau en pierre, la pelle, le brancard. La truelle n'est pas pareille à celle de nos maçons. C'est plutôt une sorte de lissoir.

En revanche, le maillet, et certains outils à percussion possèdent des formes originales, complètement oubliées aujourd' hui, nous semble-t-il. En effet, ceux-ci n'étaient pas formés comme les nôtres de deux éléments, la panne et le manche, mais d'une pièce unique, particularité due, peut-être à l'origine, à la difficulté de creuser le trou dans lequel passe le manche. Il existait deux sortes de maillet. Le premier, plus lourd, était employé pour les travaux de charpenterie dans la construction des navires et dans les carrières. Malgré sa forme apparemment irrationnelle, ce maillet, fabriqué en bois dur, est au contraire très pratique. Il s'abat sur le ciseau, toujours normalement à l'axe longitudinal de celui-ci et ne risque donc pas de glisser ou de dévier. D'autre part, son usage est moins fatigant qu'il ne paraît ; nous en avons fait personnellement l'expérience avec un modèle en notre possession ; les muscles du bras agissent et se reposent alternativement. Quant au second type de maillet, il était employé pour les travaux un peu plus légers. Nous n'en connaissons que les images, souvent reproduites dans les bas-reliefs des mastabas.

L'emmanchement des pics dits « de mineurs », sortes de pioches en pierre dure : basalte ou dolérite, était constitué par deux branches en bois, coinçant la pierre à l'aide de lanières. Lorsque la panne n'était pas une quelconque pierre pointue, elle était taillée en pointe ou de forme ovoïde, longue de 20 cm environ et pesant de 1 à 3 kg. Le « talon » opposé à la pointe porte une rainure profonde destinée à maintenir la lanière (fig. 33). Mais le marteau ordinaire, employé pour les petits travaux, ne comportait pas de manche. C'était simplement une pierre de forme arrondie à la partie supérieure afin d'épouser le creux de la main. Son poids varie entre quelques centaines de grammes et un kilogramme.

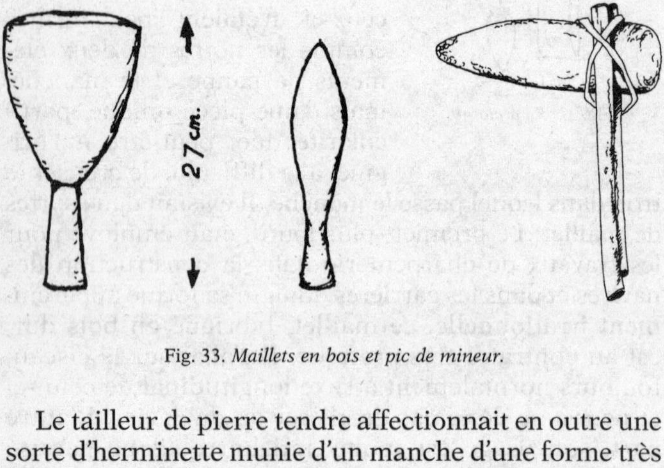

Fig. 33. *Maillets en bois et pic de mineur.*

Le tailleur de pierre tendre affectionnait en outre une sorte d'herminette munie d'un manche d'une forme très étudiée (voir photo), la scie avec ou sans dents en cuivre, le foret tubulaire[150], et pour le déplacement des matériaux : le rouleau, le levier[151] et le traîneau dont nous parlerons (p. 137) assez longuement.

Les Égyptiens ne connurent la roue que sous le Nouvel Empire, avec les chars de combat importés des pays asiatiques. Cependant, nous possédons une peinture de

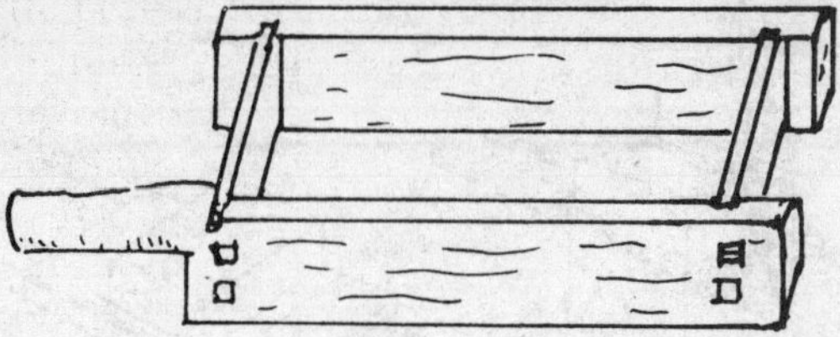

Fig. 34. *Moule à brique.*

l'Ancien Empire[152], figurant un échafaudage mobile, muni, semble-t-il, de roues ou de boules tournant sur un axe[153].

Quant à la poulie et ses dérivés, moufle, etc., elle n'était pas connue des Anciens Égyptiens. Pour s'en assurer, il suffit de voir l'extrémité des mâts, des navires à voiles dont les représentations sont abondantes. Les parties coulissantes, formées de simples trous, montrent clairement qu'ils ne connaissaient pas cet organe[154].

Le problème de la manutention

Ici, nous nous posons nous-mêmes une question qui ne manque pas de nous embarrasser quelque peu : ce travail formidable, exécuté sans économie de peine ni de matériaux, a été effectué avec une apparence de facilité absolument surprenante. Comment les Égyptiens parvenaient-ils, sans problème de manutention, semble-t-il, à soulever, manipuler, ajuster des poids pouvant dépasser 40 tonnes ? Ils ne possédaient, à notre connaissance, pas de moyens mécaniques de

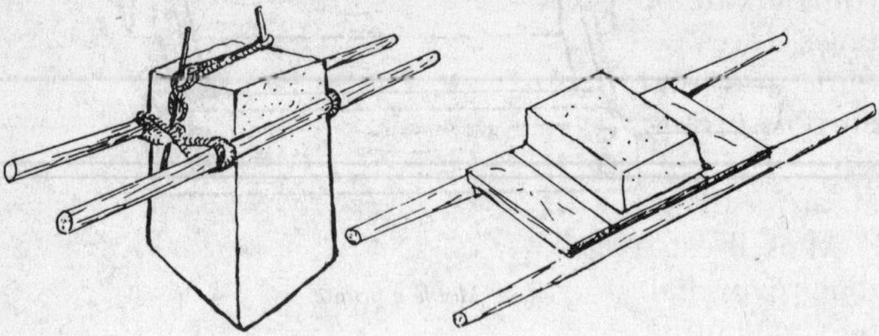

Fig. 35. *Brancards.*

Fig. 35 bis. *Ouvriers dégrossissant un tronc d'arbre.*

démultiplication des forces. Le seul métal, le cuivre, était rare et d'ailleurs, c'est un métal mou. Et répétons-le, on ne connaissait pas la poulie. D'autre part, les gros rouleaux de bois ne sont utilisables qu'entre deux surfaces dures et lisses. Nous comprenons, dans une certaine mesure, la manutention à l'aide de grands leviers en bois groupés en éventail, le transport par traîneau sur le chemin glissant d'argile, l'usage du sac de sable, et surtout l'emploi intelligent de l'équilibre des forces.

Mais il est une chose qui nous a toujours intrigués, malgré nos habitudes des chantiers égyptiens : comment parvenaient-ils à remuer, à déplacer des blocs parfois d'un poids considérable dans un espace exigu, par exemple à soulever des herses en granit dans un couloir étroit ?

Possédaient-ils quelque moyen de levage inconnu, ressemblant à une sorte de cric ou de vérin ? Cela reste à trouver.

Les graffiti des carriers

On a découvert en outre, au cours des fouilles effectuées dans les différentes pyramides, un grand nombre de graffiti de carriers qui, à eux seuls, mériteraient toute une étude. Ces inscriptions, extrêmement importantes pour l'étude des différentes techniques, correspondent en somme aux « établissements » ou marques de menuisiers, qui seraient d'après les compagnons charpentiers modernes, d'origine égyptienne.

On trouve parfois dans les inscriptions des carrières des indications qui constituent de précieux documents archéologiques où sont mentionnés :

— les noms des rois et de leur pyramide ;

— les dates du règne[155] ;

— la provenance des pierres et leur destination, le nom des équipages de transport ;

— les indications de poids ;
— les niveaux ;
— les emplacements et orientations.

Les grandes poutres en pierre étaient marquées de repères et leur position signalée par rapport au nord et au sud, ce qui montre évidemment que les blocs étaient étudiés sur plan avant d'être livrés au constructeur[156].

Les travaux étaient effectués à la tâche, comme le prouvent les marques triangulaires superposées en rouge et en noir, mesures effectuées probablement tous les jours au moyen d'une canne de trois ou quatre coudées comme on en voit quelquefois entre les mains de certains chefs d'équipe.

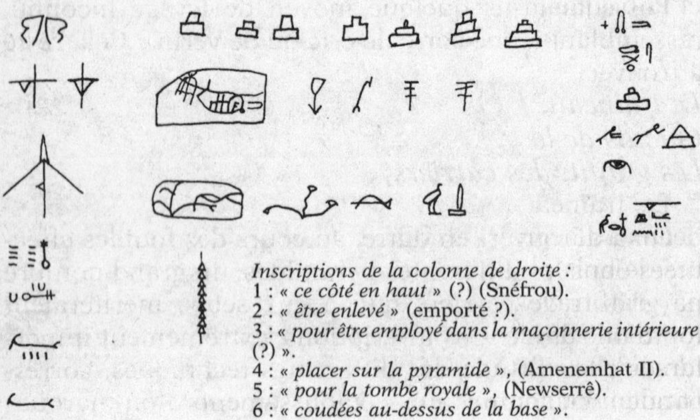

Inscriptions de la colonne de droite :
1 : « *ce côté en haut* » (?) (Snéfrou).
2 : « *être enlevé* » (emporté ?).
3 : « *pour être employé dans la maçonnerie intérieure* (?) ».
4 : « *placer sur la pyramide* », (Amenemhat II).
5 : « *pour la tombe royale* », (Newserrê).
6 : « *coudées au-dessus de la base* ».

Fig. 36. *Graffiti de carriers.*

Employait-on les animaux de trait ?

Enfin, une dernière question. Utilisait-on les animaux pour haler les traîneaux chargés ? Le cheval n'était pas connu en Égypte avant le Nouvel Empire et le chameau ne fut introduit qu'à l'époque romaine. Quant au bœuf, s'il est parfois attelé à des traîneaux funèbres, il n'est jamais représenté dans les bas-reliefs des mastabas. C'est à peine si nous connaissons un ou deux exemples où il est figuré, dans les carrières de Ma'sarah datant du Moyen Empire. Et encore l'un d'eux n'est-il mentionné que comme butin rapporté de la guerre contre les Phéniciens.

En ce qui concerne l'emploi de l'âne, ce merveilleux et patient âne d'Égypte, celui-ci n'est jamais attelé ni même, chose curieuse, chevauché. En revanche, on le voit souvent transportant des fardeaux dans les scènes champêtres. Sans doute, était-il affecté dans les chantiers au transport des charges légères, telles que l'eau et la brique.

Le traîneau. La méthode de l'escargot. Calculs de la traction

Le traîneau égyptien, assez semblable à nos traîneaux à glace, est constitué essentiellement de deux pièces de bois plus ou moins courtes fixées parallèlement par des traverses. Cette « machine », pour employer le mot d'Hérodote, est particulièrement efficace lorsqu'elle est utilisée sur une surface molle telle l'argile. Pour cela, on arrosait le sol avec de l'eau *et peut-être même du lait*[157].

M. Chevrier, architecte du Service des Antiquités à Karnak, et nous-mêmes, aux fouilles de Tanis, avons utilisé le traîneau primitif. Manipulé dans les conditions identiques à celles de l'époque, c'est-à-dire sur l'argile mouillée, le traîneau se révèle un engin d'une étonnante efficacité. Chargé d'un poids très lourd, une simple poussée suffisait en terrain plat à le déplacer. Chevrier a estimé que le coefficient de glissement sur l'argile humide pouvait être égal à zéro[158]. C'était en somme la méthode de *l'escargot* qui permet à cet estimable gastéropode de tirer, dit-on, plus de 30 fois son propre poids.

En revanche, sur un terrain en pente, le phénomène poids joue en sens inverse. Il est donc indispensable que la pente soit la plus faible possible.

L'ingénieur allemand Louis Croon[159], en étudiant en 1928 la construction de la pyramide de Meïdoum, a calculé le nombre d'hommes nécessaires au transport d'un bloc qu'il évalue à 1 150 kg de poids moyen, sur une rampe de 20 ° (35 % environ). Dans le cas d'une force moyenne de 15 kg par homme et avec un coefficient de frottement de 0,25, il a estimé que 44 hommes étaient nécessaires pour effectuer le déplacement d'une manière commode.

Mais qu'on nous permette de réviser les calculs de Croon.

Tout d'abord, il convient d'envisager, pour la pyramide de Khéops, une pierre non pas d'un volume minimum, mais d'un volume moyen maximum en vertu de l'axiome « qui peut le plus peut le moins ». Or, le dernier bloc posé, visible encore aujourd'hui au sommet de Khéops, et qui a été observé par nous-mêmes, mesure environ 1 m^3, et pèse quelque 2 500 kg. D'autre part, le poids du traîneau de Croon, estimé à 30 kg pour le transport d'un bloc de 1 150 kg, est beaucoup trop faible. Nous évaluons le poids du traîneau à 500 kg environ, cordages et attelages compris, soit un poids total de 3 000 kg par voyage pour une pierre moyenne de 1 m^3.

En revanche, la force de traction de 15 kg est ici encore trop forte. Nous abaisserons à 12 kg cette force qui était celle que prescrivait encore récemment l'Administration des Travaux publics pour le halage humain des péniches sur nos rivières[160].

Et enfin la pente de Croon, qu'il évalue à 20 ° (35 %), est impossible à admettre et nous l'avons souvent contestée.

Cela dit, doit-on accepter le coefficient de frottement de 0,25 proposé par Croon ?

Voyons ce que cela donne pour le transport d'un poids moyen de 3 000 kg en appliquant nos mesures à la formule établie selon les règles de la mécanique :

$$F = (P \times \sin\alpha) + (\mu \times P \times \cos\alpha)$$

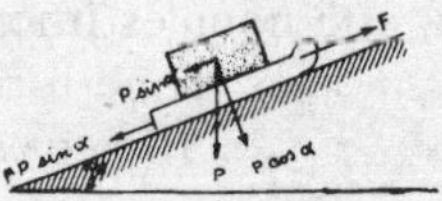

F = Force ; P = Poids = 3 000 kg. μ = Coefficient de frottement = 0,25 (pente) angle de 3 doigts = 0,056 (env. 3°30) = sin 0,061 soit :

$$F = (3\,000 \times \sin 3°30) + (0{,}25 \times 3\,000 \times \cos 3°30)$$

$$F = 183 + 748{,}5 = 931{,}5 \text{ kg}$$

Nombre d'hommes :

$$\frac{931{,}5}{12} = 78 \text{ hommes.}$$

Cette évaluation serait encore acceptable, surtout si ces haleurs sont répartis sur 3 files de 26 hommes.

Mais si on applique la même formule pour un poids moyen exceptionnel, par exemple pour une travée en granit comme une de celles qu'on trouve dans une chambre de décharge de Khéops que nous avons mesurée nous-mêmes, et évaluée à 41 tonnes ; travée, rappelons-le, qui est située à 64 mètres au-dessus du niveau du sol, on aura proportionnellement :

$$\frac{78 \times 41}{3} = 1\,066 \text{ hommes}$$

qui, répartis en 3 files de haleurs :

$$\frac{1\,066}{3} = 356 \text{ hommes.}$$

ce qui nous paraît inacceptable à cause du nombre d'hommes difficile à faire manœuvrer, en raison de l'encombrement occasionné et du poids écrasant pesant sur l'échafaudage.

Nous préférerions, en ce qui nous concerne, admettre un coefficient moindre ou le supprimer complètement comme le proposait Chevrier, quitte à faire confiance à l'ingéniosité des Anciens Égyptiens pour la manœuvre, et nous aurions, pour une travée nue de 41 000 kg, auxquels il conviendra d'ajouter le poids du traîneau et celui du harnachement, que nous estimons dans ce cas à 1 tonne, soit :

$$F = 42\,000 \times \sin\alpha$$

$$F = 42\,000 \times 0{,}061 = 2\,562 \text{ kg}$$

et pour un effort de 12 kg = $\frac{2\,562}{12} = 214$ hommes

répartis en 3 files, sans compter les remplaçants, chefs d'équipe, verseurs d'eau, soit environ 250 hommes, ce qui est faisable.

Quant au transport d'un bloc moyen de 3 000 kg, traîneau compris, nous aurions dans ce cas :

$$F = 3\,000 \times 0{,}061 = 183 \text{ kg}$$

$\frac{183}{12} = 16$ hommes ou 25 en comprenant les accompagnateurs.

Les équipages de traction. Leur nom

Les équipages de traction, composés parfois d'un nombre considérable de haleurs mâles, s'attelaient à l'engin au moyen d'un ou de plusieurs câbles principaux sur lesquels les hommes étaient branchés au moyen d'une attelle individuelle. Tous ces gens au travail offrent, sur les bas-reliefs, une impression d'ordre, de méthode et d'efficience tout à fait frappante.

Les équipages des traîneaux étaient commandés par des chefs d'équipe à la « voix puissante ». Parfois l'un d'eux, hissé sur l'appareil, sans crainte d'augmenter par son propre poids la peine de ses camarades, rythmait leurs efforts, tout comme les fellahs actuels, par des chants et par des battements de mains. Pendant ce temps, d'autres hommes suivaient le convoi, en portant sur l'épaule l'eau destinée à détremper la couche d'argile sur laquelle devait glisser l'engin. D'autres hommes encore transportaient des troncs d'arbres à peine ébranchés. Ces troncs servaient, sur un terrain en pente, à coincer le traîneau afin d'éviter le retour en arrière et aussi à consolider le sol en tant que traverses.

Les équipages de traction portaient habituellement des noms glorieux, par exemple :

— *Puissante est la Couronne Blanche de Khnoum-Khoufou.*

ou :

— *Khéops provoque l'amour.*

— *Menkaourè, c'est l'ivresse.*

— *Sahourê est aimé.*

D'autres noms ont été lus sur des blocs de parement de la pyramide de Meïdoum. Ce sont :

— *Équipe de la Pyramide à degrés.*

— *Équipe du Navire.*

— *Équipe vigoureuse.*

— *Équipe du Sceptre.*

— *L'Endurante.*

— *L'Équipe du Sud.*

D'autres portaient des noms tirés des termes de navigation. *L'Équipe de proue... de poupe... de tribord... de bâbord.*

Des groupes plus petits étaient nommés : *l'Équipe de l'Ibis, l'Équipe de l'Antilope,* etc.

Les grands équipages comptaient de 200 à 250 personnes réparties en quatre quarts, tandis que des équipes plus petites pouvaient comprendre de 10 à 50 personnes.

Les scribes notaient sur la pierre, au pinceau, le jour, le mois et l'année de la livraison. Sur les 15 pierres trouvées à Meïdoum, 4 sont datées du mois qui suit l'inondation, 5 sont datées de la fin de la saison sèche, 6 sont réparties entre les 5 autres mois.

Cette observation est importante parce qu'elle démontre que les travaux, contrairement à l'opinion de Petrie[161], s'effectuaient sans interruption durant toute l'année[162].

Les navires de transport des matériaux

Une bonne partie des matériaux de choix provenait, nous l'avons dit, de carrières lointaines ou situées sur l'autre rive du Nil. Les blocs étaient chargés sur des barges ou chalands.

Comment étaient faites ces barges ?

Il existe dans les mastabas un grand nombre de bas-reliefs figurant des embarcations transportant des marchandises ou des animaux. Nous pouvons donc nous faire une idée assez précise de celles qui portaient les matériaux de construction. Mais ces derniers étant parfois de dimensions considérables, on dut par conséquent utiliser des navires de très grande taille.

Les Égyptiens surent très tôt construire de grands navires, puisque déjà la Pierre de Palerme relate que, du temps du roi Snéfrou, père de Khéops, ils possédaient au moins deux embarcations mesurant 100 coudées (52,36 m), construites en bois de merou[163].

Les navires de charge moyenne devaient donc être capables de supporter le poids de colonnes, d'architraves, de poutres pesant parfois 40 tonnes et plus. Les navires pouvaient mesurer de 25 à 30 m de long.

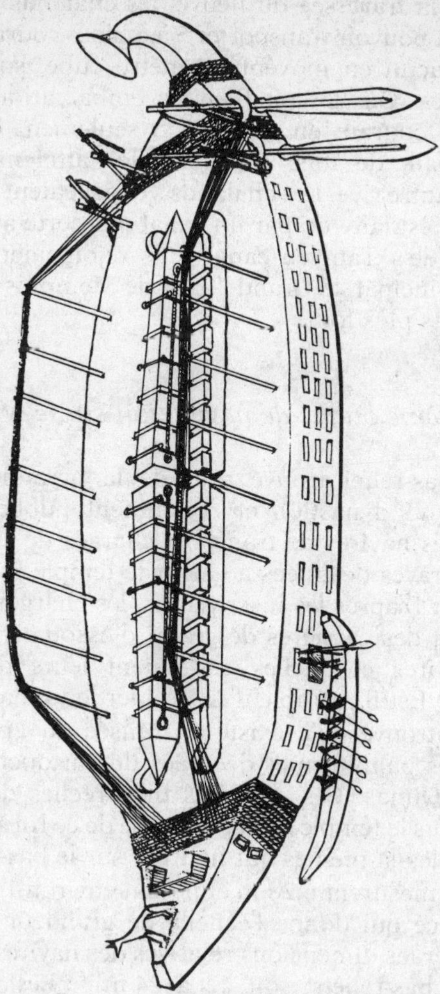

Fig. 37. *Reconstitution selon l'auteur de la barque de Deir el-Bahari. D'après E. Naville* (The Temple of Deir el-Bahari, *part. VI, pl. CLIX) Eg. Expl. Found, 1908.*

Pour la traversée du fleuve, les chalands ordinaires devaient pouvoir transporter 5 à 6 blocs courants mesurant chacun en moyenne 1 mètre cube, soit environ 20 tonnes. On laissait filer les embarcations dans le sens du courant en actionnant seulement les rames-gouvernail, de telle sorte qu'elles atteignaient sans effort l'autre rive. Les chalands s'engageaient alors dans un petit estuaire et, par un canal qui porte aujourd'hui le nom de « Tamyeh canal », ils rejoignaient le cours d'eau principal, le Grand Canal de Memphis dont nous parlerons plus loin.

Un système oublié de navigation sur le Nil

Un bas-relief trouvé près de la pyramide du roi Ounas (VIe dynastie), et récemment publié[164], représente des navires de transport chargés de colonnes et d'architraves destinées à garnir le temple funéraire de ce roi[165]. D'après les inscriptions, les chargements provenaient des carrières de granit d'Assouan. Qu'étaient ces navires et quelles en étaient leurs dimensions réelles ? Est-il possible d'en évaluer le tonnage ?

Il se trouve qu'il existe au Musée du Louvre deux colonnes palmiformes décorées du cartouche au nom du roi Ounas. Ces colonnes bien réelles découvertes jadis dans le temple de la pyramide de ce roi à Saqqarah sont celles-là mêmes qui figurent sur le bas-relief.

Elles mesurent 6,28 m et pèsent environ 11 tonnes et demie, ce qui donne l'échelle de grandeur et permet d'évaluer les dimensions relatives des navires présentés sur les bas-reliefs, soit 22 à 24 m[166]. Les navires de l'Ancien Empire offrent cette particularité de posséder une coque non pas assemblée à l'aide de clous et de chevilles, mais entièrement constituée de lames de bois *cousues* entre elles[167].

Mais la particularité la plus curieuse de ces bas-reliefs d'Ounas réside dans le fait qu'ils ont permis de déceler un procédé de navigation sur le Nil dont la technique avait été complètement oubliée. En effet, l'avant et l'arrière des navires figurent des objets dont on ne pouvait jusqu'ici expliquer l'utilité.

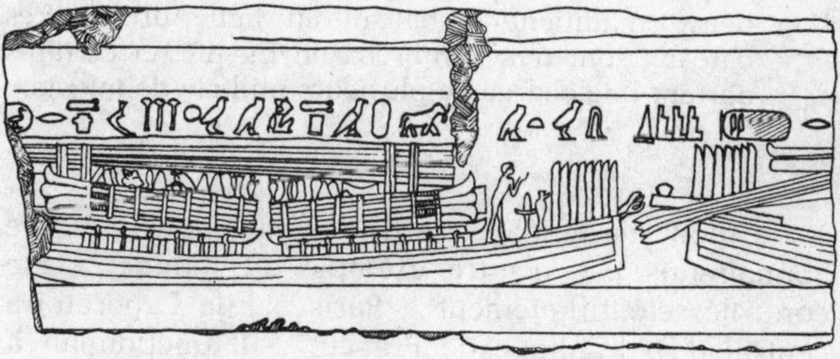

Fig. 38. *Navire de transport d'Ounas.*

Or, Hérodote[168], dans un texte demeuré longtemps obscur, et même suspect, parce qu'on ne possédait aucun document archéologique à mettre en parallèle, fait état d'un mode de navigation sur le Nil, qu'il assure avoir observé en Égypte au cours de son voyage dans ce pays. Le procédé consistait essentiellement à amarrer à l'avant du navire un radeau fait de branchages qu'on laissait filer au bout d'un câble et à l'arrière un poids qui traînait au fond de l'eau. Ce procédé permettait de maintenir le bateau sur la ligne droite (fig. 39).

Voici d'ailleurs le texte d'Hérodote :

> Les barques de ce genre ne peuvent remonter le courant, sauf par vent violent, et sont halées au rivage. En descendant le fleuve, voici comment on les manœuvre : au moyen d'un radeau fait de bois de

tamaris tenu par une natte de joncs et d'une pierre trouée qui pèse environ deux talents (52 kg) : le radeau attaché par un câble à l'avant de la barque descend au fil de l'eau, tandis que la pierre est, par un autre câble, accrochée à la poupe ; le courant s'empare du radeau, qui est emporté rapidement, et remorque la baris (c'est le nom de ces barques), mais la pierre qui traîne par-derrière et racle le lit du fleuve maintient le bateau en ligne droite. Ces bateaux sont très nombreux en Égypte, et certains portent une charge de plusieurs milliers de talents.

Trad. A. Barguet

Ce mode de guidage au fil de l'eau, dont nous ne connaissons pas d'autre exemple au monde, a été contrôlé scientifiquement à Paris par le Laboratoire central d'Hydraulique de France[169]. Il fonctionnait à merveille (fig. 39)*.

Ce procédé de navigation sur le Nil devait être utilisé déjà à l'époque préhistorique et subsista au moins jusqu'au temps d'Hérodote, puis fut oublié à partir de l'époque de l'adoption de la voile latine. Son usage avait sans doute été conditionné par le type de voilure égyptien ou plutôt par son mode d'attache qui laissait peu de jeu à la voile. On ne pouvait, en effet, presque jamais descendre le fleuve à cause du vent, le vent étésien qui, en Égypte, souffle le plus souvent du nord au sud.

Quoique efficace, ce mode de navigation en plein Nil devait présenter des inconvénients certains. On ne doit pas en effet perdre de vue que le Nil, en raison de ses crues violentes et de ses décrues catastrophiques, ne constitue pas une voie de navigation commode. C'est pourquoi les Égyptiens développèrent très tôt leur

* Une erreur de frappe nous avait fait dire que le poids de la traîne était de 0,50 T au lieu de 0,050 T. L'expérimentateur corrigera de lui-même.

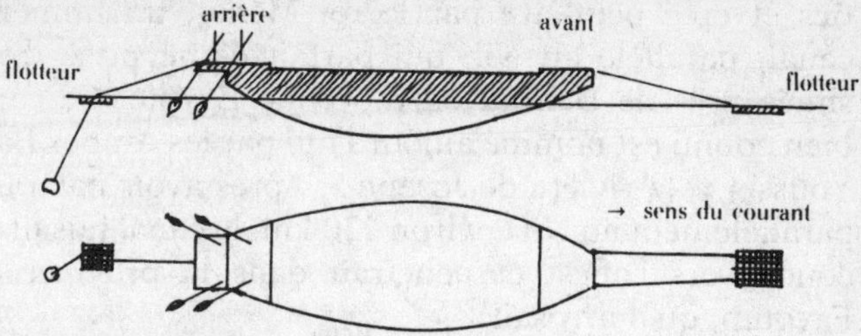

Fig. 39. *Système de guidage.*

réseau de canaux, qui prirent, dès l'aube de leur histoire, une importance considérable.

Le grand canal de Memphis et le lac de Moeris

Il est faux de dire que l'effet de l'inondation réduisait considérablement les distances et que, grâce à ce phénomène naturel, les Égyptiens pouvaient amener des matériaux presque à pied d'œuvre. Le simple bon sens permet de penser que des navires lourdement chargés ne pouvaient circuler au hasard dans des plaines inondées, à cause des bas-fonds irréguliers. Au contraire, pendant la période des hautes eaux, les embarcations suivaient soigneusement le parcours d'un canal ou d'un chenal qu'elles ne voyaient pas, mais qui était signalé par des jalons faits de branches ou de roseaux. Aux basses eaux, les travaux aux chantiers des Pyramides ne cessaient donc pas pour autant et les navires empruntaient régulièrement le tracé du canal, même si le sol n'était pas inondé.

Dans un article récemment paru[170], nous croyons avoir démontré qu'il a existé, dès les premières dynasties et créé peut-être par le roi Ménès, un immense canal, parallèle au Nil, qui partait d'une prise d'eau située près de Deirout en moyenne Égypte. Ce canal bien connu est nommé aujourd'hui par les Arabes Bahr Youssef, « la rivière de Joseph ». Après avoir parcouru parallèlement au Nil environ 220 km, le canal faisait un coude vers l'ouest et pénétrait dans la province du Fayoum, qu'il arrosait[171].

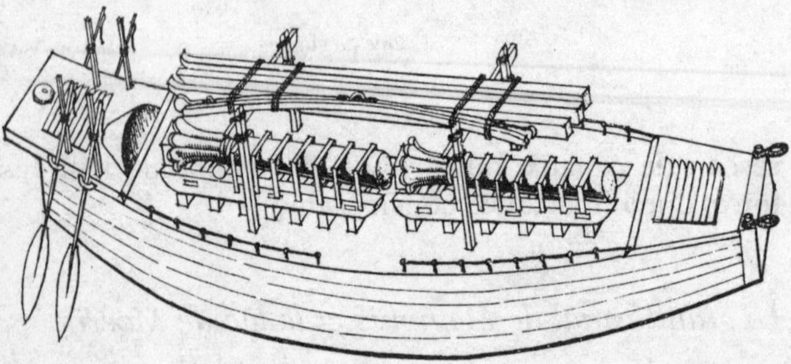

Fig. 40. *Reconstitution d'un navire de charge transportant des colonnes palmiformes. (G. Goyon, BIFAO, 69, 1970, Pl. VI.)*

La légende rapportée par Hérodote (II, 149), Strabon (XVII, 35, 37) et Diodore (I, 52) prétend que le lac de Moeris s'emplissait pendant six mois à la crue (en fait 100 jours) et que, pendant six autres mois, l'eau retournait au Nil, régularisant les différences de niveau, de manière à procurer assez d'eau pour fertiliser le pays pendant la période de décrue.

À notre avis, cette légende repose sur une méconnaissance du pays ou plutôt sur quelque confusion de la

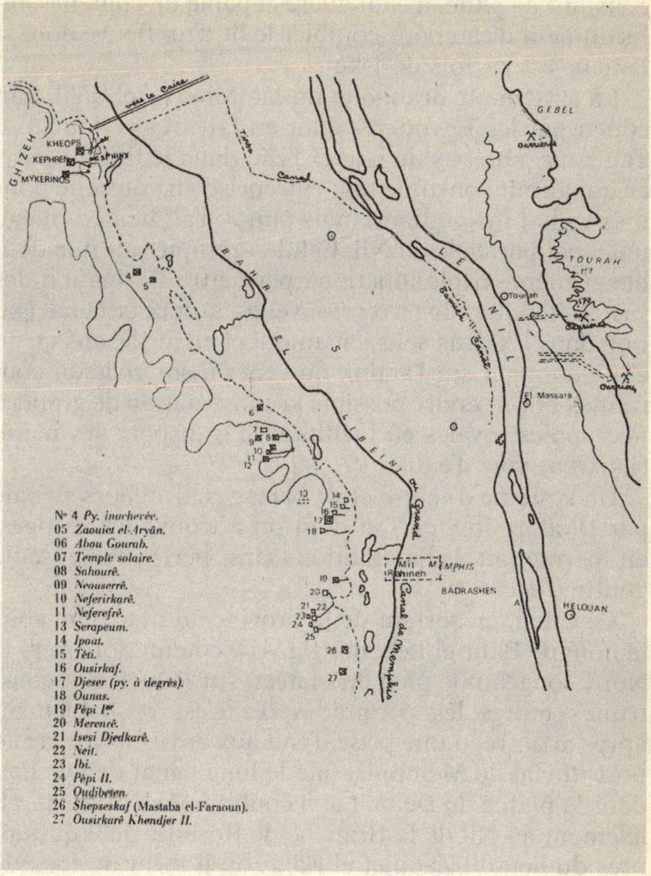

Fig. 41. *Plan de situation des pyramides.*

part des auteurs grecs. Le bassin du lac Moeris, aujourd'hui lac Karoun, si grand fût-il dans l'Antiquité, étant donné qu'il ne se renouvelait pas par un apport constant de pluie, n'était guère capable de contenir suffisamment d'eau pour combler le lit d'un fleuve dont la largeur est parfois de 1 km.

Le système hydraulique du lac Moeris tel qu'il était conçu par les Égyptiens, était en fait très rationnel. Il s'agissait, non pas de rejeter l'eau dans le lit du fleuve, ce qui aurait constitué une entreprise gigantesque pour un résultat insignifiant, mais plutôt d'alimenter en eau un canal parallèle au Nil. Celui-ci remplissait une double et même triple fonction : permettre l'irrigation des vastes étendues de terres nouvelles, autoriser la navigation dans les deux sens, en amont et en aval, sans qu'on eût à compter sur l'action du vent ou sur celle du courant, et enfin rendre possible la construction de grandes nécropoles royales en facilitant le transport des matériaux par voie d'eau.

Un système d'écluse et de barrages, d'ailleurs signalé par Diodore *(op. cit.)* et dont on a trouvé les vestiges, en permettait l'alimentation sans perte d'une seule goutte d'eau.

Ce canal, en sortant de la province du Fayoum sous le nom de Bahr el-Lebeini (fig. 41), coulait donc vers le Nord, longeant le pied du plateau sur lequel sont construites toutes les pyramides. Et c'est probablement après avoir reçu une prise d'eau aux environs du grand port fluvial de Memphis, que le long canal débouchait dans la plaine du Delta. Là, il continuait sa route parallèlement au Nil de la Branche de Rosette, qu'il quittait près du lieu-dit Zaouiet el-Bahr, où il recevait, lorsque la crue le permettait, sa dernière prise d'eau. À partir de là, le canal s'écarte définitivement vers l'ouest et va se jeter dans le lac Mariout et la mer Méditerranée. C'est probablement lorsque le « grand canal » eut cessé de fonctionner, faute d'entretien, que le lac Mariout ou

Maréotis se dessécha et que ses eaux devinrent saumâtres.

Le tracé de ce canal, tel que nous venons de le décrire, était-il déjà entièrement réalisé à l'époque de Ménès ? Il nous est difficile de le dire. Nous savons seulement que tout le système hydraulique de Moeris fut rétabli et rénové par les rois de la XIIe dynastie.

En revanche, nous sommes certains qu'il existait à l'époque des pyramides, et qu'il longeait le plateau de la rive ouest jusqu'à sa sortie dans le Delta. Nous sommes aussi certains que la présence de ce canal était une condition *sine qua non* de l'existence des pyramides.

En effet, contrairement à ce qu'on avait cru jusqu'ici, les navires chargés des matériaux dont nous avons déjà parlé ne passaient pas directement du Nil au temple d'accueil situé au bas de la Vallée, mais profitaient de l'existence de l'ancien canal du roi Ménès, navigable en toutes saisons, qui longeait le plateau. Un embranchement perpendiculaire permettait d'atteindre la chaussée qui conduit à la pyramide. Et nous le répétons, *toutes* les pyramides sans exception étaient desservies par ce canal.

Ce grand canal, le *Mou-our* des Égyptiens, connu par les auteurs arabes sous le nom de Canal de Memphis, existait encore à l'époque de l'Expédition française de Bonaparte (1798-1801) sous le nom de canal d'El Asara[172].

Quel aspect présentaient les grandes voies d'eau artificielles établies par les Égyptiens ? Comment étaient-elles en général conçues et réalisées ? Étaient-ce de simples tranchées tortueuses creusées à même le sol et qu'on devait sans cesse consolider ? Certainement pas. Un texte de Gebelein nous apprend, au contraire, que les canaux étaient, à l'époque pharaonique, parfaitement établis et les berges ou perrés, revêtus d'une maçonnerie en pierre, soigneusement entretenus[173].

Ainsi les chalands ou barges pouvaient, en empruntant le canal, s'amarrer à leur arrivée au pied de la pyramide dans une sorte de port, assez vaste pour permettre aux embarcations d'évoluer à l'aise. Nous connaissons la conformation de ces ports. Le hiéroglyphe, *ibw*, en forme de T, en rappelle le contour.

Nous avons retrouvé des vestiges matériels de ces véritables ports fluviaux au pied des pyramides de Khéphren-Mykérinos, à Gizeh, et de celles d'Ounas et de Pépi II à Saqqarah[174].

L'aménagement des ports fluviaux des pyramides

Pour commencer, ce fut donc à l'établissement du port artificiel et à l'édification d'un débarcadère que s'attelèrent les ingénieurs de Khéops.

Quels étaient les dispositifs spéciaux donnés à ces installations portuaires de Khéops ? Nous ne le savons pas. Les habitants du village arabe établi au pied du promontoire de Gizeh en ont aujourd'hui envahi et saccagé tous les vestiges.

Cependant, nous pouvons en reconstituer l'aspect général d'après les ruines qui subsistent encore autour du Temple de la Vallée de Khéphren, souvent nommé à tort le Temple du Sphinx. Il existait autour de celui-ci un large quai de 8,50 m, protégé par un parapet. En face du temple, encadrant le débarcadère, s'avançaient deux môles en pente d'une quinzaine de mètres de long, créés sans doute pour faciliter l'abordage des barques à fond plat. Les môles, construits en pierre blanche, étaient percés d'une sorte de tunnel destiné à l'évacuation de la lame d'eau poussée par les accostages. Tout autour de l'édifice, les Égyptiens avaient établi une vaste plage en pente, entièrement taillée dans la roche vive où venaient se briser et mourir les dernières vagues chassées par les arrivées successives

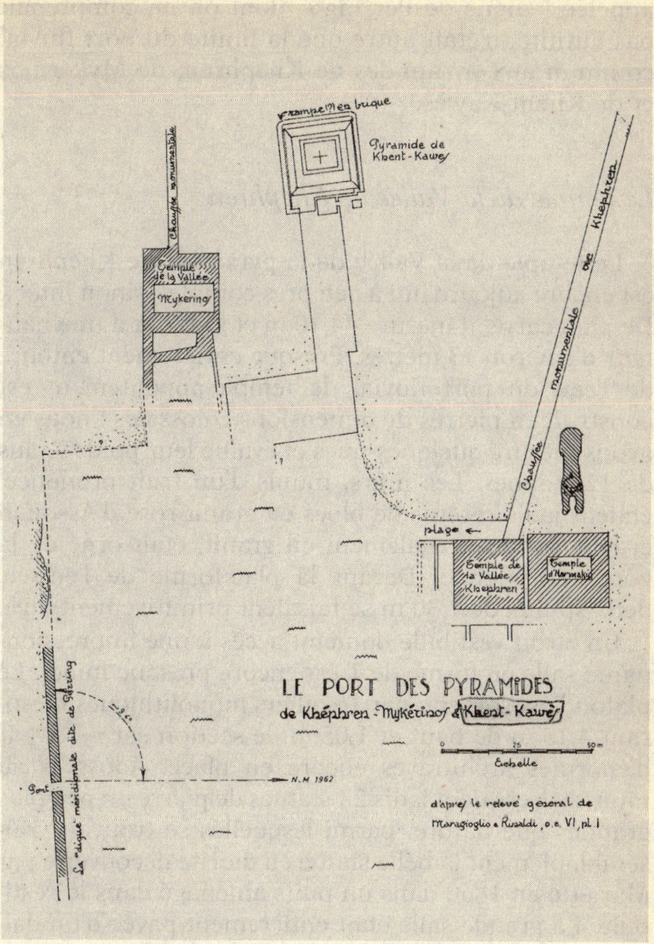

Fig. 42. *Le port commun à trois pyramides de Gizeh.*

des embarcations. Il est probable que la sorte de digue qui se trouve en avant de la Chaussée de Mykérinos, appelée « digue de Perring », dont on ne comprenait pas l'utilité, n'était autre que la limite du port fluvial commun aux pyramides de Khéphren, de Mykérinos et de Khent-Kawès.

Le temple de la Vallée de Khéphren

Le temple de la Vallée de la pyramide de Khéphren est encore aujourd'hui à peu près complet, sinon intact. De plan carré, il mesure 44,10 m et s'élevait à une hauteur d'environ 13 mètres. Presque entièrement entouré de l'eau du port fluvial, le temple-appontement est construit en pierres de dimensions colossales : nous en avons mesuré quelques-unes et évalué leur poids à plus de 120 tonnes. Les murs, munis d'un fruit prononcé, étaient jadis revêtus de blocs en granit rose d'Assouan et leur sommet, également en granit, était orné de la gorge égyptienne. Devant la plateforme de l'entrée, deux sphinx de 7,30 m se faisaient primitivement face.

Un étroit vestibule donnant accès à une impressionnante salle en forme de T est encore presque intact. Le plafond est soutenu par 16 piliers monolithiques mesurant 4,15 m de haut et 1,05 m de section carrée et par d'énormes architraves encore en place. Adossées au mur, se dressaient jadis 23 statues de pierre un peu plus grandes que nature, parmi lesquelles se trouvait vraisemblablement la belle statue en diorite découverte par Mariette en 1860 dans un puits aménagé dans le vestibule. La grande salle était entièrement pavée d'un dallage en albâtre. Des impostes obliques, pratiquées entre mur et plafond, versaient un jour glauque, une lumière d'aquarium qui, tombant indirectement sur le dallage d'albâtre, devait produire un effet saisissant.

Un couloir comportant une porte latérale conduit à un escalier qui mène à la terrasse. C'est là que, selon certains auteurs, on pratiquait l'embaumement du corps du roi[175]. Le même couloir aboutissait à une porte qui donnait accès à la longue Chaussée monumentale menant à la pyramide de Khéphren.

En fait, rien ne nous permet de croire que le temple de la Vallée de Khéops ait été bâti sur un plan identique à celui de Khéphren. En revanche, et par comparaison avec le complexe funéraire de Khéops, tout nous fait penser, au contraire, que celui-ci le dépasse en richesse et en magnificence.

La Chaussée monumentale

Au début des travaux de construction de la pyramide, il n'était évidemment pas question d'édifier les superstructures du Temple de la vallée. Seuls furent bâtis les arasements et les quais destinés au transbordement des matériaux apportés par les chalands.

Dans les descriptions de la pyramide de Khéops, que l'on trouve dans tous les manuels du monde, tant ce monument est célèbre, il n'est jamais fait mention de l'existence d'une Chaussée monumentale, élément pourtant primordial dans le complexe funéraire de toute pyramide. La raison de cette omission est due au fait que les traces de la Chaussée monumentale ont presque totalement disparu. Seuls quelques vestiges informes subsistent, enfouis sous le village moderne de Kafr el-Semman, situé au pied du promontoire.

Pourtant, au temps d'Hérodote, cette Chaussée monumentale constituait un ouvrage si considérable que cet auteur n'hésitait pas à déclarer que « *cet ouvrage n'est guère moindre que la pyramide elle-même* »[176].

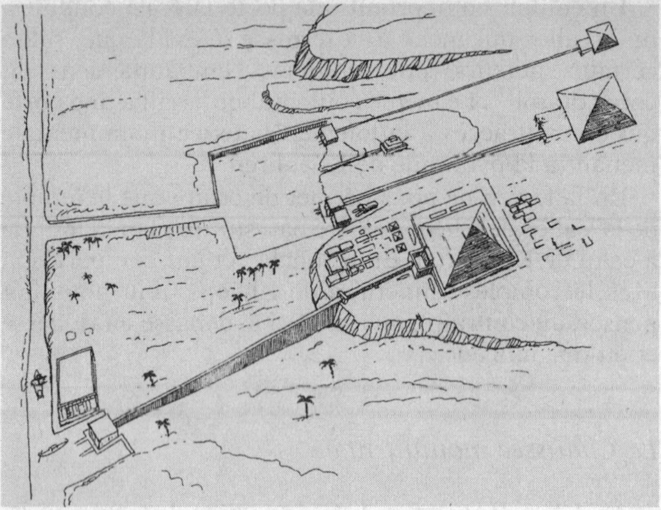

Fig. 43. *Vue aérienne des pyramides de Gizeh (reconstitution).*

La Chaussée proprement dite devait se présenter sous la forme d'un gigantesque viaduc en pente, long de 658,60 m.

Elle était surmontée par un long couloir, tapissé, d'après Hérodote, de scènes et de figures. Ce qui implique forcément que ce couloir était jadis couvert d'un plafond, comme ceux des pyramides d'époque postérieure.

La direction de la Chaussée n'est pas perpendiculaire à l'axe de la pyramide, mais s'infléchit de 15° vers le nord par rapport à l'est, comme si elle devait s'écarter d'un obstacle sacré, impossible à enjamber. Contrairement à ce qu'on a longtemps cru[177], cette direction demeure uniforme et ne présente dans la vallée aucun changement de direction. La Chaussée monumentale franchissait l'escarpement haut d'une vingtaine de

Fig. 44. *Fouilles de la Chaussée monumentale.*

mètres et venait buter contre la paroi du Temple du culte de Khéops.

Le franchissement d'un tel dénivellement avait nécessité la construction d'un ouvrage d'art de dimensions considérables. Nous avons évalué son volume à 140 000 mètres cubes environ, non compris celui du long couloir couvert qui surmontait le mur massif.

Cette immense muraille (fig. 43) qui barrait l'horizon sur la ligne même de démarcation des Deux Égyptes, quelle forme avait-elle, quelles en étaient les dimensions ?

Quelques fouilles pratiquées en février 1964[178] (fig. 44) nous ont permis d'en déceler les traces et de nous faire une idée assez exacte de ses proportions originelles. Ainsi, nous avons pu dégager les deux faces du parement de calcaire fin qui habillait le gros œuvre (en

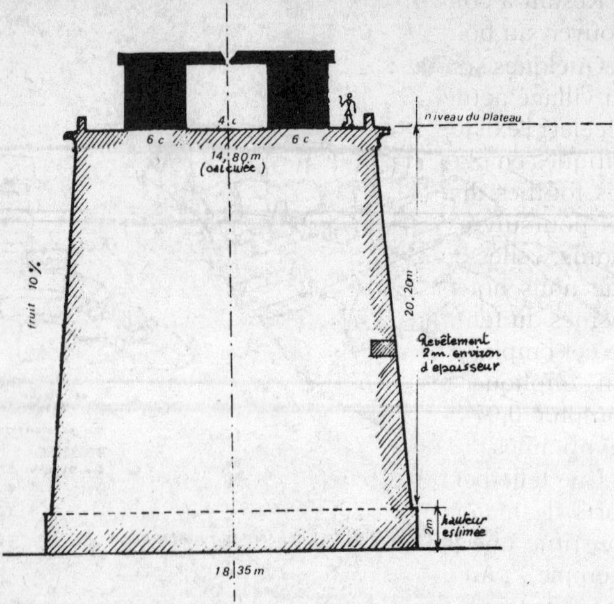

Fig. 45. *Coupe de la Chaussée monumentale près de l'escarpement de Nazlet-es-Semman.*

libage), ce qui nous a permis de connaître la largeur de la chaussée, qui mesure 18,35 m. Or, Hérodote indique qu'elle mesurait 10 orgyes, soit 18,50 m, c'est-à-dire presque exactement les dimensions trouvées par nous-mêmes.

Les murs de la base sont verticaux, mais il est possible, et même probable, que la muraille ait été munie d'un soubassement surmonté d'un fruit à l'image des portes monumentales et des pylônes[179] (fig. 45). Dans ce cas, la largeur de la chaussée pouvait être la même que celle de la rampe-échafaudage, soit 14,68 m ou 15,75 m (voir p. 188).

Restait à connaître la longueur de la Chaussée pour trouver, au bout, le Temple d'accueil de Khéops.

Quelques sondages pratiqués dans la rue principale du village actuel de Nazlet-es-Semman ont permis de déceler l'existence de blocs de basalte et de murs antiques en place. En raison de la difficulté d'effectuer des fouilles dans le village arabe, il a été impossible de poursuivre plus loin nos investigations. Néanmoins, celles-ci étaient suffisantes pour nous assurer que nous nous trouvions certainement sur les lieux mêmes du temple de la Vallée de Khéops. La distance de cet emplacement à l'escarpement est de 336 m. Ce qui implique que la pente de la chaussée devait compter 0,0748 par mètre, soit 4 doigts en mesures égyptiennes.

Une telle pente permettait-elle d'effectuer des transports de matériaux sur traîneaux ? À notre avis, elle constitue une pente maxima. Mais elle n'est pas sans exemple[180]. Au-delà d'une pente de 10 %, il est difficile de tracter un fardeau sans de très grands efforts et sans danger en cas de recul.

Nous avons également constaté que la partie de la chaussée à son passage sur le plateau présentait une pente moindre, soit 3 doigts. Cela signifie que le profil de la chaussée devait offrir une double pente, ce qui techniquement est possible (fig. 46).

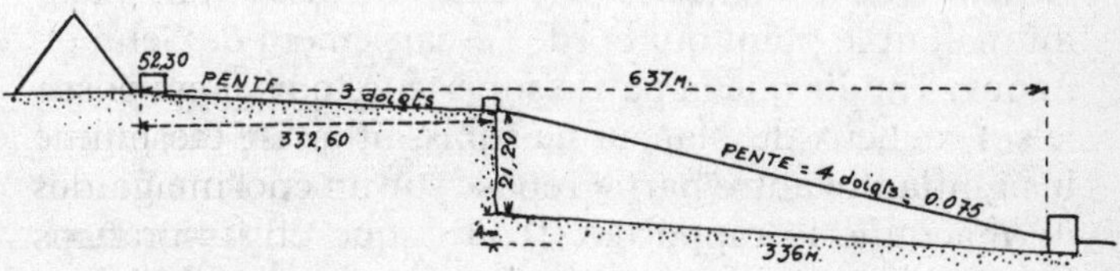

Fig. 46. *Profil du terrain.*

Bien entendu, tant que duraient les travaux à la pyramide, la chaussée monumentale demeurait dépourvue de sa superstructure et devait avoir l'aspect d'une vaste voie de 14,80 m de large, suffisante pour permettre la circulation dans les deux sens des lourds véhicules et de leurs équipages de haleurs.

Ce n'est qu'à la fin de la construction de la pyramide et de ses annexes que l'on devait surmonter la large chaussée montante d'une étroite allée couverte, formée de murs parallèles et éclairée seulement par une longue ouverture pratiquée au milieu du plafond.

Sur l'image que nous nous faisons de cette gigantesque chaussée, plusieurs points demeurent obscurs ; on peut se demander si elle était pourvue de contreforts, si elle était surmontée de corniches et quel était le système d'évacuation des eaux de pluie, cette eau du ciel qui inspirait aux Égyptiens une horreur sacrée[181].

Mais étant donné que l'immense muraille courant à travers la plaine devait constituer un obstacle pour le passant et une retenue d'eau pendant les périodes d'inondation ou simplement de pluies, l'ouvrage dut nécessairement être percé d'un certain nombre de passages ou tunnels (à moins qu'il n'y eût quelque technique différente dont nous ne soupçonnons même pas l'existence).

Enfin, notons que la structure d'un ouvrage de cette importance a dû subir les obligations imposées par sa forme et par les lois de la physique. Nous voulons parler ici des tassements qui pouvaient s'exercer sur le long parcours de la Chaussée. Or, le lieu de tassement maximum était le point qui borde l'escarpement de Senn el-Agouz. Tandis que la partie supérieure qui s'appuie sur le sol rocheux du plateau ne subissait qu'un tassement insignifiant, l'autre partie repose sur un énorme massif de maçonnerie rapportée. D'où risque de fissuration. Les architectes égyptiens étaient trop bons techniciens pour n'y avoir point songé. Nous en avons déduit, bien qu'il n'en subsiste plus de traces, que les constructeurs édifièrent nécessairement, à la limite de l'escarpement, un petit édicule pour masquer à la fois la ligne de rupture et le changement de pente du long couloir, dont il ne reste plus rien.

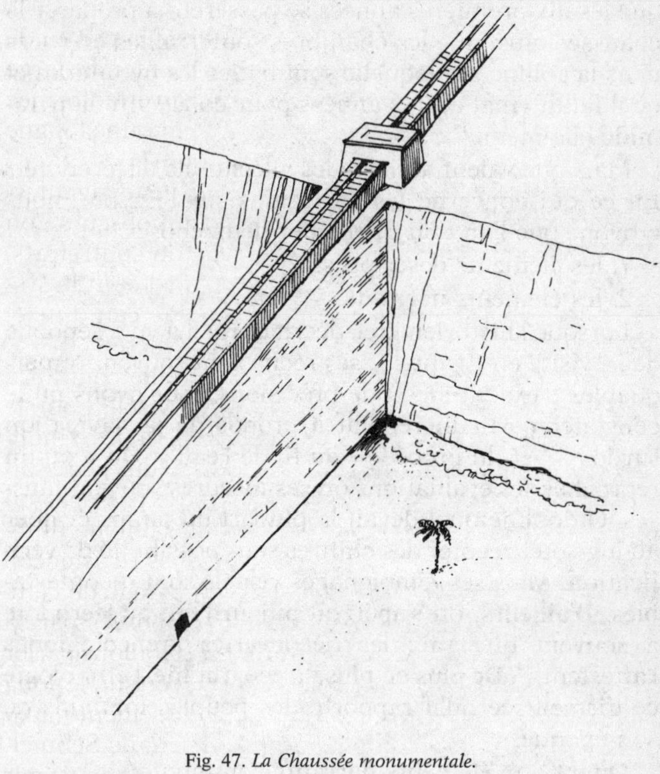

Fig. 47. *La Chaussée monumentale.*

Durée de la construction de la Chaussée

Combien de temps dura la construction de l'appontement et de la Grande Chaussée de Khéops ?

Nous avons vu plus haut que la durée du règne de Khéops varie, selon les auteurs et les documents, entre 63 et 23 ans. Aucun n'est absolument sûr. Hérodote rapporte qu'il régna 50 ans. Mais en ce qui concerne la construction de la pyramide, l'historien grec affirme que les dix premières années se passèrent à préparer la chaussée ainsi que les chambres souterraines creusées dans la colline sur laquelle sont bâties les pyramides et qu'il fallut vingt autres années pour construire la pyramide elle-même[182].

Mais que valent au juste les allégations d'Hérodote ? En ce qui concerne les narrations sur l'Égypte, nous croyons que l'on doit distinguer deux choses :

1. les éléments descriptifs.

2. les éléments narratifs.

Lorsque l'historien grec décrit ce qu'il a vu à l'époque de sa visite en Égypte[183], ses récits sont souvent remarquables d'exactitude et de précision. Nous avons pu le constater particulièrement à propos de la navigation sur le Nil, et du procédé « au fil de l'eau ». On a pu lui reprocher ses évaluations ou ses mesures souvent fausses. On oublie qu'il devait la plupart du temps évaluer au jugé ou accepter des chiffres sans possibilité de vérification. Mais ses témoignages visuels sont incontestables. D'ailleurs, on s'aperçoit aujourd'hui qu'Hérodote a souvent dit vrai ; les découvertes archéologiques l'attestent[184]. De plus en plus, la géographie, l'ethnologie confirment ce qu'il rapporte des peuples lointains de son époque.

Quant aux éléments narratifs communiqués par ses informateurs, les prêtres égyptiens, qui sans doute possédaient des documents, mais qui relataient des événements historiques survenus, ne l'oublions pas, plus de deux mille ans auparavant, ils sont plus sujets à caution. On n'en doit accepter que la substance qui, d'ailleurs, conserve souvent un reflet de la vérité.

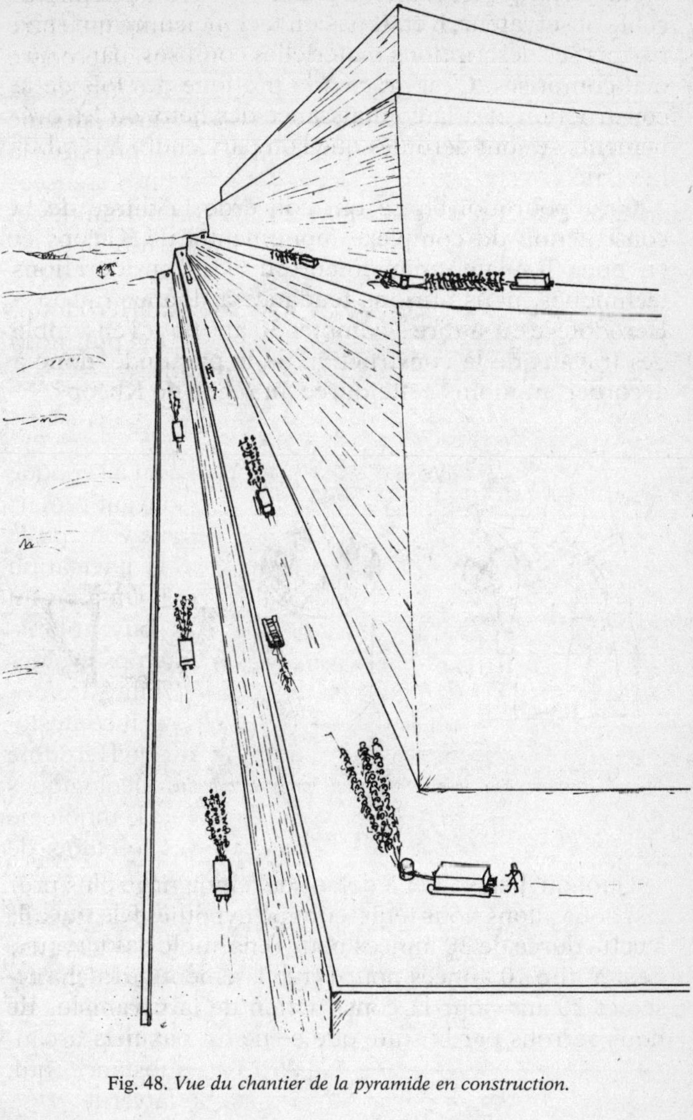

Fig. 48. *Vue du chantier de la pyramide en construction.*

Au surplus, Hérodote, le grand voyageur, l'irremplaçable observateur, n'était pas un technicien, ce qui rend parfois ses descriptions matérielles confuses, parce que mal comprises. C'est grâce à la pratique des lois de la construction et à la connaissance des lieux où les événements se sont déroulés que l'on parviendra à rétablir la vérité.

C'est pourquoi en ce qui concerne la durée de la construction du complexe monumental de Khéops et en nous fondant uniquement sur les considérations techniques, nous aurions tendance à donner raison à Hérodote, c'est-à-dire à compter 30 ans pour l'ensemble des travaux de la construction de la pyramide, donc à accorder au moins cette durée au règne de Khéops.

Fig. 48 bis. *Système de forage au cylindre.*

Quoi qu'il en soit et à défaut de témoignage plus précis, nous allons nous tenir, comme hypothèse de travail, à cette durée de 30 années pour l'ensemble des travaux, c'est-à-dire 10 années pour l'établissement de la chaussée et 20 ans pour la construction de la pyramide. Et nous verrons par la suite que ce ne fut pas trop.

4. Reconstitution des chantiers de la pyramide

... Et le moins que l'on puisse dire, c'est que si la situation n'est pas déterminante, elle est satisfaisante, elle fonctionne.

TEILHARD DE CHARDIN

Préparation du terrain

On peut donc considérer, comme nous le disions plus haut, que les dix premières années furent consacrées aux travaux préparatoires : l'organisation et l'aménagement du port fluvial, la construction du débarcadère et de la chaussée montante, et plus loin, à la limite de l'horizon, l'édification, s'il n'existait pas déjà, du temple-balise de Khem-Létopolis.

Sur le plateau de Gizeh, on ne restait pas inactif. On avait déjà, sur les indications des géomètres, déblayé le terrain. Il avait fallu raboter tout le vallonnement pour atteindre la roche vive, de manière à donner au noyau une forme géométrique. Cela pour bien asseoir la pyramide et pour prévenir tout glissement de la masse de pierre et la dislocation du monument. Nous verrons par ailleurs que ce fut la préoccupation constante de l'architecte. On aplanit ensuite la roche pour la rendre parfaitement horizontale. Et quand le moment sera venu de poser les dalles, on enchâssera chacune d'elles dans une sorte d'alvéole. La profondeur de celle-ci sera irrégulière, selon la technique égyptienne qui, contrairement à la nôtre, tient compte du lit supérieur et non de l'inférieur. On aménagera également l'emplacement des carrières locales.

La « grotte »

Y eut-il au sommet du monticule où allait être édifiée la pyramide de Khéops, au moins une tombe datant d'une époque antérieure et qui aurait été rasée par les constructeurs de notre monument ? Certainement.

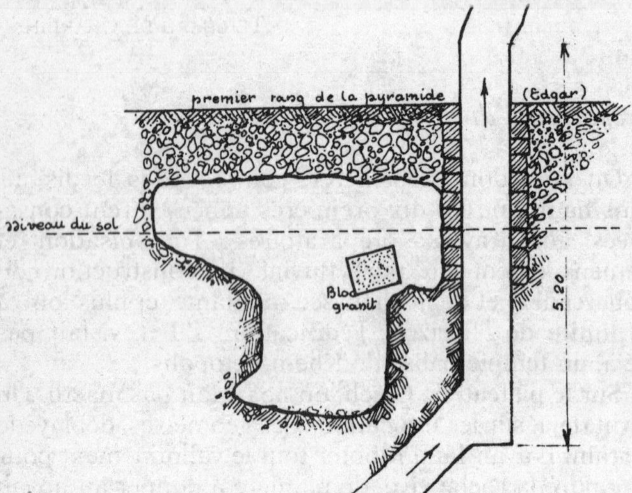

Fig. 49. *Coupe N-S sur la « grotte ».*

En effet, si on examine sur notre dessin (fig. 77) l'espèce de boyau qui traverse presque verticalement la masse de la pyramide, on constate la présence d'une sorte de cavité diversement appelée « grotte » ou « caverne » à demi creusée dans la roche. Le niveau de cette cavité serait, d'après Perring, situé à 6,70 m au-dessous du plateau de Gizeh. À droite, un puits descend vers la salle abandonnée. Une partie est revêtue d'une maçonnerie en pierres de 18 × 20 cm, bien appareillées[185].

Cette maçonnerie n'a pu être bâtie ni par les pillards qui se frayèrent un chemin pour atteindre les trésors contenus dans la tombe royale, ni par les bâtisseurs de la pyramide pour y établir un prétendu « puits de service ». Ils auraient été fort empêchés de le faire en raison de l'étroitesse du boyau (0,66 × 0,68). Par conséquent, il faut bien admettre qu'il s'agissait là du puits et du caveau d'un ancien mastaba abandonné.

On verra plus loin, au chapitre de la violation de la pyramide, ce que nous pensons de ce passage.

La salle abandonnée. L'eau. Un canal souterrain ?

Selon l'affirmation d'Hérodote (II, 124), l'établissement de la chaussée par où on traînait les pierres dura 10 années ainsi que la préparation des chambres souterraines de la colline sur laquelle se dressent les pyramides.

Le roi Khéops, ajoute l'historien grec, destinait ces chambres à sa sépulture. Et pour qu'elles fussent situées au milieu d'une île, *il fit amener l'eau par un canal.*

Cette histoire de canal sous la pyramide a fait couler beaucoup d'encre. Elle entre dans la catégorie narrative, car il est bien évident qu'Hérodote n'a pas vu ce canal. Signalons tout d'abord qu'il n'y a jamais eu de chambre souterraine au sens d'Hérodote, si on fait abstraction d'une mauvaise salle creusée dans la roche et

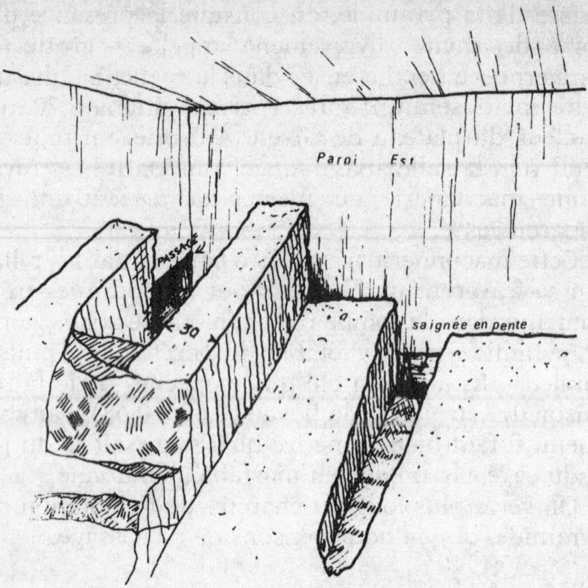

Fig. 50. *La salle souterraine abandonnée.*
À noter les saignées dans la roche.

située au bout d'un étroit couloir descendant. Il ne fut certes pas dans l'intention de Khéops d'en faire une chambre sépulcrale, pour la raison fort simple qu'on aurait été bien empêché d'y faire pénétrer des matériaux pour la bâtir[186] (fig. 50).

En effet, lorsque les Égyptiens voulaient construire une pyramide, leur souci principal était évidemment de préserver le corps du roi. Il était donc indispensable que le sarcophage fût abrité par des murs épais. Dans ce but, ils creusaient dans la roche vive du plateau, comme par exemple pour les pyramides de Zaouiet el-Aryân et d'Abou-Roach, une immense fosse en forme de T comprenant une pente inclinée. Ceci pour permettre aux matériaux d'y accéder. Leur premier soin consistait à apporter un énorme sarcophage en pierre autour duquel ils construisaient les murs de la crypte[187]. Ce principe fondamental de la construction d'une pyramide n'a pas été observé lors du creusement de la petite salle inachevée de Khéops. Celle-ci n'a pas été conçue pour contenir le sarcophage, d'autant que même sans son couvercle, le coffre (1,35 × 0,97 m) ne pouvait passer par le couloir d'accès (1,06 × 0,98 m).

Examinons maintenant l'assertion d'Hérodote à propos du fameux canal souterrain. A-t-il pu exister ?

Tout d'abord, disons-le tout de suite, il eût été impossible d'amener l'eau dans la chambre souterraine, étant donné que celle-ci est déjà située à 10,20 m au-dessus du niveau du Nil et à plus forte raison de l'actuelle crypte (« Chambre de Khéops ») qui se trouve à 42,27 m au-dessus du sol du plateau, donc à 83,20 m au-dessus des eaux du fleuve[188].

Mais alors, de quel canal voulait donc parler Hérodote ? N'existe-t-il pas une confusion ou plutôt une « projection » mentale dans l'esprit de l'auteur grec en liaison avec le cénotaphe de Séthi Ier (Osiréion d'Abydos) ? Celui-ci comprend effectivement, dans la grande salle, une île rectangulaire entourée d'eau, au milieu de laquelle gisait un sarcophage et un coffre à canopes[189]. Nous allons proposer une solution qui, empressons-nous de le dire, est une simple hypothèse. Il est bien évident que, dans un chantier comme celui de Khéops, les besoins en eau étaient immenses.

En principe et au point de vue de la technique, le premier soin qui incombe à tout maître d'œuvre, même à notre époque, consiste à assurer l'approvisionnement de son chantier en eau. Le moyen le plus pratique consisterait évidemment à creuser un puits. À défaut d'une source, il paraît naturel d'alimenter ce puits à l'aide d'un canal souterrain communiquant avec le plan d'eau de la vallée.

Le plateau de Gizeh est à environ 42,27 m (42,93) au-dessus du niveau du Nil (Vyse). Or, il existe un énorme puits, le seul du plateau rocheux, situé sur un emplacement idéal, puisqu'il est à une centaine de mètres au sud-est de Khéops : le puits dit de « Campbell ». Vyse[190] qui le fouilla en donne les mesures : 30 ft (9,14 m) de long, 26 ft (7,92 m) de large et 53 ft (16,15 m) de profondeur. Il trouva au fond (?) une tombe et un anneau d'or au nom de Khéops. Mais Pline[191] parle d'un puits de Khéops qu'il évalue à 86 coudées (45,38 m) de profondeur, valeur très voisine de la profondeur réelle. « *On pense qu'il reçut l'eau du fleuve* », dit-il.

MM. Lepère et Coutelle[192], en 1798, estimaient la profondeur du puits (?) de la pyramide à 63,344 m, s'il devait communiquer avec la vallée du Nil dans sa partie la plus basse.

Une autre hypothèse, qui rendrait théoriquement plausible la présence d'un puits d'alimentation près des pyramides, c'est la nécessité de l'eau dans le rite funéraire. L'eau, c'est l'élément primordial, c'est le *Noun*, l'Océan primitif. Tous les temples postérieurs posséderont ces puits que nous nommons nilomètres, et qui justifient le Noun. Le rite égyptien est toujours ambivalent : mystique et pratique. L'eau primordiale est symbolisée par le serpent qui entoure la terre. Mais dans la pratique, l'eau servait à l'exercice courant du culte.

Sans être trop catégorique, on peut se demander si l'informateur d'Hérodote ne voulait pas désigner un certain puits d'alimentation en eau, situé non pas à l'intérieur de la pyramide, mais dans la cité funéraire de Khéops.

Vyse, pour vider ce puits, prétend avoir extrait 10 000 tonnes de pierres (!). Mais avait-il, à la profondeur de 16,15 m, atteint le fond ? Il est possible qu'en descendant encore, jusqu'au niveau de 42 m, on puisse trouver le passage souterrain apportant l'eau du Nil.

Seules des fouilles pourront faire la lumière sur ce point.

Le noyau central, son volume

Il subsistait donc, après que le plateau de Gizeh eut été aplani et déblayé de toutes les pierrailles, un noyau de pierre plus ou moins régularisé en forme de gradins autour duquel la pyramide devait être construite. Quelle était son importance ou plus précisément quel était son volume ? On en ignore la forme exacte. Il serait pourtant intéressant de les connaître, ce qui permettrait une approximation du cubage économisé. Selon Perring, la distance sur la face nord, depuis la base du parement jusqu'au point de rencontre avec la roche vive, serait de 135 pieds (43,75 m) et sa hauteur de 23 pieds (5,70 m). MM. Maragioglio et Rinaldi[193] ont mentionné des mesures prises en 4 ou 5 points. Ce qui donne les moyennes figurées dans le dessin ci-dessous :

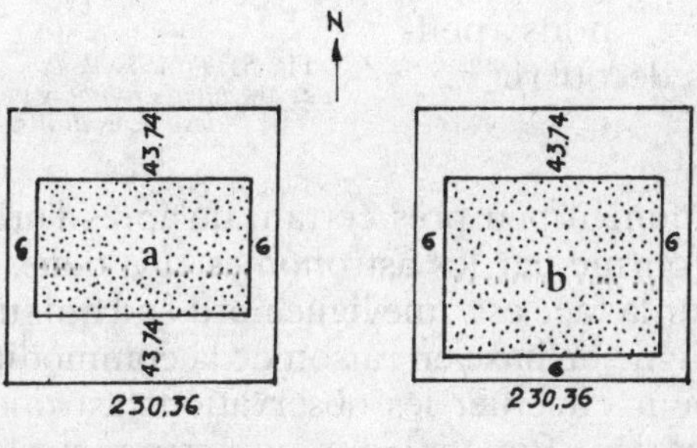

En ce qui concerne les largeurs, si on estime que la roche était symétrique sur les faces nord-sud, nous devrions retrancher 2 fois 43,75 = 87,50 de 230,375.

Mais nous avons pu constater sur l'angle nord-ouest que la roche ne se trouve qu'à 6 m environ. Au nu du parement, nous aurions deux cas :

minimum 127 212,83 m^3 ou 160 828,15 m^3 au maximum[194].

Mais ces estimations sont encore très hypothétiques parce qu'il est probable que la roche fut taillée en forme de terrasses ou gradins plus ou moins réguliers. Aussi, n'en ferons-nous point état dans nos calculs de cubage.

Tracé au sol, piquetage

Puis ce fut le tour du tracé au sol des quatre côtés du monument. Cette opération se fit à peu près comme nous la ferions de nos jours. Nous avons d'ailleurs trouvé les traces d'implantation au sol à l'endroit même où, par déduction, nous pensions les découvrir[195].

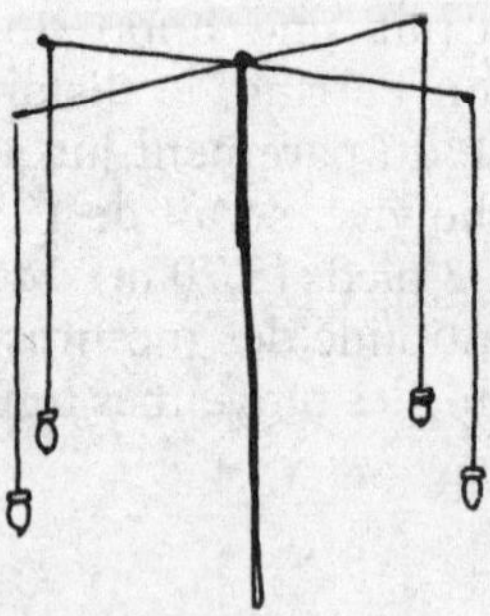

Fig. 51. *Principe de la « groma » des arpenteurs romains pour tracer les angles droits.*

Il est donc à peu près certain qu'après l'orientation précise fournie par les astronomes égyptiens, on traça au sol, sur la face est, une ligne nord-sud qui fut choisie comme ligne de base en raison de la commodité qu'elle offrait pour effectuer les observations astronomiques. Là-dessus, les géomètres durent mesurer sur le sol une longueur de 440 coudées, puis élevèrent de chaque côté des lignes perpendiculaires. Cette opération se fit-elle par la méthode de cheminement, à l'aide de cordeaux déroulés ? Ici, nous devons admirer l'extrême précision des géomètres de cette époque reculée car, même actuellement, à cause de la longueur du chemin à parcourir, il serait difficile de faire mieux, malgré la perfection des instruments dont les géomètres disposent de nos jours[196].

Voici les mesures des côtés de la pyramide de Khéops, d'après les derniers relevés[197] :

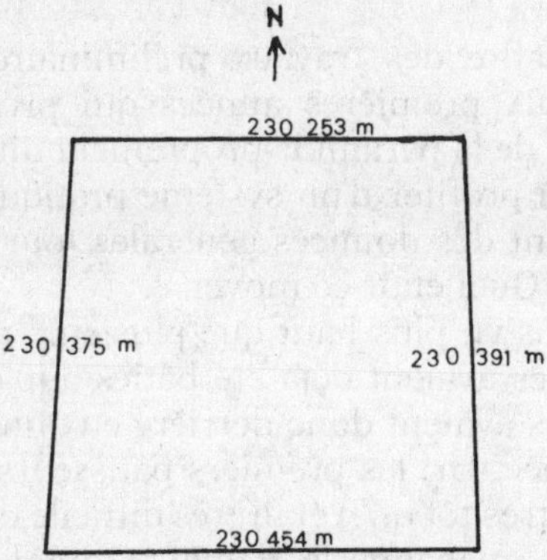

(les inclinaisons des côtés du schéma sont exagérées à dessein). La mesure moyenne théorique des côtés de la pyramide serait donc, selon la valeur généralement admise de la coudée égyptienne (0,5236), de :

440 × 0,5236 = 230,384 m

Les mesures réelles relevées par le Survey Department of Egypt[198] sont :

face est :	230,391	différence	– 0,007
ouest :	230,357		– 0,027
nord :	230,253		– 0,031
sud :	230,454		– 0,070

La face est, c'est-à-dire la ligne nord-sud, serait donc la plus précise. Ce qui confirmerait notre opinion selon laquelle c'est celle-ci qui fut choisie comme ligne de base, ce qui paraît logique puisque c'est la ligne de visée vers l'étoile polaire de l'époque.

La forme trapézoïdale mise en évidence par la figure ci-dessus pourrait être considérée comme la preuve, s'il en fallait une, de l'emploi de la visée directe sur une mire ou un voyant, dont nous parlerons plus loin.

La mire au disque d'or de Khéops. L'orientation

Dans le cadre des travaux préliminaires effectués durant les dix premières années qui précédèrent la construction de la pyramide proprement dite, les architectes ont dû profiter d'un système pratique d'orientation découlant des données générales fournies par les astronomes. Quel était ce moyen ?

Nous avons vu plus haut que plusieurs autres grandes pyramides avaient déjà été bâties auparavant. Les constructeurs avaient donc derrière eux une assez longue expérience. Or, les premiers bâtisseurs avaient dû s'apercevoir très tôt qu'il était très difficile d'édifier correctement la maçonnerie d'une pyramide. En effet, aucun moyen de contrôle pratique des opérations n'était possible, comme il l'aurait été, par exemple, pour vérifier la verticale d'un mur à l'aide d'un fil à plomb. Ainsi, au moment de bâtir la deuxième assise, on aurait été fort embarrassé pour établir, à cause du retrait dû à la pente, une autre ligne plane rigoureusement parallèle à l'assise déjà construite. D'autant plus que celle-ci allait être bientôt encombrée et dissimulée par les rampes et les échafaudages en brique.

Malgré tout le soin qu'on pouvait y apporter par le calcul et l'usage de la fausse équerre, à mesure que la maçonnerie s'élevait, les lignes des assises tendaient insensiblement à s'écarter de la bonne direction. Et au bout d'un certain temps, les lignes des arêtes de la pyramide auraient été complètement altérées.

Comment y remédier[199] ? Par la visée directe ? Mais il ne pouvait être question, en raison de la courte distance, de planter un jalon au bord du plateau de Gizeh. Il aurait fallu le changer constamment de place et l'allonger dans le sens de la hauteur après la pose de chaque assise. Le seul moyen était d'établir, le plus loin possible sur l'horizon, un repère, pour suppléer à l'absence de la boussole.

Au cours de nos recherches, nous avons acquis la conviction qu'il a dû exister, sur la ligne d'horizon, une sorte de mire ou voyant, ou encore quelque bâtisse dressée sur un point élevé visible de loin et sur laquelle on pouvait opérer des visées. Notre intuition devait se révéler juste, puisqu'on peut actuellement encore distinguer exactement au nord géographique de la face nord du monument, trois petites montagnes noires. Nous reconnûmes ensuite que celles-ci étaient situées sur le site même de l'ancienne ville sainte de Létopolis, capitale du IIe nome dont dépendait précisément le groupe de Gizeh.

Des observations ultérieures ont montré que toutes les pyramides étaient orientées, soit sur un site ancien, soit sur un autre monument particulièrement vénérable[200].

Mais, subsiste-t-il, dans l'archéologie égyptienne, quelque indice révélateur d'une pareille pratique ? Il y a fort longtemps que les égyptologues étaient intrigués par un objet rond, qui surmontait le hiéroglyphe en forme d'obélisque représentant le temple solaire d'Ouserkaf, premier roi de la Ve dynastie. On en avait trouvé plusieurs exemples*. Que signifiait donc cet objet rond ? Le disque solaire est le symbole caractéristique du culte de Rê qu'on pratiquait à Héliopolis sous la Ve dynastie. Les mythes qui se rattachent au culte du dieu Soleil Rê sont inspirés par l'image de son voyage diurne dans le ciel de l'Égypte. Un pareil disque

* Voir fig. 52, ce signe entouré d'un rond, et B. van de Walle, Bull. SFE 69, 9.

surmonte la tête de la plupart des grandes divinités identifiées au soleil. Il est toujours de forme lenticulaire et souvent doré. On a lieu de croire que c'est ce même disque qui était placé au sommet des obélisques consacrés précisément à la gloire du dieu Rê[201]. D'autre part, il est impossible que les Égyptiens n'aient pas remarqué les propriétés réfléchissantes du disque doré en forme de lentille.

Les temples solaires ont été très bien étudiés par les archéologues allemands. Celui de Abou Gourab, reconstitué par Borchardt (fig. 52), ne devait pas mesurer moins de 56 m de haut. Si un monument semblable a effectivement existé à Khem-Létopolis (actuel Aussîm), dès l'époque de Khéops, et s'il a été comme celui d'Ouserkaf surmonté d'un disque doré de forme biconcave, il offrait, vu du plateau de Gizeh, un point lumineux susceptible d'être aperçu à tous les instants de la journée.

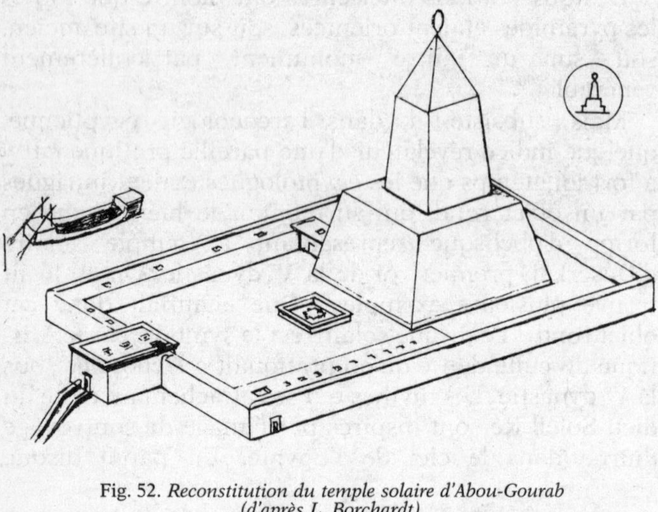

Fig. 52. *Reconstitution du temple solaire d'Abou-Gourab (d'après L. Borchardt). Nous l'avons surmonté du disque solaire.*

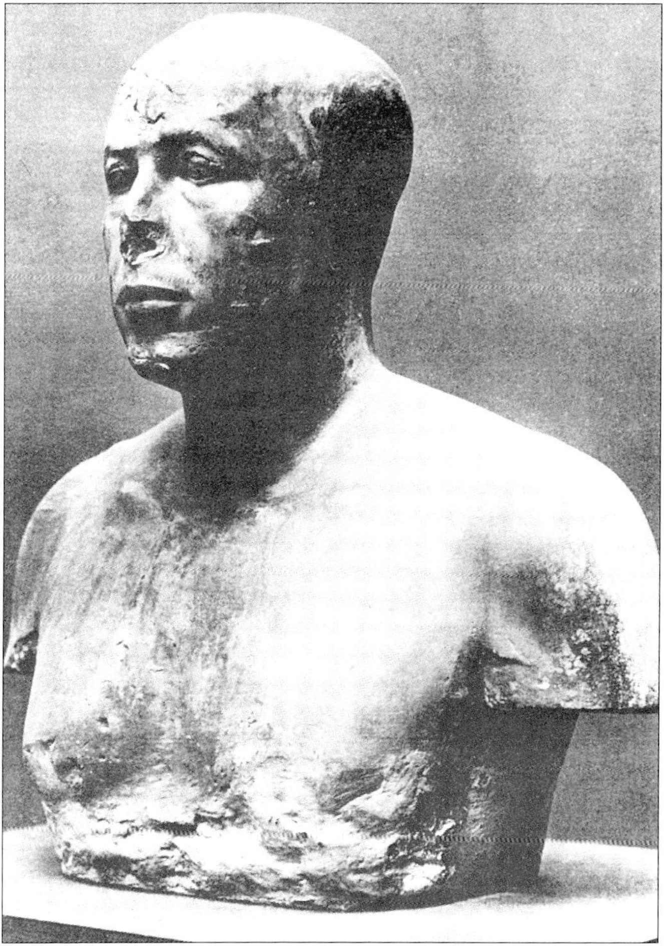

Le prince Ankh-haef, IVe dynastie. Musée de Boston.
(Photo Stevenson-Smith.)

Orientation des pyramides : en faisant coïncider le grand avec le petit jalon, on s'aligne sur le côté est des pyramides de Pépi Ier et d'Ousirkaf.

Transport d'une statue à Tanis, à l'aide d'un traîneau.

Pyramide de Khent-Kawes. Vestiges de mur en brique crue entourant le monument sur trois côtés.
A remarquer la forme circulaire de l'angle.

Mode de construction de la pyramide inachevée de Sekhemkhet, IIIe dynastie, à Saqqarah. *(Photo Lauer.)*

Grande Galerie.
Voûte en encorbellement.

Canal d'aération, face sud.
(Inédit.)

Gond de porte en granit gris trouvé au pied
de la pyramide de Mykérinos. *(Inédit.)*

Géomètre, in *Histoire générale des techniques*, P.U.F.

Pyramide de Mykérinos. Revêtement de la pyramide
avant le ravalement par l'action du feu.

Traces du travail de la pierre
par l'action du feu à la pyramide
de Mykérinos.

Boules en dolérite
destinées au travail
du granit par percussion.

Pic de mineur en dolérite trouvé près de l'axe de la Chaussée monumentale. *(Coll. de l'auteur.)*

Maillet en bois trouvé dans les carrières de Tourah. *(Coll. de l'auteur.)*

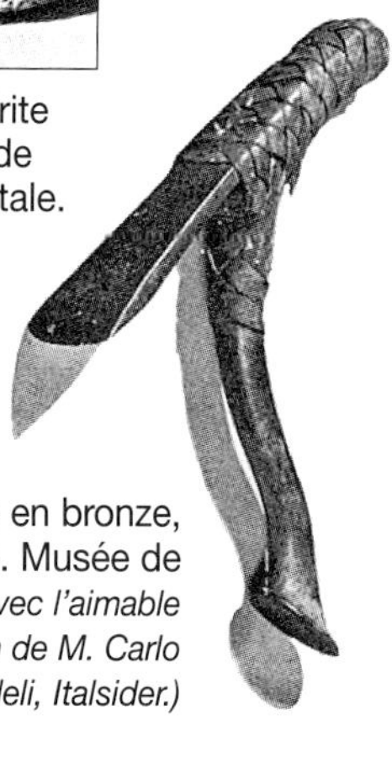

Une hermiette en bronze, XVIIIe dynastie. Musée de Turin. *(Avec l'aimable autorisation de M. Carlo Fedeli, Italsider.)*

Ciseau en cuivre trouvé à la carrière de diorite de Khéops.

Fabrication de la brique crue.

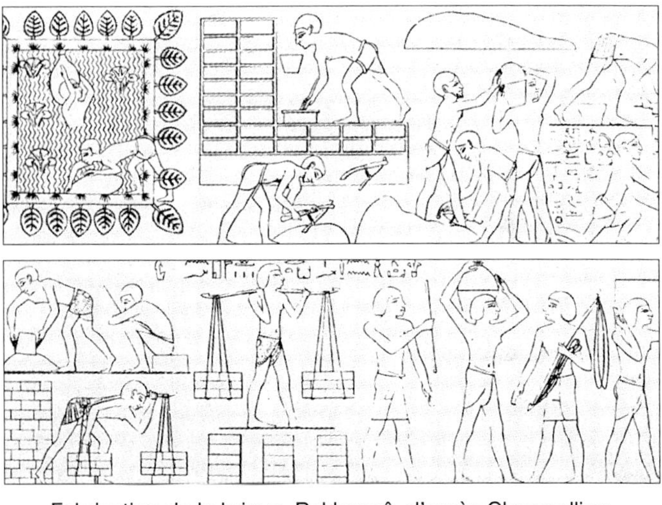

Fabrication de la brique, Rekhmarê, d'après Champollion.

Pyramide de Khéops.
Salles de décharge.
(Inédit.)

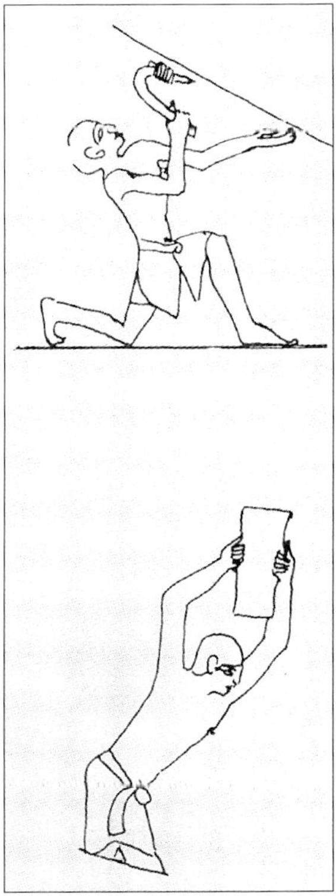

Charpentiers.
Tombeau de Ti.

Le grand Sphinx de Gizeh. A remarquer
les stratifications de la pierre.

Carrière de Khéphren.
Vue située sur la face nord
de la pyramide.

Tranchée dans la carrière
de Khéphren.

Carrière de calcaire fin.
Extraction en plein air.

Méthode de dégagement
d'un bloc.

Les carrières souterraines :
un pilier.

Traces au sol d'une carrière
encore inconnue. *(Photo prise
du haut de la pyramide de Mykérinos
par MM. Maragioglio-Rinaldi.)*

L'unique image
de Khéops.
Statuette du
Musée du Caire.
(Photo Petrie.)

Nef de Khéops
au moment
de la découverte.

Nef de Khéops, intérieur de la coque « cousue ».

Chaussée d'Ounas. Navire abordant au port fluvial. Les équipages font le geste d'adoration à la vue de la pyramide divinisée.

Déversoir à déblais.

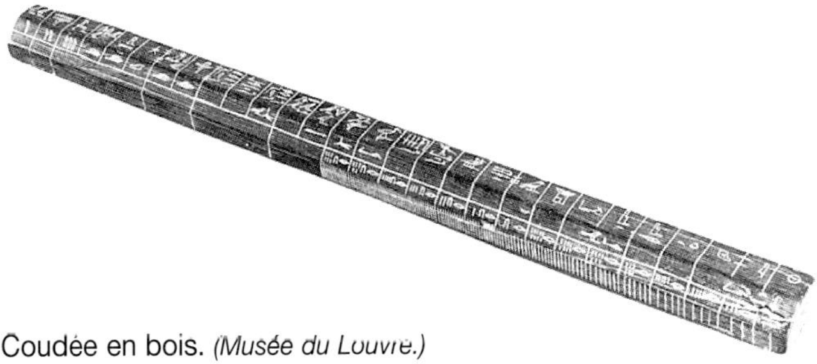

Coudée en bois. *(Musée du Louvre.)*

Couloir descendant.
Entrée du passage des voleurs.

Pierre nummulitique

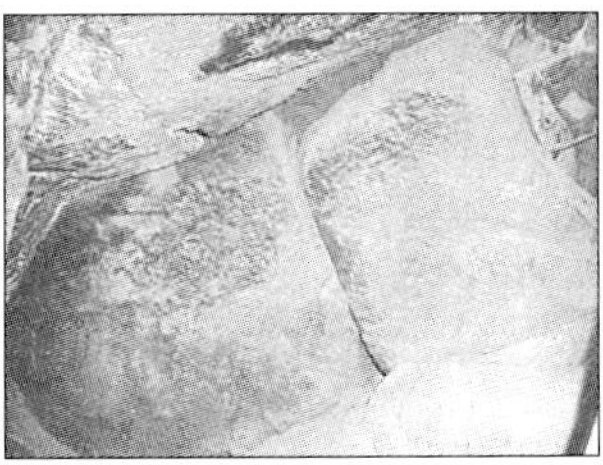

Pyramide Khéops. Blocs-bouchons en granit destinés à obstruer le couloir ascendant.

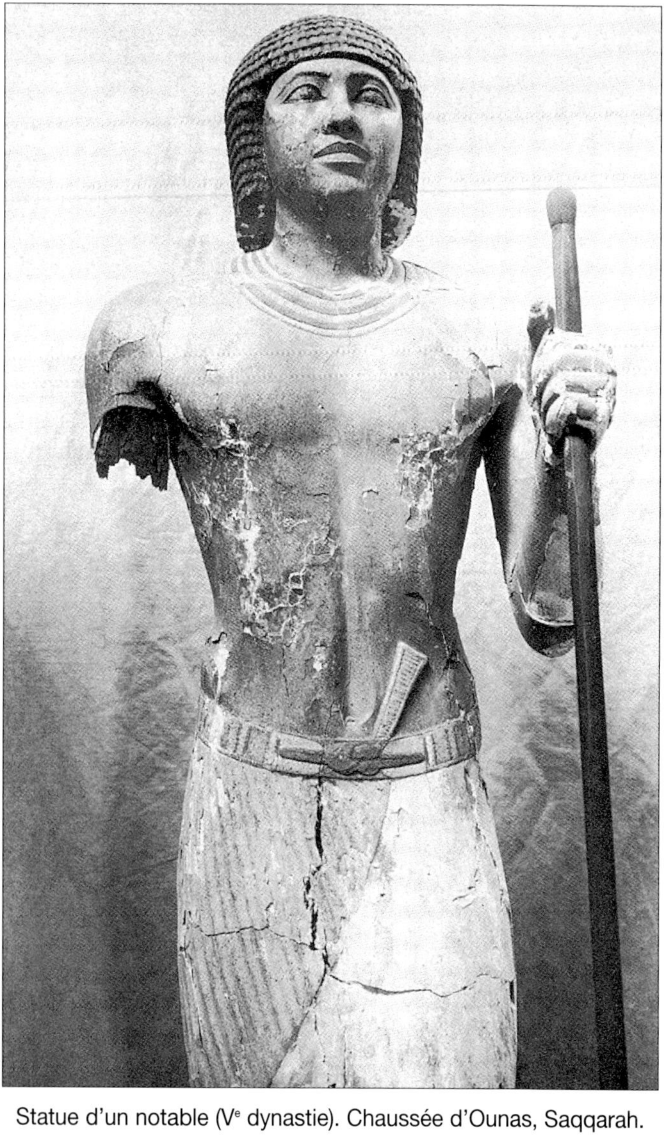

Statue d'un notable (Ve dynastie). Chaussée d'Ounas, Saqqarah.

En effet, à cause de l'obliquité de l'écliptique, autrement dit de l'angle que fait le soleil dans son mouvement apparent autour de l'axe de la terre, il se trouve qu'en Égypte, comme dans toutes les régions situées au nord du Tropique du Cancer, un miroir de forme lenticulaire reflète le soleil à n'importe quelle heure de la journée. Les ouvriers maçons avaient ainsi constamment sur la ligne d'horizon un point lumineux qui leur indiquait le nord exact. Ce qui leur permettait d'effectuer des contrôles fréquents, si nécessaires pour atteindre cette perfection que nous admirons aujourd'hui.

Cette mire était donc un temple solaire, semblable par sa forme à ceux qui existaient déjà à cette époque[202]. Fut-il implanté spécialement par Khéops à l'occasion de la construction de sa pyramide ? Nous ne saurions le dire. Ce temple merveilleusement orienté sur l'axe nord-sud de la Grande Pyramide a-t-il, à défaut de vestiges matériels, laissé quelque souvenir dans les textes anciens ou dans les relations des voyageurs ? Certainement. Strabon[203] fait précisément mention d'une tour-observatoire, située à Kerkasôre, sur la rive libyenne, où le grand mathématicien Eudoxe, en compagnie de son ami le philosophe Platon venaient effectuer leurs observations astronomiques. Plusieurs recoupements nous ont permis de croire que l'observatoire de Kerkasôre n'était autre que l'ancien temple-balise de Khéops, désaffecté et réemployé plus tard par les savants égyptiens en qualité d'observatoire à cause de son emplacement unique[204].

Ce monument, qui a dû être de dimensions assez considérables, dura au moins jusqu'au début de l'ère chrétienne, puisque nous avons vu qu'il existait encore à l'époque de la visite de Strabon en Égypte. Puis il disparut complètement. Comme la grande Chaussée monumentale, comme le temple de la Vallée et celui du culte funéraire de Khéops, comme le revêtement de la pyramide, tout disparut au cours des âges qui suivirent la domination romaine. Tous les monuments de Khéops furent victimes de la trop grande beauté de la pierre calcaire d'Anou. Découpés, taillés, mis en morceaux, ils furent employés dans la construction des maisons arabes et finirent souvent dans les fours à chaux.

Début des travaux de la pyramide proprement dite. Rite de la fondation

Nous avons vu que les dix premières années furent consacrées à la mise en exploitation des carrières de pierre blanche d'Anou, à l'aménagement du canal et du port, à la construction du débarcadère, à celle de la longue Chaussée monumentale et sur le plateau de Gizeh, à l'aménagement du terrain, suivi du tracé au sol de l'emplacement du monument. Puis, plus loin, à 30 000 coudées (15,750 km) plus au nord, on a dû construire l'étrange bâtiment surmonté du disque doré, celui que nous nommons le temple solaire, destiné à servir de mire ou de voyant au cours des travaux.

Vint alors le moment d'entreprendre les premiers travaux de la pyramide proprement dite.

À quelles cérémonies donnèrent-ils lieu ? Nous savons peu de chose sur celles qui se pratiquent à l'époque de l'Ancien Empire.

Mais en nous référant au rituel de fondation des sanctuaires de la Basse Époque, qui passait pour avoir été rédigé par Imhotep lui-même, nous pouvons reconstituer l'essentiel de la scène[205].

La création d'un temple était conçue par le roi lui-même avec la collaboration de ses pères, les dieux.

La cérémonie de « tendre le cordeau » était un événement marquant, digne de figurer dans les annales de la nation.

Avant d'appliquer sur le terrain les indications du

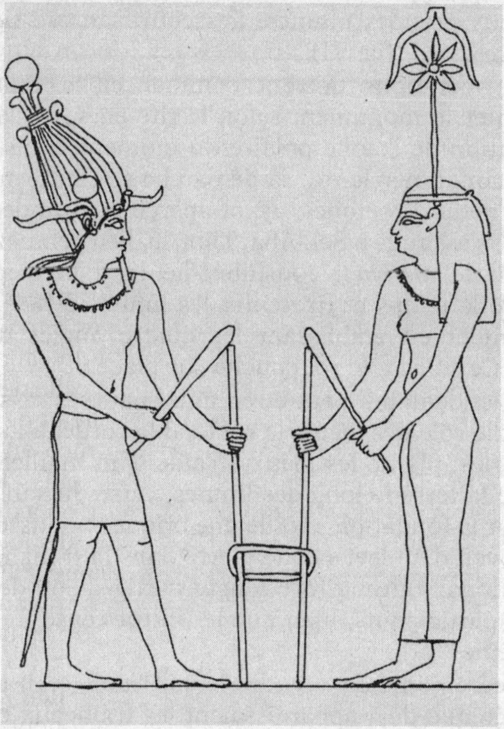

Fig. 53. *Scène de fondation d'un temple (époque ptolémaïque)*. Edfou. *pl. 369.*

Livre de la fondation[206], le roi tient conseil. Les « Amis uniques » répondent à ses questions par des paroles appropriées. Les techniciens expriment leurs avis. Le dieu Horus-de-Behdet opine.

À la date fixée pour la célébration, à l'heure du crépuscule, le roi sort de son palais et, précédé de deux porte-enseigne et du dieu Inmoutef, se rend sur les lieux, accompagné de sa cour. Il est vêtu de son grand costume d'apparat, et coiffé d'un bandeau royal orné des deux grandes plumes. Les courtisans se tiennent derrière le roi (fig. 53).

Les opérations doivent commencer la nuit, afin d'orienter le monument selon le rite en se réglant sur la position de l'étoile polaire du moment. Sans cesser ses incantations, le roi, sa démarche se conformant au mouvement des étoiles, ayant aperçu la Grande Ourse *(Mśht)*, s'assimile à Sek-Aha. Thot, le dieu géomètre, qui connaît le *merkhet*, consulte l'heure à la clepsydre, mesure le temps et fixe enfin les limites officielles du monument en établissant les quatre angles du lieu sacré. Ce soir-là, le roi couche sur place.

Le lendemain, peut-être, aidé par ses assistants jouant le rôle des dieux, le roi tend le cordeau aux quatre angles, plante les pieux à l'aide d'un maillet en or, pioche la terre le long des limites, verse du sable pour purifier la fondation, moule une brique et pousse enfin, au moyen d'un levier, une pierre dans la tranchée. Ces opérations souvent fort longues exigeaient de nombreux participants, bien que le roi fût censé faire tout lui-même[207].

La cérémonie de « tendre le cordeau » était à peine achevée que déjà apparaissaient les traîneaux chargés des gros blocs de calcaire blanc taillé, venant de l'autre rive, la rive est du Nil.

Partis des carrières de Tourah, les traîneaux avaient traversé le fleuve sur des barges, puis sans être délestés de leur charge, ils avaient été transportés sur le quai et halés vers la Chaussée monumentale. Celle-ci, encore inachevée, n'était qu'une vaste rampe d'accès, praticable aux véhicules.

Les traîneaux joueront un rôle capital au cours des travaux de construction. Qualifiés vaguement par Hérodote (II, 125) de *machines faites de courtes pièces de bois,* il est cependant facile d'y reconnaître le traîneau dont nous avons déjà parlé plus haut.

L'organisation simultanée des cinq types de maçonnerie

Nous avons vu, dans la partie consacrée à la théorie de la pyramide, que ce monument n'était pas un massif de maçonnerie simple et homogène, mais qu'on avait mis en œuvre plusieurs types de maçonnerie[208].

Ainsi le corps de la pyramide renfermait dans sa partie interne une autre pyramide, à degrés celle-ci, mais enveloppée dans le revêtement et par conséquent invisible.

Comment ces marches ou degrés étaient-ils disposés et quel en était le nombre ? Étaient-ils, à Khéops, comme cela s'est vu ailleurs, revêtus d'un parement lisse et parfaitement jointoyé ? Il est impossible de le dire.

Mais nous savons, par analogie avec les autres pyramides, que chacune comprenait successivement : le revêtement extérieur, puis un fourrage composé de gros blocs, le revêtement de la pyramide à degrés et un autre fourrage, et enfin des éléments internes, couloirs, cryptes, salles de décharge, construits simultanément, en granit et en calcaire fin.

Nous avons également vu plus haut, au chapitre des réfutations, qu'il était impossible qu'une pyramide puisse être construite autrement que d'une seule venue et par couches horizontales[209]. Il est inconcevable, répétons-le, que l'on ait d'abord construit une pyramide à degrés, à l'aide naturellement d'un immense échafaudage en brique, puis démoli ce même échafaudage pour coiffer l'édifice d'un revêtement en pierre à l'aide bien entendu d'un nouvel échafaudage, qui devait finalement être démoli à son tour.

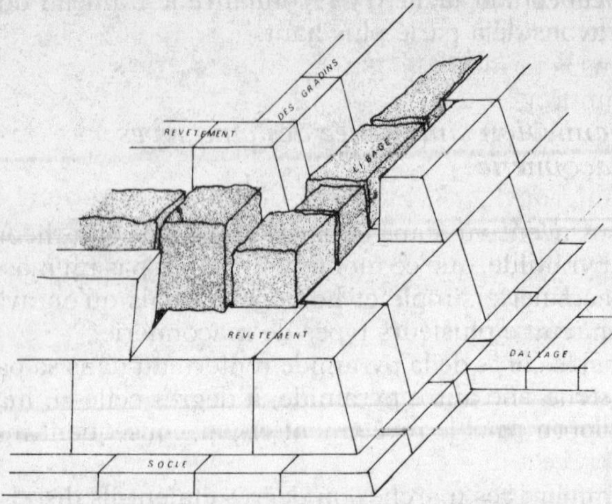

Fig. 54. *Les différents types de maçonnerie.*

À notre avis, aucun doute ne subsiste : tout fut construit par couches horizontales. On aménageait les degrés à mesure qu'on élevait les assises du revêtement. Cette méthode exigeait plusieurs équipes spécialisées, travaillant simultanément :

1. L'équipe qui posait les pierres d'angle et le revêtement externe en calcaire fin. C'était le groupe-pilote de qui dépendaient alignements et mesures.

2. L'équipe chargée du bourrage en gros libages.

3. Celle qui posait et ajustait le revêtement de la pyramide interne.

4. L'équipe chargée de la construction des éléments internes en granit et en calcaire fin.

5. Les échafaudeurs qui préparaient la rampe extérieure en brique crue dont la construction progressait sur le plan horizontal à mesure que l'assise était achevée.

Le socle ou radier général en pierre

Dans la terminologie des pyramides, on emploie souvent improprement le mot « socle » pour indiquer que la pyramide possède une sorte de piédestal destiné, comme pour les statues, à rehausser ou du moins à servir d'intermédiaire entre la surface du sol et le monument. Un socle est un élément qui, en dehors de sa fonction utilitaire, joue un rôle esthétique. Ce n'est pas le cas à Khéops. Nous préférons lui donner le nom de radier général.

En effet, le but évident de la présence de cet élément consiste à assurer une base parfaitement stable sur laquelle on pouvait bâtir l'édifice en toute sécurité. À Khéops, ce radier est entièrement constitué par des dalles de calcaire fin provenant des carrières situées sur l'autre rive du Nil. Il est construit avec un soin inimaginable. Les pierres sont si parfaitement ajustées qu'elles ne nécessitent aucune adjonction de mortier.

L'opération de nivellement, elle aussi, a été exécutée avec une telle précision que la différence observée à l'aide d'instruments les plus modernes, par les services officiels de l'Arpentage du gouvernement égyptien, ne dépasse pas 21 millimètres pour toute la surface de la base[210].

La hauteur ou épaisseur du radier correspond à peu près à 1 coudée pyramidale de 0,5236 (mesures de Borchardt : N = 0,54 m ; S = 0,52 m ; E = 0,55 ; O = x ; mesures de Pochan : 0,525), mais non pas constante au point de servir d'étalon de mesure. Ces petites différences peuvent s'expliquer par le fait que c'est la surface de la dalle qui devait être parfaitement plane, la partie inférieure devait épouser les inégalités du sol. L'ensemble du radier était ensuite enseveli sous la masse de la pyramide, et même le fameux « socle », qui débordait à peu près de 52 cm de la base, était lui-même recouvert par le dallage du « témenos ». Donc,

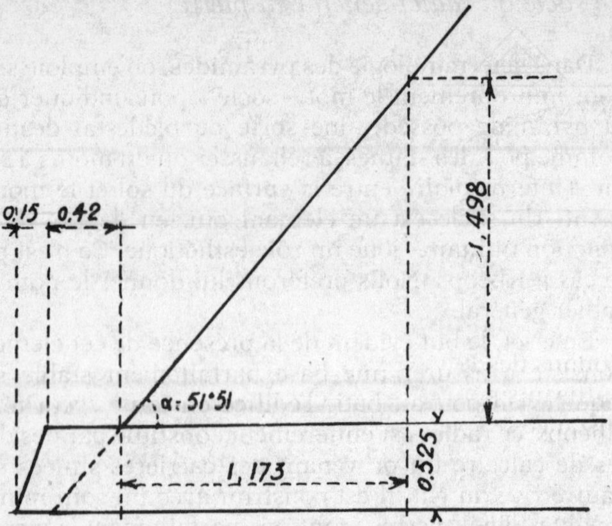

Fig. 55. *Profil de la base.*

il n'est pas question, comme on l'a prétendu à tort, d'y voir une mesure de référence de la coudée royale qui, par définition, devait être accessible.

Le radier général en calcaire fin s'étendait-il partout uniformément sous la pyramide ? Il ne semble pas, puisque sur l'angle nord-est, on constate qu'il contourne une partie du noyau central.

Comment ce nivellement a-t-il pu être exécuté, avec une telle précision ? Nous ne croyons pas, comme le suggère I.E.S. Edwards, au procédé peu pratique qui consiste à entourer les quatre côtés du monument par des banquettes en limon remplies d'eau et ensuite par un réseau de tranchées creusées dans le roc pour répartir la hauteur de l'eau[211]. Le niveau de maçon triangulaire muni d'un fil à plomb ainsi que la nivelette, bien

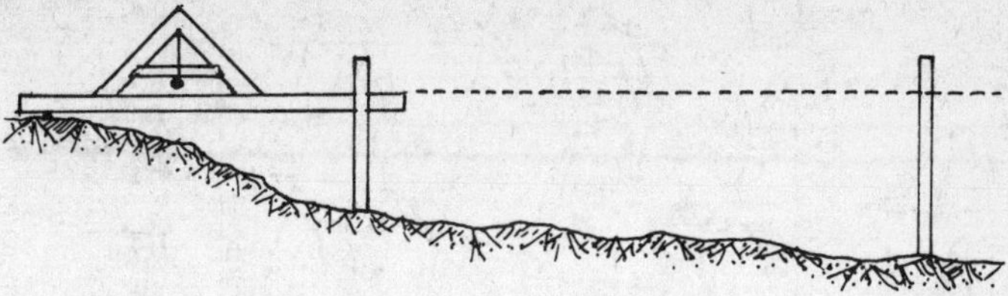

Fig. 56. *Opérations de nivellement.*

connus des Égyptiens, étaient d'excellents instruments suffisants pour exécuter des nivellements de moyennes distances.

Possédaient-ils d'autres instruments capables d'établir une base horizontale sur un terrain ? Ce n'est pas impossible ; si on considère les mystérieuses boîtes transportées par les équipes d'arpenteurs des tombeaux du Nouvel Empire[212]. Il est probable qu'il s'agissait là d'appareils de nivellement fondés sur le principe du niveau d'eau, étant donné que la surface d'un liquide dans un vase demeure toujours dans un même plan horizontal (voir notre reconstitution, fig. 57).

Nous avons essayé un pareil instrument. Il est aussi précis que peuvent l'être les meilleurs niveaux modernes, non munis d'optiques.

Quel échafaudage ?
La rampe hélicoïdale en brique crue

Nous avons, au début de ce livre, passé en revue les procédés les plus raisonnables préconisés par les auteurs pour expliquer le problème pratique de la

Fig. 57. *Arpenteurs. Tombeau de Zeserkasenb.*

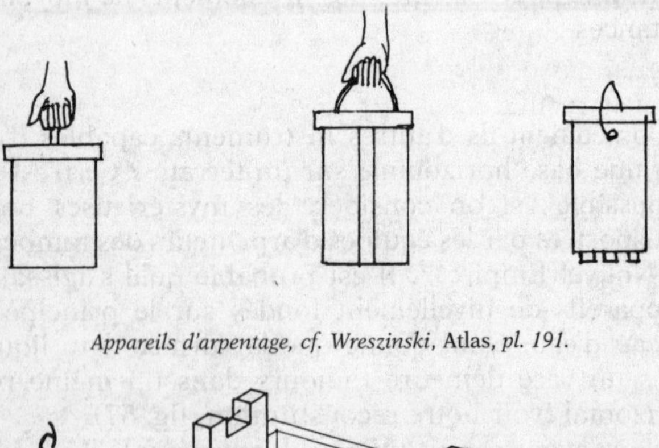

Appareils d'arpentage, cf. Wreszinski, Atlas, *pl. 191.*

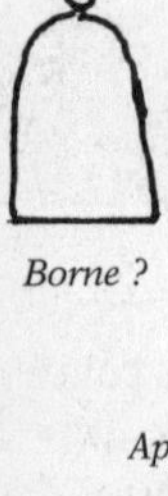

Borne ?

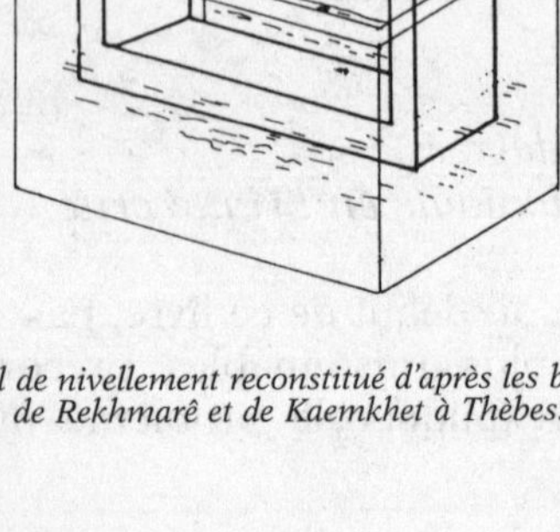

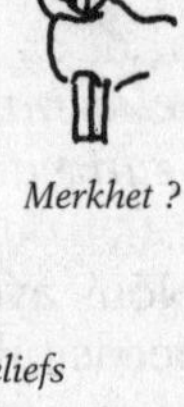

Merkhet ?

Appareil de nivellement reconstitué d'après les bas-reliefs de Rekhmarê et de Kaemkhet à Thèbes.

construction de ces gigantesques monuments. Toutes les solutions avancées pèchent par un point commun : elles sont irréalisables parce qu'elles ne tiennent pas compte d'un certain angle de pente, ou bien prêtent aux Égyptiens de l'époque pharaonique des appareils de levage que ceux-ci ne possédaient pas.

Le seul procédé accepté aujourd'hui d'une manière générale par les égyptologues, c'est l'application du principe de la rampe. Mais pas de n'importe quelle rampe.

Les conditions impératives pour qu'un tel système soit réalisable avec les moyens dont ils disposaient sont les suivantes :

1. La rampe devait posséder la pente la plus douce possible, pour la double raison qu'un homme ne peut longtemps soutenir un trop gros effort et qu'il fallait éviter le recul du traîneau.

2. La largeur de la voie devait être suffisante pour permettre le passage et les évolutions des équipages et le retour des engins vides.

3. Il fallait éviter que l'aménagement de la pente de la rampe fût continuellement remis en question après la pose de chaque assise, ce qui aurait nécessité une surveillance constante pour refaire le chemin, le niveler, etc.

4. Une certaine économie de moyens et de travail devait être prévue.

5. La sécurité corporelle des travailleurs, essentielle même pour les Égyptiens, devait être assurée.

Le seul moyen qui tînt compte de ces conditions est celui de la rampe hélicoïdale, enveloppante.

Peut-être pourrait-on considérer comme un témoignage visuel certain graffiti provenant de la pyramide de Snéfrou (voir p. 136) représentant une pyramide à degrés. Puisque nous avons signalé maintes fois l'impossibilité de construire les degrés au préalable, il faut bien croire qu'il s'agit là de la silhouette d'une pyramide en construction avec sa rampe-échafaudage, telle que la voyaient les ouvriers.

D'après nos calculs, la rampe-échafaudage de Khéops, de forme hélicoïdale, pouvait avoir les dimensions suivantes, en tenant compte d'une pente de 3 doigts en mesures égyptiennes (= 0,056 par mètre) :

Longueur totale $\frac{146{,}594 \text{ m}}{0{,}056} = 2\,617{,}75$ m.

Largeur moyenne utile : 30 coudées (= 15,75 m) avec un minimum de 6 m et d'une largeur à la base de 24 m.

Nombre de volées : 6-7

Hauteur dégressive moyenne de chaque volée : 20 m environ.

Fruit de la rampe : 10 cm environ

Volume de la chaussée de brique (env. 396 881 m^3).

Nous avons choisi à dessein cette pente faible de 3 doigts (0,056 m) par mètre. Plus exactement pour 2 coudées, soit 1,0472 m (4,60 %). Nous n'ignorons pas que la pente calculée habituelle, par exemple celle qu'indique le scribe Hori, était de 1/12, soit 0,083 m par mètre[214] et que la pente de certaines rampes de chaussée monumentale a été parfois légèrement supérieure à 3 doigts. Mais en raison de la grande distance à parcourir et du risque d'accidents que pouvait offrir l'usage de cet ouvrage d'une hauteur exceptionnelle, nous avons pris comme base de calcul cette pente de 3 doigts ou 0,056 (1 doigt = 0,0187). Rien n'empêche de calculer une autre pente[215] un peu plus forte que celle que nous proposons, mais qui ne peut en aucun cas dépasser 8 cm/m (4 doigts = 0,075 env.).

Les échafaudages en brique crue

Le bois de construction, répétons-le, ayant toujours été rare en Égypte, le seul moyen pour l'habitant de la vallée du Nil d'élever les matériaux lourds a consisté à les faire glisser sur un plan incliné ou rampe, construite en brique crue.

L'emploi de ces échafaudages est indiscutable. Le témoignage matériel le plus connu est représenté par cet amoncellement qu'on pouvait voir encore récemment contre le montant du premier pylône du Temple de Karnak. Celui-ci, demeuré inachevé, date, il est vrai, de l'époque ptolémaïque. Mais nous avons déjà mentionné d'autres rampes d'acheminement dont la plus ancienne remonte à l'époque de l'Ancien Empire, à Mcïdoum.

Un document écrit, le papyrus Anastasi, I (XIXe dynastie) dont nous avons déjà fait mention montre que l'usage de la rampe en brique constituait vraiment le mode de construction traditionnel en Égypte. Nous en donnons ici le texte complet parce qu'il nous paraît très important et qu'il offre bien l'idée de l'apparence et des dimensions d'une rampe à l'époque pharaonique. Ce texte fait allusion à un scribe, le scribe Hori, qui met au défi un collègue de calculer comme lui le nombre de briques nécessaires à la construction d'une grande rampe :

> « Il y a une rampe de 730 coudées (391,28 m) avec une largeur de 55 coudées (29,48 m) comprenant 120 compartiments remplis avec des roseaux et des poutres, et qui mesure 60 coudées à son sommet (31,38 m). Son sommet est de 30 coudées (15,69 m), sa pente de 15 coudées (7,845 m) et sa base de 5 coudées (2,618 m). La quantité de briques est demandée au commandant de l'armée. Vois, ces mesures sont devant toi. Chacun de ces compartiments mesure 30 coudées de long (16,69 m) et 7 coudées de large (3,66 m)[216]. »

Un autre document, figuré celui-là, datant à peu près de la même époque, sur une tombe de la XVIIIe dynastie (Rekhmarê) (fig. 58), montre le travail de construction d'une telle rampe depuis la fabrication des briques dans un étang jusqu'à l'édification du plan incliné par les maçons.

Fig. 58. *Tombeau de Rekhmarê. Champollion, Monuments.*

Les traverses en troncs de palmier

Il est bien évident que le point faible d'un échafaudage en brique crue était la fragilité du matériau.

En effet, tel que nous l'avons décrit, un pareil matériau craignait autant la très grande sécheresse que les excès d'humidité. Les chocs devaient lui être nuisibles.

Nécessairement, comme on devait arroser abondamment l'argile sur le passage du traîneau, le sol ne manquait pas de se transformer rapidement en bourbier sur lequel les hommes glissaient, ce qui pouvait empêcher tout travail efficace.

Fig. 59. *Traverses en troncs de palmier.*

Les Égyptiens ont certainement employé un véritable plancher formé de troncs de palmiers-dattiers placés l'un à côté de l'autre. La longueur de l'arbre devait facilement atteindre toute la largeur de la chaussée, soit 12-14 mètres.

Le bois du palmier, formé uniquement de fibres, est déjà un peu spongieux à l'état sec. Humide, il demeure complètement imputrescible. Très abondant en Égypte, il est cependant à peu près inutilisable en menuiserie et en charpenterie, sauf parfois en tant que poutre pour soutenir un mauvais plafond. Il nous est parvenu d'ailleurs des monuments possédant des éléments de poutraison imitant le bois de palmier et datant de l'Ancien Empire[217].

En revanche, pour le cas présent, le tronc de palmier était merveilleusement adapté pour remédier aux défauts d'un échafaudage en brique crue. La porosité de ses fibres absorbait les excès d'eau, tout en réservant à l'argile l'humidité nécessaire en tant que lubrifiant. D'autre part, les haleurs pouvaient, durant l'action, s'agripper aux traverses.

L'imputrescibilité du bois permettait sa conservation pendant toute la durée des travaux. Cette sorte de plancher confectionné à l'aide d'un matériau durable liait et consolidait efficacement l'échafaudage en répartissant les charges énormes occasionnées par le passage des traîneaux porteurs des grandes travées en pierre.

Et enfin, grâce à la solidité et à l'élasticité des troncs de 40 à 50 cm de diamètre, il mettait l'ouvrage à l'abri des chocs inévitables pendant la manœuvre des véhicules lourds.

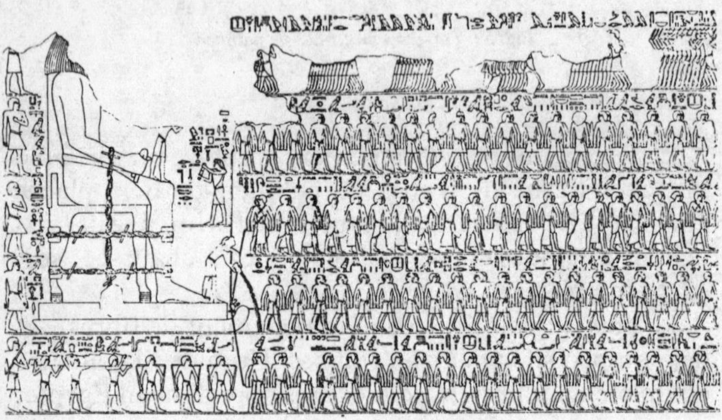

Fig. 60. *Djehouthotep (XIIe dyn.). Traction d'une statue pesant env. 60 tonnes, tirée par 172 hommes* (Newberry, *El Bersheh*, I, pl. XV).

Il nous reste enfin à signaler l'intéressante découverte de l'archéologue français J. Vercoutter, qui confirme ce que nous venons de dire. Celui-ci a, en effet, observé en 1963-1964, à Mirgissa (Nubie), l'emploi par les anciens Égyptiens d'un chemin de terre, sorte de glissière garnie de traverses en bois. Elle devait permettre aux bateaux de passer à sec d'amont en aval et d'éviter ainsi la navigation au milieu des remous de la cataracte. Cette découverte explique la présence de ces porteurs de troncs d'arbres non dégrossis, que l'on observe parfois dans les scènes de transport, notamment celle du fameux bas-relief du Dhuthotep à El Bersheh. Ces troncs servaient à consolider le sol sous-jacent devant le traîneau en marche. Sans les traverses, le véhicule se serait enlisé infailliblement dans la terre molle. Les troncs pouvaient être récupérés après le passage du véhicule.

La découverte de l'emploi des rampes armées est à noter pour expliquer non seulement le mode de construction des rampes-échafaudages des grandes pyramides, mais encore celui des grands monuments égyptiens de toutes les époques.

En résumé, il nous paraît établi que :

1. Les Égyptiens employaient pour le transport des matériaux lourds des rampes en brique crue ;

2. que ces rampes étaient nécessairement armées de traverses en bois ;

3. qu'elles furent utilisées pour la construction des grandes pyramides ;

4. que les scribes égyptiens étaient parfaitement capables d'effectuer les calculs prévisionnels de ces sortes d'ouvrages.

Volume approximatif de la rampe-échafaudage

Puisque nos calculs de stabilité exigent une rampe de 17 m en moyenne (15,75 + 1,25 du garde-fou) de large hors tout, nous allons calculer très approximativement le volume de cette rampe en prenant la 1/2 moyenne, soit 8,50 m
que nous ajouterons de chaque côté de la pyramide, soit :

230,36 m + 8,50 + 8,50 = 247,36.

Nous aurions[218] ainsi un volume approximatif de rampe en brique de : 396 830,8 m^3.

Le volume de l'échafaudage en brique serait, dans ce cas, le 1/7 environ du volume total de la pyramide achevée.

Plusieurs questions concernant l'échafaudage demeureront cependant sans réponse, questions d'ailleurs d'importance secondaire.

Quelle était la forme extérieure de l'échafaudage ? Était-il à bords arrondis ou au contraire à angles droits ? Nous avons opté pour cette dernière forme, mais il est possible que ce fut le parti à bords arrondis qui fut choisi à cause de la facilité de manœuvre des haleurs et sa moins grande fragilité aux angles.

Fallait-il prévoir, comme le scribe du papyrus Anastasi, I, des compartiments remplis de roseaux et de poutres ? Cela nous paraît moins évident, parce que le problème posé pour une rampe droite n'est pas le même que pour une rampe hélicoïdale. Les parois des échafaudages étaient-elles revêtues d'une couche d'enduit ? Il ne nous est pas possible de le savoir.

Construction de la rampe-échafaudage en brique crue

Travaillant simultanément avec les autres équipes de maçons, un groupe de spécialistes de la maçonnerie en brique crue se mettait à l'œuvre. Ces ouvriers étaient chargés du délicat problème de la rampe-échafaudage, qui devait être exécutée avec le plus grand soin. La main-d'œuvre et les moyens employés étaient différents de ceux des autres chantiers. Il s'agissait tout d'abord de préparer la brique au bord de la rivière. La brique crue, nous l'avons dit, était composée d'un mélange d'argile et de paille hachée. La pâte était ensuite moulée et la brique séchée au soleil. Le bardage s'effectuait au brancard, au moyen d'une sorte de balancelle (fig. 58) et aussi sans doute, à dos d'âne. Les animaux portaient le matériau à pied d'œuvre, c'est-à-dire jusqu'à l'extrême limite de la hauteur de l'échafaudage ; de la même manière, on transportait les troncs de palmier, les boulins, les nattes, le mortier et l'eau.

Sur quelle face les échafaudeurs commençaient-ils à construire l'ouvrage en brique ? Autrement dit, dans quel sens la rampe-échafaudage « girait »-elle autour de la pyramide ? Nous ne pouvons évidemment le savoir que par déduction. Il est probable, sauf s'il y avait une raison technique impérieuse que nous ignorons, qu'elle démarra sur l'angle sud-est, à cause de la fameuse loi du moindre effort, puisque la plupart des matériaux provenaient des carrières du sud-est ainsi que la chaussée monumentale, située à l'est. Le chemin en spirale devait tourner de gauche à droite selon la loi naturelle (volute des coquillages, sens de la Terre, etc.).

Mais l'adoption de ce sens offrait surtout cet avantage que les traîneaux chargés ne venaient pas trop peser sur le bord de la rampe en brique. La conduite des traîneaux se faisait donc très probablement à droite.

La construction de la rampe-échafaudage commençait par la pose d'une simple couche de nattes tressées étendues sur le sol, suivie d'une rangée de briques crues composées, comme nous l'avons indiqué plus haut, d'un riche mélange de paille hachée, rouie dans l'eau.

La couche de briques, fixée au mortier d'argile, était suivie d'une nouvelle rangée. Après la pose d'un certain nombre de rangs de briques, nombre que l'expérience seule a pu déterminer, une nouvelle couche de nattes en roseau était posée et ainsi de suite. De temps à autre, on noyait dans la masse des poutres en bois ou des boulins en vue de faciliter la dessication et en même temps d'augmenter la liaison du massif en brique[219] (fig. 62). Celui-ci devait nécessairement adhérer à la perfection aux bossages du revêtement de pierre.

La sorte de plancher, dont nous avons parlé plus haut, établi à l'aide de troncs de palmiers juxtaposés et d'un garde-fou, venait achever l'installation de la rampe en spirale.

Le parement du massif en brique comportait un fruit de 10 centimètres par mètre[220] et par conséquent la largeur de la voie ne pouvait être fixée avec exactitude qu'à la volée suivante, laquelle variait selon une dégression constante afin de faire coïncider l'angle de l'échafaudage en brique avec l'arête de la pyramide (fig. 61).

Quel est le nombre de volées ou d'étages que dut comporter notre sorte de Tour de Babel depuis le bas jusqu'au sommet ? Si notre estimation de la pente à 3 doigts est acceptée, il dut y avoir six à sept étages.

Taille et pose des premières assises

Après la pose du socle ou radier, le chantier devait se présenter sous l'aspect d'une aire vaste, dallée de belles pierres blanches, merveilleusement ajustées. Au milieu de l'aire surgissait d'une manière insolite le noyau de roche naturelle grossièrement découpée par grands pans (voir p. 172).

Les géomètres traçaient alors à même le dallage les limites exactes de ce qui sera la véritable pyramide. Le

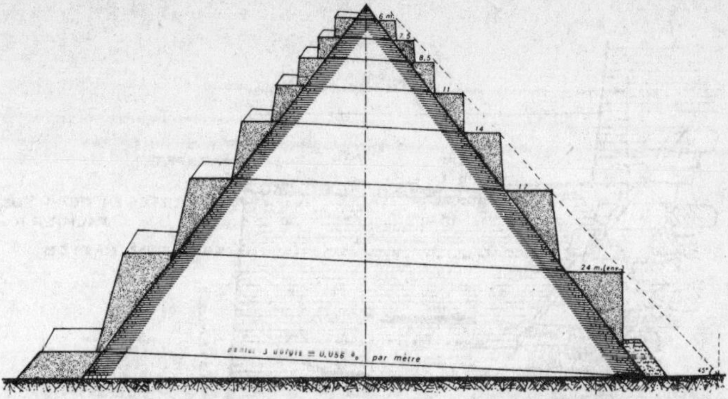

Fig. 61. *Coupe de la pyramide avec sa rampe en brique.*

tracé s'effectuait selon l'usage en tirant des traits sur le dallage au moyen d'une pointe sèche.

Les premières pierres à poser étaient évidemment les quatre pierres d'angle.

Celles-ci ont dû, au préalable, être étudiées avec le plus grand soin sur épures. Les deux faces apparentes devaient, grâce à leur inclinaison précise, déterminer les pentes de l'arête et de l'apothème.

En effet, un des problèmes les plus difficiles que les constructeurs de la Grande Pyramide eurent à résoudre fut incontestablement celui de la réalisation pratique des angles de l'édifice.

Le moyen idéal aurait consisté à bâtir en se guidant sur des fils tendus aux arêtes.

Certains auteurs n'ont pas hésité à le préconiser, en proposant la construction préalable d'une pyramide à degrés. Celle-ci devait être surmontée d'un mât servant de repère[221].

Appliquer cette méthode à Khéops serait méconnaître les règles les plus élémentaires de la construction et

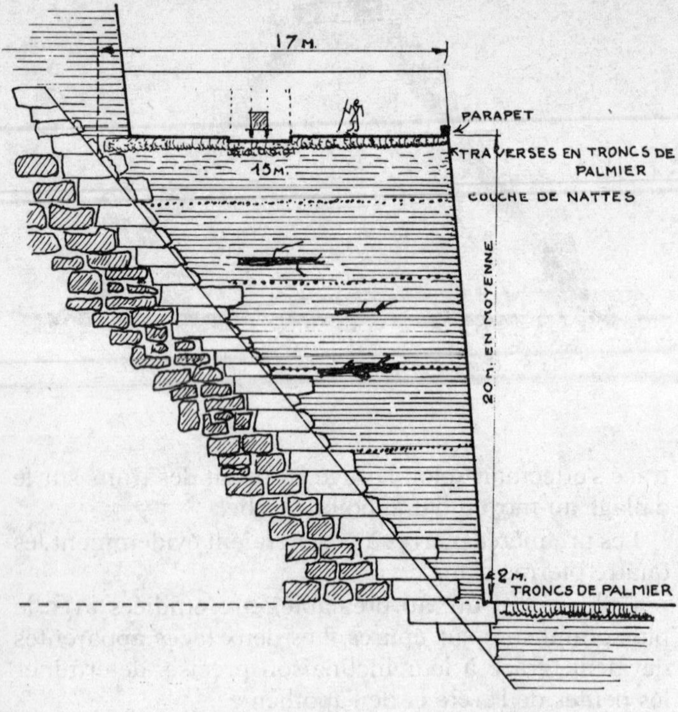

Fig. 62. *L'échafaudage en brique. Coupe.*

leurs auteurs ne se sont pas demandé comment on s'y serait pris, pour bâtir le noyau central, en hissant des pierres de deux tonnes et demie et plus à la hauteur prodigieuse de 146 mètres.

Nous avons plusieurs fois, dans ce livre, soutenu qu'il était pratiquement impossible de construire une pyramide en matériaux mégalithiques autrement que par assises horizontales. Tous les éléments de maçonnerie, même les gradins internes lissés et parfois polis, étaient bâtis simultanément.

Les Égyptiens possédaient donc, pour pratiquer de tels travaux, quelque moyen probablement simple et en tout cas efficace, puisque ces monuments sont là pour le démontrer.

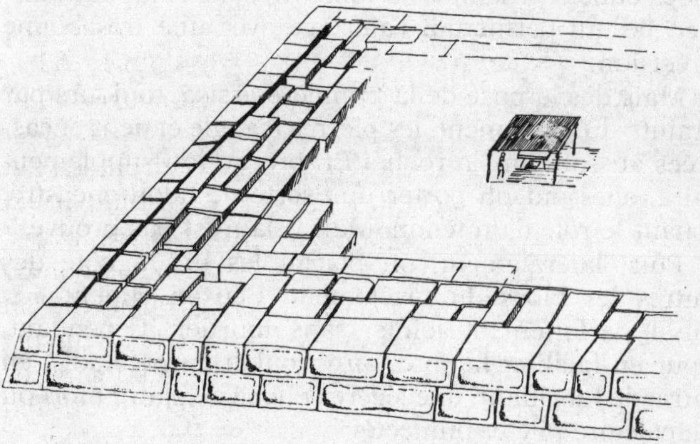

Fig. 63. *Types d'assises horizontales.*

À défaut de documents précis susceptibles de nous renseigner, nous allons tenter d'expliquer notre point de vue, en nous fondant uniquement sur ce que nous savons de la pratique des travaux et des usages de construction familiers aux Égyptiens de l'époque de l'Ancien Empire.

Tout d'abord, nous devons rappeler que les pierres de revêtement des monuments de cette époque étaient taillées et ajustées avec un soin inimaginable. La face des pierres du parement était laissée à l'état brut, en bossage. En revanche, les arêtes des joints qui formaient le contour de la pierre étaient taillées avec précision pour assurer une pose sûre et exacte des matériaux.

Les pierres d'angle étaient faites avec un matériau de choix et leur taille particulièrement soignée. Celle-ci a pu être exécutée à l'aide d'un « gabarit » métallique ou forme, réglée une fois pour toutes et utilisée successivement pour toutes les pierres d'angle. D'autre part, les blocs étaient assemblés à joint vif, sans l'aide du mortier, ce qui permettait l'ajustage avec une très bonne précision.

Mais dès la pose de la première assise, toujours par crainte du glissement, les pierres d'angle étaient encastrées au sol dans la roche. Et, précaution supplémentaire, elles ont pu porter une sorte de talon encastré, jouant le rôle d'un tenon. Mais cela n'est pas prouvé.

Puis, latéralement, on plaçait les uns à côté des autres les blocs du revêtement. Ceux-ci étaient eux aussi parfaitement joints, sans mortier. Cependant, pour en faciliter la pose, on y coulait au préalable, en guise de lubrifiant, une légère couche de plâtre mort ou de calcaire pilé et humecté[222].

Était-ce pour le plaisir de surmonter une difficulté supplémentaire que les Égyptiens pratiquaient un ajustage si méticuleux des blocs d'appareillage ? Certes pas. Il y a toujours une logique et un enchaînement dans toute pratique architecturale. En effet, étant donné que les bâtisseurs de ces époques employaient des matériaux de dimensions souvent énormes, il devenait inutile de remplir les joints avec du mortier, puisque le poids seul de la pierre suffisait à la maintenir en place. Mais cet usage entraînait une obligation ; celle de ne souffrir aucune inégalité sur la surface du lit de pose. La moindre protubérance ou le moindre creux sur l'assise produisait un porte-à-faux et la pression formidable exercée par le poids du monument ne manquait pas, à la longue, de provoquer la rupture et risquait d'entraîner le délabrement de l'édifice. C'est pourquoi un ouvrage de maçonnerie de l'Ancien Empire ressemble souvent à un travail d'ajusteur de précision.

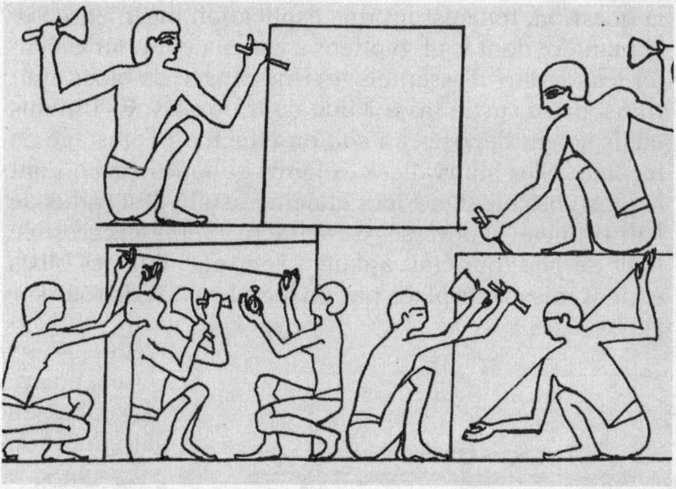

Fig. 64. *Rekhmarê (XVIIIe dyn.) d'après Champollion, II, CLXIV.*

Une scène fréquemment reproduite, celle du tombeau de Rekhmarê à Thèbes (XVIIIe dynastie) (fig. 64), montre comment les Égyptiens aplanissaient une pierre[223] : deux hommes tiennent de courts taquets en bois liés par une ficelle. Ils placent successivement les taquets sur différents points de la pierre et le contact de la ficelle indique les protubérances à enlever. Fl. Petrie écrivait que, pour vérifier le lissage, les anciens Égyptiens enduisaient la surface de la pierre d'une matière colorante, l'ocre. Les saillies se montraient par le rouge qui y adhérait. Cette pratique est employée aujourd'hui par les ajusteurs pour effectuer la finition des pièces métalliques. Il résulte de cette action que les joints de pierre pesant parfois 15 tonnes demeurent presque imperceptibles.

Clarke et Engelbach[224], qui étudièrent soigneusement la question, fournissent une explication ingénieuse sur la manière dont les Égyptiens s'y prenaient pour exécuter les travaux d'assemblage. Une rangée de blocs était transportée sur le tas à l'aide de traîneaux. Et là, sans qu'ils soient déposés au sol, on effectuait l'ajustage de façon que les intervalles des joints obliques s'accordent le plus possible. Les blocs étaient ensuite descendus de leur traîneau et déversés de manière à rendre accessible le lit de pose qui était aplani à son tour. Puis les blocs étaient mis à leur place par un simple quart de tour sur l'arête.

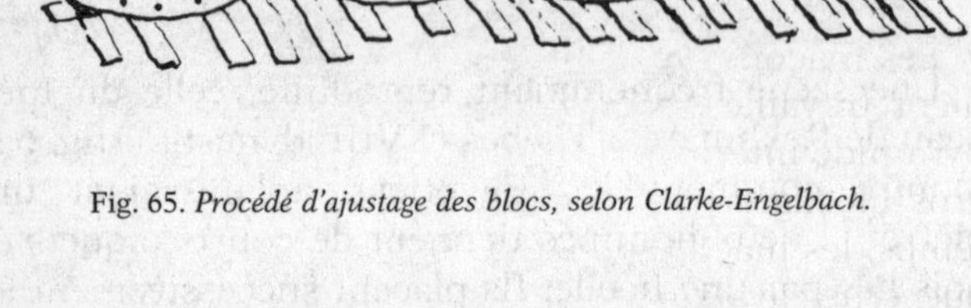

Fig. 65. *Procédé d'ajustage des blocs, selon Clarke-Engelbach.*

Il nous paraît cependant évident que les très gros blocs de la base ne pouvaient guère être assemblés de cette manière, mais certainement à l'aide de petits rouleaux[225] métalliques de manœuvre, ainsi que de leviers de toutes tailles.

Suite des travaux. Les aplombs. La table de travail

Nous avions laissé les ouvriers à l'instant où ils achevaient la pose des premières assises de la pyramide (fig. 66).

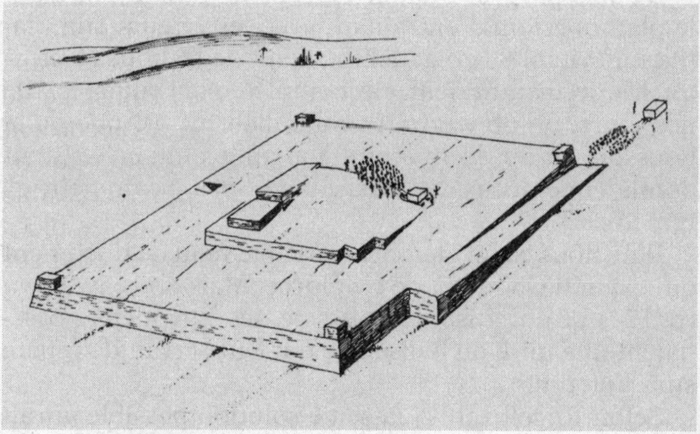

Fig. 66. *Pose des premières assises.*

Les maçons des quatre chantiers avaient simultanément travaillé au revêtement extérieur, à celui de la pyramide interne à degrés, ainsi qu'à la maçonnerie de gros blocages placés entre les revêtements ; en même temps, les maçons-échafaudeurs, spécialistes de la brique crue, avaient établi un plan incliné parallèle au revêtement, qui était arrivé à la hauteur de la deuxième assise. C'est à ce moment-là que dut se poser le problème des aplombs et des alignements. En effet, sur un mur vertical, rien n'est plus facile que de les obtenir. Il suffit de faire descendre le fil à plomb et de se mettre à l'aplomb de la première assise.

Mais sur un mur en pente, le problème était tout autre. On ne pouvait pas aligner à la règle ou à la visée puisque le parement était destiné à disparaître sous l'échafaudage en brique. Il devait être caché durant toute la durée des travaux, c'est-à-dire pendant vingt ans au moins.

D'autre part, la moindre erreur de parallélisme sur le plan horizontal entraînait, avec les erreurs cumulatives inévitables, un gauchissement de l'édifice et bientôt les arêtes auraient été complètement altérées. De nos jours, on obtiendrait ce parallélisme à l'aide de la boussole ou du déclinatoire à aiguille aimantée. Étant donné que ceux-ci n'existaient pas, comment y remédier ?

Il ne nous est évidemment pas parvenu de document qui explique la méthode employée. Mais nous avons vu (p. 174) qu'en guise de boussole, les Égyptiens possédaient une mire ou balise fixe qui leur servait de repère sur l'horizon.

Selon Engelbach[226], la seule solution possible aurait été l'emploi du fil à plomb appliqué aux arêtes de l'échafaudage en brique et le calcul de la nécessaire proportion du triangle rectangle 11-14, lui aussi calculé en partant d'une arête de l'échafaudage. Mais cette solution ne nous paraît guère pratique, avant tout parce que l'échafaudage en matière friable ne permettait pas des mesures d'une grande précision.

Cependant, nous avons constaté que les salles mortuaires de Khéops ne sont pas situées sur l'axe vertical du monument (fig. 67), mais qu'elles sont déportées vers le sud. Nous pouvons donc penser que les Égyptiens avaient la possibilité d'entretenir matériellement un axe vertical sur lequel ils basaient toutes leurs mesures.

Cette constatation nous permet de reconstituer de la manière suivante la façon de procéder : les constructeurs égyptiens avaient matérialisé le point central par un piquet. Celui-ci était protégé et surmonté par une

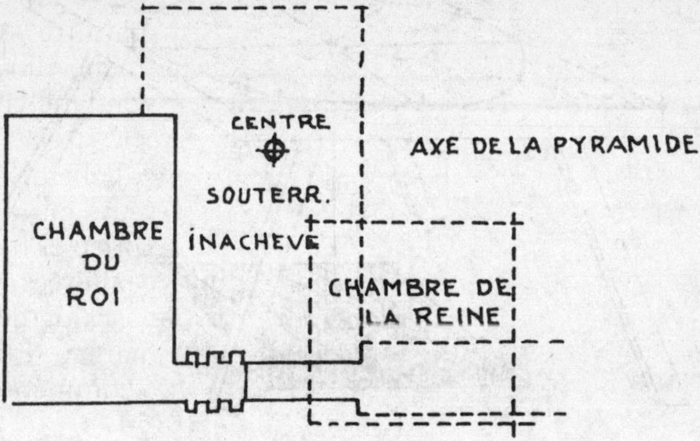

Fig. 67. *Axe vertical du monument (d'après Perring, pl. II).*

« table de travail » (fig. 68) près de laquelle se tenaient les techniciens de l'époque. De là, ils pouvaient fixer les aplombs de l'axe vertical à l'aide d'un fil à plomb (ou à peson), effectuer les visées sur la balise à disque doré, donner les niveaux, indiquer les parallèles et les diagonales. Les techniciens étaient, en outre, capables, ne l'oublions pas, de calculer théoriquement un tronc de pyramide (papyrus de Moscou, probl. n° 14) et par le calcul des angles fondés sur les rapports $\frac{14}{11}$ et $\frac{2}{10}$.

C'était de là que partaient toutes les directives nécessaires à la bonne marche des travaux. Il ne pouvait en être autrement.

Et enfin, un dernier moyen de contrôle reposait sur la possibilité de rectifier les erreurs inévitables, lors du ravalement du revêtement, lequel s'opérait en partant du sommet. L'opération s'effectuait à l'aide de la règle en bois, de fils tendus, de visées oculaires et peut-être,

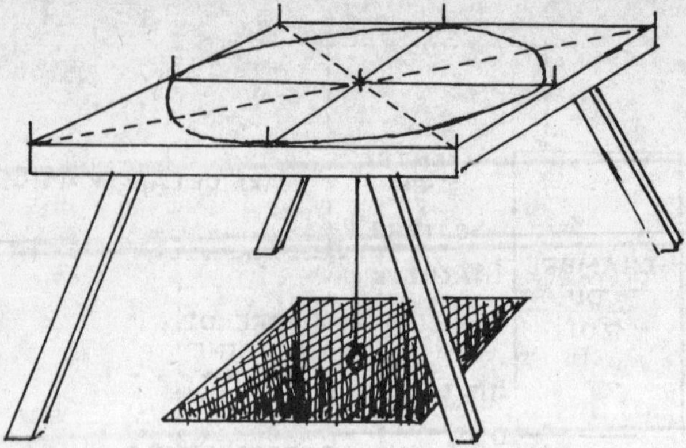

Fig. 68. *La table de travail.*

pourquoi pas, de quelques procédés aujourd'hui oubliés.

Les directives reçues, il ne restait au chef de chantier qu'à procéder aux tracés à même le sol puis à surveiller la pose des pierres, assise par assise.

La tâche des appareilleurs était facilitée par l'emploi, comme nous l'avons dit, de la fausse équerre, réglée une fois pour toutes selon un angle déterminé.

Lorsque l'assise était entièrement bâtie, la table de travail était déplacée et réinstallée sur le plan supérieur en se guidant sur le fil à plomb. Et l'opération recommençait.

Les joints du revêtement

Il ne subsiste plus aujourd'hui assez d'éléments pour permettre d'avoir une opinion définitive sur le type d'appareillage qui fut employé pour le revêtement de

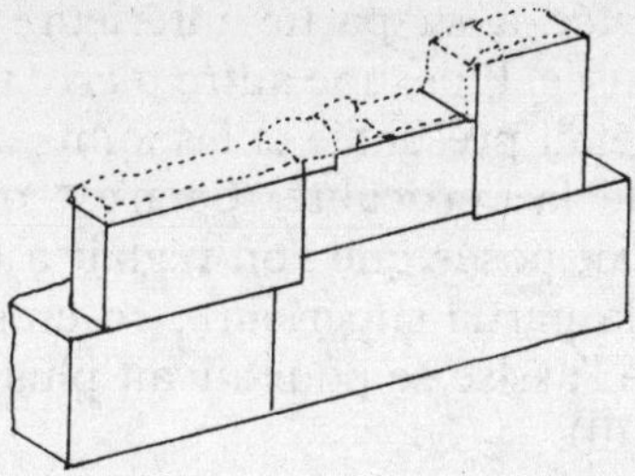

Fig. 69. *Méthode égyptienne d'appareillage des blocs.*

la Grande Pyramide. La hauteur de l'assise était-elle régulière d'un bout à l'autre des façades ? Ce n'est généralement pas le cas dans les constructions égyptiennes.

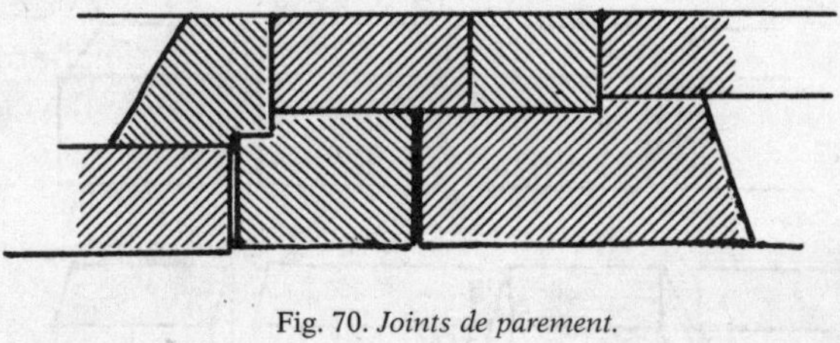

Fig. 70. *Joints de parement.*

Il arrive souvent, en effet, que la ligne du joint horizontal d'un bloc rectangulaire présente, après une certaine distance, un ressaut, changeant ainsi la hauteur de l'assise, puis continue sur une nouvelle hauteur. Il en est de même pour les joints latéraux qui peuvent fort bien ne pas être verticaux, mais obliques. Ce genre de maçonnerie est possible à construire à condition que les pierres soient taillées après leur mise en place. Tout se passe, en effet, comme si chaque pierre, soigneusement ajustée à sa partie inférieure seulement, était d'abord posée. Puis, une autre pierre taillée de la même façon lui était présentée et les joints adaptés sans tenir compte de la verticalité. Ce n'est que lorsque toute l'assise était posée que l'on réglait à la ficelle et qu'on retaillait la partie supérieure, en crossette ou ressaut, et le lit de l'assise se poursuivait plus haut ou plus bas (voir fig. 70).

En fut-il de même à la pyramide de Khéops ?

On peut se le demander. En effet, les parties de l'unique assise encore en place sont si parfaitement horizontales que les différences de niveau sont insignifiantes. Les pierres mesurent par rapport au niveau zéro : 1,49 m à l'angle nord-est ; 1,49 m au centre de la face nord ; 1,50 m au centre de la face ouest, et 1,52 m à la face sud[227].

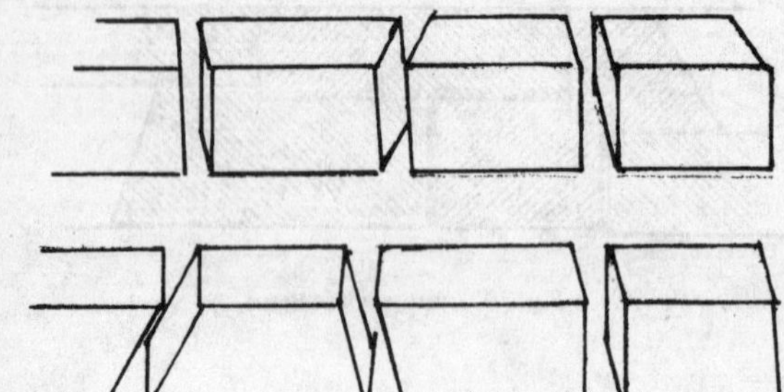

Fig. 71. *Appareillage dissymétrique des blocs.*

Mais rien ne laisse supposer qu'il en fut de même pour tout le revêtement, en raison du fait que les Égyptiens pouvaient fort bien appliquer une technique et, selon les circonstances, en choisir une autre.

Quelle était l'épaisseur du revêtement ? Il est difficile de le dire, parce que la longueur des queues des pierres varie de l'une à l'autre. D'autant plus que parfois des blocs en pierre blanche ont servi de bourrage. D'après Petrie[228], le revêtement de Khéops mesurait 1,57 m au sommet, 2,75 m à la base et en moyenne 1,81 m. Mais si nous le comparons à celui de Djeser (P1) = 2,88 m environ, ou (M1) = 2,60 m environ, et à celui de la Rhombaïdale : 1,80 à 2 m, nous pouvons prendre l'épaisseur moyenne de 2 m pour base de nos calculs.

Pour augmenter la stabilité de l'édifice, les constructeurs auraient pratiqué une incurvation des lits des assises des maçonneries internes[229], de telle manière que les blocs d'angle se trouvaient légèrement plus élevés que ceux du centre.

C'était une pratique courante dans les constructions en brique crue de toutes les époques. Cette technique a pu être obtenue à l'aide du fléchissement naturel du fil de guidage.

Bossages

Pendant la durée des travaux, la surface du revêtement était laissée en bossage ou en état d'épannelage, afin, sans doute, que la face destinée à être vue ne fût pas altérée durant les travaux. Cette pratique égyptienne est attestée sur le revêtement en granit de Mykérinos, sur les monuments de Tanis, à Karnak, etc. Elle est aussi observée à la pyramide de Djeser à Saqqarah pour le revêtement en calcaire, dont les parties inférieures destinées à être recouvertes par le dallage ne furent pas achevées.

Mais les bossages ou saillies laissées en réserve devaient avoir une autre raison d'être. Celle de renforcer l'adhérence du mortier de l'échafaudage en brique sur la paroi en pierre calcaire ou en granit[230].

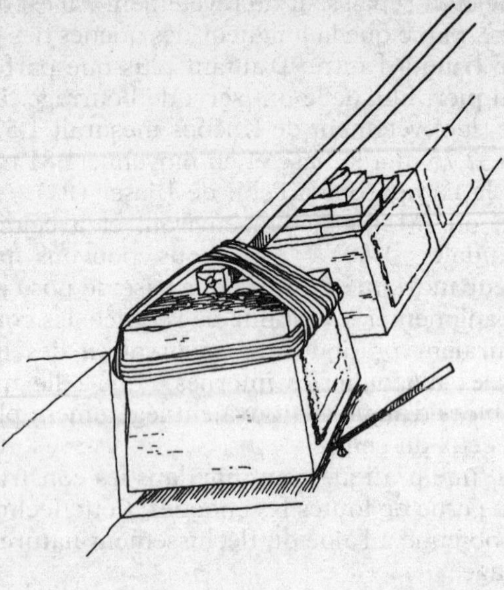

Fig. 72. *Ajustage et pose d'une pierre de revêtement.*

La pyramide était-elle peinte ?

On a longtemps discuté pour savoir si la pyramide de Khéops avait été peinte.

Le fait est que, si on examine un fragment ancien du revêtement, on constate que celui-ci possède une couleur rougeâtre d'oxyde de fer. On constate aussi que la surface a perdu son poli originel et présente un épiderme granulé. Certains avaient voulu y voir une couche de peinture, sur la foi d'ailleurs d'un texte fragmentaire attribué à Philon de Byzance, selon lequel le revêtement de Khéops était polychrome[231]. À notre avis, cette couleur est due à une cause naturelle. En effet, les pierres, au sortir de la carrière, exsudent une partie de l'eau, l'eau de la carrière, qu'elles renferment. Cette évaporation provoque à la surface de la pierre une sorte de cristallisation résultant du carbonate de chaux en dissolution. Cette cristallisation forme sur le parement de la pierre une croûte très résistante, le calcin, qui prend avec le temps une très belle couleur chaude[232].

La grosse maçonnerie en libage

Celle-ci est constituée entièrement par des blocs provenant des carrières qui entourent les pyramides[233].

La variété de cette pierre est assez grande puisque sa couleur varie du blanc jaunâtre jusqu'au gris. On en trouve même d'une qualité blanche et assez compacte, qui a pu faire croire à quelques-uns qu'elle était tirée de carrières situées de l'autre côté des rives du Nil[234]. Mais généralement, la pierre recueillie sur la surface du plateau, au grain moins dense, est riche en fossiles ayant la taille et la forme de lentilles (*Nummulites discorbina* de la Harpe) ou de pièces de monnaie d'une grandeur de 2 à 5 cm (*Nummulites Ghizehensis* Ehr.). Aussi les Bédouins lui ont-ils donné le nom de *felous el gabal* (voir photo). Cette ressemblance avec de la monnaie avait fait dire à Strabon que c'étaient là les restes pétrifiés d'aliments et d'argent abandonnés par les ouvriers des pyramides[235]. Mais il ajoute aussitôt que cela lui paraît bien improbable.

Ces blocs assez grossièrement équarris forment le gros œuvre de la maçonnerie. Ils servent aussi de remplissage dans l'espace intermédiaire entre le revêtement extérieur et celui de la pyramide interne. Derrière les pierres du revêtement parfaitement taillées, les blocs de libage sont placés sans grand ordre, les gros avoisinent les petits. Les interstices sont grossièrement bourrés d'un mortier très dur formé d'un amalgame de sable, de pierre calcaire pilée, et d'argile, parmi lesquels on trouve des fragments de pierre, de granit et de brique.

On découvre assez souvent des blocs qui portent de profondes encoches ou au contraire des renflements destinés à servir de prise pendant les manœuvres de pose (voir fig. 84, en haut).

La construction simultanée de la pyramide à degrés internes

En même temps que l'on posait les pierres de revêtement, une autre équipe, certainement tout à fait indépendante de la première, posait les pierres de la pyramide interne, celle qui devait demeurer invisible pour l'éternité.

Y eut-il, à Khéops, un parement interne aussi soigné que le revêtement extérieur ? C'est presque certain. Nous ne pouvons pas non plus dire avec certitude quel était le nombre des degrés internes. Il faudrait pouvoir démolir la pyramide pour le savoir[236].

Ce n'est que lorsque la première assise du revêtement de la pyramide interne fut achevée que l'on vit affluer les traîneaux transportant les blocs des carrières locales et nous pourrions assurer qu'il y en avait d'une taille énorme pour former le centre de la pyramide.

Aspect du chantier

On peut imaginer une matinée de travail sur le plateau de Gizeh déjà illuminé par l'extraordinaire lumière ambiante du ciel d'Égypte. Malgré l'heure matinale, les chantiers grouillent de monde. L'air est rempli de bruit et de vociférations. On n'a jamais fait de bon travail dans ce pays sans tapage ni cris ; et on doit le dire aussi, sans gaieté. Le travail a déjà commencé. Tirés par des files d'hommes, des traîneaux surgissent de toutes parts.

Deux sortes de convois convergent régulièrement sur le vaste plateau qui domine la plaine. Les uns transportent la pierre blanche d'Anou, rapportée de l'autre rive du Nil, et les autres, beaucoup plus nombreux, charrient les blocs extraits des carrières locales, dont les plus importantes sont situées non loin de là, au sud des chantiers de la pyramide. Les longues files de traîneaux se rejoignent et se pressent vers l'entrée de la rampe-échafaudage qui s'ouvre à l'orient du chantier. Une centaine d'équipages circulent ainsi sans interruption. Ils se suivent à la cadence moyenne d'un toutes les deux minutes.

Les traîneaux d'Anou sont halés par l'élite des ouvriers. Ce sont de robustes gaillards qu'on a recrutés dans les provinces maritimes du Delta. Les muscles saillants sur leur corps maigre, ils clament leur fierté d'appartenir à des équipages dont le nom exalte les mérites du Pharaon. Leurs véhicules sont joliment ornés de branches d'arbres et d'oripeaux qui claquent au vent comme des oriflammes. Leurs efforts sont scandés par des chants rythmés qu'un loustic juché sur le traîneau accompagne en claquant des mains. Mais à bien les entendre, les paroles expriment des moqueries à l'égard du chef d'équipe qui laisse dire, imperturbable, s'affaire et crie des ordres.

Bien différents sont les convois de pierre locale. Beaucoup plus nombreux, ils sont halés par des jeunes gens, les Neferous, recrutés dans la contrée pour une courte durée de trois mois. Leur enthousiasme est plus modéré et leurs chants scandés évoquent surtout la soif qui commence à se faire sentir ou bien le nombre de jours qu'il leur reste à faire avant de rentrer à la maison. Mais leur ardeur se réveille lorsqu'ils croisent les équipages de marins et alors les invectives fusent joyeusement des deux côtés.

Le torse nu couleur de brique cuite, les hommes halètent. Ils sont seulement vêtus d'une culotte en forme de short ou d'une courte tunique nouée autour des reins de manière à laisser le sexe apparent. Leur tête est coiffée d'une calotte en feutre de couleur brune dont la découpe dégage les oreilles. Les plus soignés portent une espèce de perruque de crin qui s'arrête à la nuque. Harnachés de cordes, le corps penché presque jusqu'à terre par l'effort, ils mettent en marche le traîneau.

Les convois coupent parfois des files d'ânes ployant sous leur charge de briques ou d'outres en peau de bouc, toutes ruisselantes d'eau. Les longs troncs de palmier destinés au pavage de la chaussée sont portés sur l'épaule des hommes, suspendus à une sorte de palanquin à bras unique tandis que d'autres portent en équilibre sur les épaules des balancelles aux plateaux pleins de briques. Le rythme régulier et la variété des convois nécessitent des priorités de passage. Un service d'ordre est assuré par des gendarmes de race libyenne affectés à la circulation, lesquels en guise de canne, brandissent sans méchanceté des branches de palmier. Une certaine allure est rigoureusement imposée aux convois – deux kilomètres à l'heure en moyenne –, et cette allure doit être maintenue sans heurt ni précipitation.

Engagés à présent dans la large rampe en pente, les trains chargés doivent emprunter la voie de droite, côté mur, pour ne pas peser inutilement sur le bord de l'échafaudage, tandis que les traîneaux vides dévalent rapidement dans l'autre sens (fig. 73).

Les lourds traîneaux de la ligne montante progressent lentement sur les traverses glissantes, jonchées d'argile fraîche constamment arrosée[237] par les hommes de la voirie chargés de l'entretien du chemin et des garde-fous.

Des techniciens à l'allure grave, des scribes affairés tentent de se frayer un passage afin d'atteindre l'escalier du raccourci qui conduit au chantier du haut. Profitant

Fig. 73. *Transport d'un bloc de grandes dimensions.*

de l'inattention, quelques marchands se sont infiltrés et proposent des friandises et des gargoulettes d'eau fraîche aux ouvriers altérés, pendant que des femmes vêtues d'une blouse bleue soutenue par des bretelles portent sur leur tête et serrée dans un mouchoir de la nourriture pour leur mari ou leur frère. Il faut se figurer tout cela dans la cacophonie permanente d'une foule au travail, traversée parfois de brises aux odeurs puissantes et cela dans le bourdonnement de nuées de mouches, éternelles amies des Égyptiens.

Mais voici qu'on signale la visite d'un personnage important. C'est l'inspecteur chargé des travaux de la pyramide. Il arrive, juché sur un palanquin plat que les indigènes nommaient, non sans humour, « le mille-pattes », une simple caisse garnie de tapis et soulevée par de vigoureux gaillards. Son porte-sandales le suit respectueusement à quelques pas ainsi que des officiers et un scribe des domaines royaux tenant un papyrus à la main. Les surveillants des chantiers se précipitent à sa rencontre et le saluent bas en portant le dos de la main sur le front.

L'inspecteur, un Égyptien de haute mine, est vêtu du pagne long, immaculé, collant aux hanches, noué de manière à former une sorte de devanteau empesé de forme triangulaire. Son visage glabre est seulement garni d'une barbiche ronde, coupée court. Le torse est nu, cependant que le cou est orné d'un collier formé d'un triple boudin de perles de faïence multicolore. Plus soignée que celle du commun, sa perruque imite des cheveux qui tombent en fines lanières autour du cou.

Les autres personnages sont plus ou moins vêtus à la même mode. Ce qui distingue les grades et les fonctions, c'est seulement une sorte d'écharpe portée en travers de la poitrine ou un collier muni d'un insigne. Mais tous tiennent à la main une longue canne, marque du commandement.

… La pyramide est déjà à moitié construite. Le bruit du marteau des forgerons se mêle au crépitement lointain des maillets des carriers. Et, à cette hauteur, on peut contempler dans la blancheur à peine bleutée du ciel le paysage admirable qui a fait crier d'admiration tous ceux qui, au cours d'une de ces matinées incomparables d'Égypte, ont fait l'ascension de la Grande Pyramide[238].

Mais malgré cette activité de fourmilière, il se dégage de l'immense chantier une impression d'ordre et de méthode absolument parfaits. Et chaque homme – ce merveilleux fellah égyptien patient et gai – fait montre d'un courage et d'une détermination remarquables.

Nous possédons une lettre, trouvée à Saqqarah, datée de la VIe dynastie[239], qui témoigne d'une manière frappante de l'ardeur extraordinaire qui animait les hommes de cette époque. Elle montre un officier chargé de l'exploitation d'une carrière à qui on donne l'ordre de venir avec sa troupe à la Résidence pour passer une revue d'habillement. Il y avait eu erreur et il se plaint sans ménagement et même avec indignation :

> « Or après que le serviteur (ici présent) eut passé six jours à la Résidence avec sa compagnie, il ne lui fut pas donné de vêtements. C'est un préjudice et c'est (déjà) un jour de perdu pour la Compagnie quand il lui est donné vêtement. Ce serviteur dit : fais que le porteur soit informé. »

Quelques inscriptions montrent que le roi s'intéressait personnellement à la marche des travaux de sa pyramide, comme l'indique l'une d'elles, l'inscription inhabituelle du tombeau de l'architecte Weshptah au temps du roi Neferirkarê (Ve dynastie). Elle raconte un drame[240].

Le texte nous apprend que le roi Neferirkarê, accompagné de toute sa cour, visitait un nouveau bâtiment en cours de construction. Tout le monde admirait le travail exécuté par le chef-architecte et Sa Majesté le félicitait, quand il s'aperçut que celui-ci ne l'écoutait pas. Les exclamations du roi alarment les courtisans. Les prêtres et les médecins sont immédiatement appelés. On alla même chercher le coffre contenant les écrits (?). En vain. L'architecte était mort. Le cœur de Sa Majesté fut attristé plus que toute chose. Sa Majesté ordonna de faire ce qu'il fallait et se retira dans sa chambre privée pour prier Rê. Elle fit faire à son serviteur un cercueil en ébène, scellé, comme jamais on n'avait fait avant lui et permit que cet événement fût consigné sur la tombe.

On a presque toujours prétendu (voir note n° 242) que les grands travaux royaux, expéditions aux carrières ou constructions de pyramides, étaient effectués seulement au cours de la saison de l'inondation, époque où la montée des eaux rendait impossible les travaux des champs. Les pharaons, pour assurer le plein emploi, réquisitionnaient les gens du peuple. Ce qui, par conséquent, veut dire que le temps employé à ces sortes de travaux était irrégulier et intermittent.

Il est bien exact que la crue du Nil, ce miracle de l'Égypte qui étonnait tant les Grecs, commence vers le 15 juin pour se terminer au mois de septembre. Elle dure cent jours. À ce moment-là, tout le pays est submergé par les eaux. Les gens se réfugiaient alors sur les hauteurs ou sur les digues élevées par la main de l'homme.

Le peuple, disait Diodore[241], « *libre de tout travail, chôme, s'abandonne aux plaisirs et aux festins et à toutes sortes de réjouissances* ».

Il serait tentant d'accepter cette opinion. Malheureusement, les faits la contredisent. Notre expérience des inscriptions découvertes dans les anciennes carrières nous a appris que les saisons au cours desquelles on pratiquait ces travaux importaient peu et qu'ils s'effectuaient en toutes saisons[242].

Les ouvriers travaillant pour les particuliers étaient-ils rétribués selon leur mérite ? Un certain Meni, majordome, qui vivait à l'époque des pyramides, se flatte d'avoir toujours correctement traité les artisans qui ont construit et décoré son tombeau : « *Tout homme qui a fait ceci, jamais il ne s'en repentira. Artiste, tailleur de pierre, je l'ai récompensé*[243]. »

Et enfin, on peut se demander si ces travaux, forcément dangereux, n'ont pas été acceptés trop délibérément par les dirigeants et, s'ils n'occasionnaient pas des hécatombes d'hommes, en un mot si les constructeurs de pyramides ne faisaient pas bon marché de la vie humaine.

Une anecdote tirée d'un document ancien, le papyrus Westcar datant du Moyen Empire, mais dont l'histoire remonte plus haut dans le temps, met en cause le roi Khéops lui-même, et va répondre indirectement. Dans le conte en question[244], les trois fils de Khéops racontent chacun à leur père des histoires fabuleuses qui se sont déroulées en d'autres temps. Quand ce fut le tour du fils royal Djedefhor, celui-ci, au lieu de prendre la parole, va chercher et amène devant le roi un magicien habile, nommé Djedi. Sa Majesté lui demanda : *Est-ce vrai ce qu'on raconte, que tu sais remettre en place une tête coupée ? Djedi répondit : Oui, je sais faire cela. Alors Sa Majesté dit : Qu'on m'amène le prisonnier qui est en prison, quand il aura été exécuté*. Mais Djedi répondit : *Non, pas un être humain, souverain V.S.F., pas un être humain, mon Maître, car il est défendu de faire pareille chose au troupeau sacré (de Dieu)*. Alors le roi se ravise et ordonne qu'on apporte à la place une oie avec laquelle le magicien accomplit son expérience.

Ce conte démontre formellement que l'éthique égyptienne de l'époque prescrivait, plus qu'on ne l'aurait cru, le respect de la personne humaine.

Le logement du personnel pendant les travaux

Où et comment étaient logés les ouvriers et leurs chefs pendant la durée des travaux ? Nous manquons de renseignements à ce sujet. Nous sommes obligés de nous tenir aux déductions tirées de la configuration des chantiers des pyramides et de la pratique générale des travaux.

Cependant, on a trouvé à peu de distance de la face ouest de la pyramide de Khéphren les traces de longues constructions bâties en pierre sèche en forme de dents de peigne. Fl. Petrie[245] estimait que c'étaient là les maisons des ouvriers des pyramides et qu'elles pouvaient abriter jusqu'à 4 000 personnes. Nous ne sommes pas tout à fait de son avis. En effet, à moins de compter un nombre considérable d'ouvriers astreints aux travaux forcés – nous avons vu, plus haut, que cela ne devait pas être le cas –, il n'y avait aucun intérêt à ce qu'ils fussent tenus isolés sur le plateau de Gizeh après la cessation du travail. Le problème de l'habitation entraîne des impératifs tels que celui du ravitaillement en eau et en nourriture.

Nous sommes persuadés pour notre part que les ouvriers devaient descendre, leur tâche achevée, dans le village de Ro-Setaou situé à peu de distance de là, au pied de la falaise. Il ne devait demeurer, le soir venu, que les gardiens chargés de la surveillance du matériel. Il ne faut pas oublier, en effet, que de tels travaux devaient nécessiter d'immenses entrepôts de bois, de matériel de forge et de magasins où étaient déposés les outillages. En outre, une administration centralisée à l'extrême, comme celle de l'Égypte à cette époque, devait certainement posséder à Gizeh des bâtiments solides pour abriter son personnel administratif, le matériel de mesure, etc.

Il serait donc plus vraisemblable de penser que ces locaux trouvés près de la pyramide de Khéphren étaient des magasins et des bureaux plutôt que des casernements pour les travailleurs.

En revanche, nous apprenons qu'on vient de découvrir en un lieu situé au sud des pyramides de Khéops et de Khéphren une véritable installation urbaine. C'est sans doute là que devaient se trouver les indispensables services indiqués plus haut, pendant la construction de Khéops. C'est probablement là aussi qu'était logée, après les travaux, l'administration de la nécropole, chargée d'établir les contrats d'entretien des tombes entre le clergé et les particuliers.

Un autre endroit nous a paru, à notre connaissance, vacant. Il s'agit de la partie située près de l'angle nord-est de la pyramide de Khéops. Endroit de choix puisque on y jouit à la fois de la vue d'un paysage superbe et de la délicieuse « brise fraîche du Nord » si appréciée dans les textes littéraires égyptiens de l'époque pharaonique. Il est possible que Khéops y ait fait élever un kiosque pour s'y reposer et surveiller les travaux de sa pyramide et, par un curieux retour des choses, le roi Farouk y a construit une petite maison de plaisance, qui existe encore.

5. Construction des salles internes

Construction du couloir descendant. L'entrée. Voussoirs en chevrons

À mesure que le niveau des assises s'élevait, surgissaient d'autres problèmes. En effet, après que le niveau supérieur du noyau fut atteint, il fallut entreprendre la construction du couloir d'accès à la chambre souterraine qui demeura inachevée. Néanmoins, on commença à établir les bases du couloir descendant dont la partie vide mesure 1,20 m × 1,06 m. Comme on ne pouvait pas songer à travailler en sous-œuvre, on dut agir exactement comme si le couloir devait être construit en plein air. Ce n'est qu'après que les murs latéraux furent achevés, que l'on combla les parties vides alentour à l'aide de gros libages. Ensuite, lorsque ces longs couloirs eurent l'aspect de tranchées creusées à ciel ouvert, on entreprit la pose de la couverture.

Celle-ci se compose d'une grosse poutre en pierre de 2 m de haut, surmontée d'une autre poutre de 1 m, qui supporte à son tour une pierre taillée, de forme triangulaire, reposant sur les deux côtés du couloir. Mais pour éviter que les longues pierres horizontales ne fussent écrasées par la pression formidable des blocs qui la surmontent, on crut bon de les protéger par une voûte de décharge formée par une rangée d'énormes pierres posées en chevrons. Cette voûte fut, par surcroît de précaution, surmontée par une deuxième voûte formée de poutres non moins énormes (fig. 74).

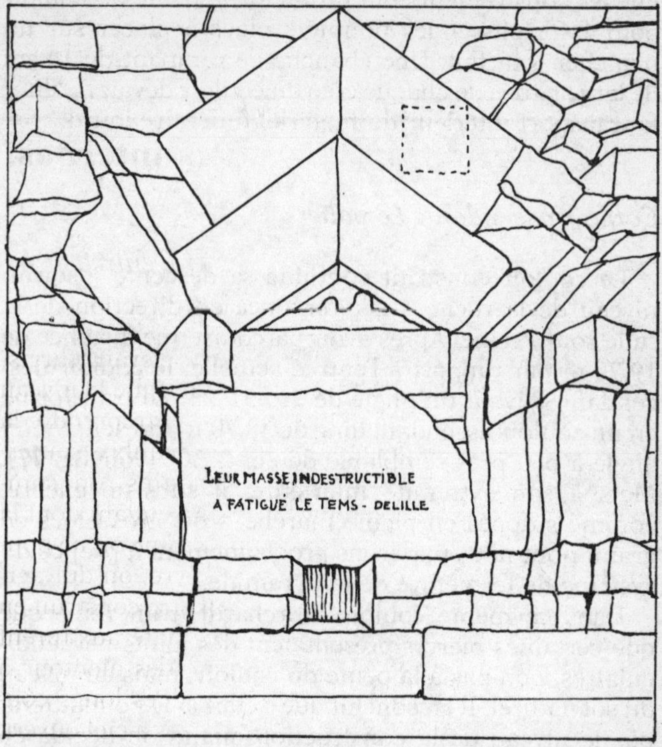

Fig. 74. *Entrée de la Grande Pyramide (état actuel). L'inscription française existe réellement.*

Ce système de voussoirs visible au-dessus de l'entrée vraie de la pyramide, sur la face nord, a-t-il été employé tout au long du couloir ? Nous ne pouvons pas le savoir.

Les parois du couloir sont, bien entendu, construites en belle pierre blanche de Tourah. Les joints des pierres ne sont pas perpendiculaires suivant la ligne d'un fil à plomb, mais perpendiculaires au plancher qui suit la pente du couloir, c'est-à-dire 26° 31' 23". Ce qui prouve que les constructeurs ont profité de la pente du couloir pour faire glisser les premiers blocs à placer sur un plancher tout fait. Une ébauche de rampant de 14 cm de large située de chaque côté du couloir devait faciliter le transport ultérieur du matériel funéraire lourd.

Couloir ascendant. Le palier

Le couloir construit continue sa descente jusqu'au niveau de la roche, puis s'enfonce en direction de la salle souterraine. Après avoir parcouru une distance de 19,70 m par rapport à l'entrée actuelle, le couloir descendant suivant un angle de 26° 31' 23" se transforme en un couloir ascendant long de 38,70 m, présentant un angle à peu près semblable de 26° 2' 30" (voir fig. 77). Mais à son extrémité inférieure, il subsiste encore, comme stoppés en pleine marche, trois gros blocs en granit dont nous parlerons prochainement à propos du système de fermeture de la pyramide.

Dans ce même couloir, Borchardt avait remarqué que certaines pierres présentaient des joints perpendiculaires, non pas à la pente du couloir, mais au niveau du sol naturel. Il en conclut que c'était là le point atteint par le niveau de la construction quand on décida de changer le plan général de la pyramide et la disposition des chambres sépulcrales. Cela ainsi que d'autres indices tels que l'inachèvement du dallage de la « Chambre de la reine », celui de son canal d'aération, ont fait penser qu'il y eut plusieurs changements apportés au projet au cours de la construction[246].

Borchardt remarqua aussi que certaines pierres présentaient des joints irréguliers en bas, mais qui s'ajustaient parfaitement vers le haut ; il en conclut, là aussi, que le couloir avait été creusé au travers d'une maçonnerie déjà existante. Cette dernière théorie a été combattue. Il nous suffira de dire que Clarke et

Engelbach[247], qui ont étudié avec compétence cette question, opposent quatre raisons qui nous paraissent péremptoires à cette théorie du passage à travers les fameux « girdle block ». Mais ces auteurs avouent que le but de cette unique et extraordinaire méthode de construction demeure tout à fait inconnu. Nous ajouterons, inexplicable, pour le moment, faute de données suffisantes.

À la sortie de ce couloir, on passe aujourd'hui dans une sorte de carrefour, parce qu'il donne accès à la fois par la Grande Galerie à la Chambre de la reine et à la Chambre du roi. Cet ensemble monumental est considéré comme un des plus remarquables exemples de l'architecture de l'Ancien Empire.

Là aussi, Borchardt avait remarqué que l'appareillage des pierres, assez particulier, présente des joints horizontaux, tandis que ceux de la partie supérieure, la Grande Galerie, sont déversés. Les travaux du savant allemand semblent démontrer que les architectes du pharaon, après l'abandon du caveau souterrain, ont hésité entre les deux projets : celui de la Chambre de la reine et celui de la Chambre du roi.

Une des raisons qui fit penser que la première était destinée à devenir la salle principale est le fait que seule la Chambre de la reine est placée exactement sur l'axe vertical de la pyramide[248]. Le palier, qui fait en somme partie de la Grande Galerie, ne possède naturellement pas de plafond. Des cavités de part et d'autre du mur ont dû servir à l'encastrement de poutres qui devaient soutenir un plancher destiné à recouvrir le passage au moment du roulement du dispositif de fermeture (voir plus loin, p. 299).

Sur un angle de la face ouest du palier, un trou profond, qui est l'aboutissement du passage des voleurs, communique plus bas avec le couloir qui mène à la salle abandonnée (voir p. 167).

La Chambre de la reine

Partant du palier, au bout d'un couloir horizontal long de 33,69 m, on aboutit à la Chambre de la reine. Ce couloir de section carrée, mesurant 2 coudées environ, offre la particularité d'être bâti au moins sur une certaine longueur (17,90 m) sur deux assises de blocs de dimensions presque égales. Les joints verticaux correspondent curieusement à ceux de la paroi qui leur fait face.

La Chambre de la reine est ainsi nommée par les Arabes par opposition sans doute avec ce qu'ils nommaient la Chambre du roi. Nous continuerons, faute de mieux, à leur donner cette appellation consacrée par l'usage.

La Chambre de la reine, donc, de forme légèrement rectangulaire (5,65 × 5,15 m), comporte un haut plafond (6,75 m) en pointe, formé par des poutres arcboutées en chevrons, agissant en décharge sur des points solides. Qu'est-ce qu'il y a au-dessus de ces poutres ? Nous ne pouvons pas le savoir. Mais il n'y a aucune raison de douter que le plafond ne fut pas encore surmonté par une autre couche au moins de poutres posées en chevrons. D'ailleurs, par la suite, sous la VIe dynastie, nous verrons les salles funéraires régulièrement surmontées, non seulement par deux, mais par trois gigantesques superpositions de pierres mesurant chacune en moyenne 26 m^3 et pesant 65 tonnes[249].

Dans le mur est, une niche, qui devait à l'origine être profonde d'un mètre, a dû contenir une statue, probablement en diorite. À ce propos, signalons que nous avons recueilli personnellement, devant le passage, à l'entrée actuelle du monument, à un endroit pourtant piétiné par des millions de visiteurs, un éclat de diorite de 4 cm. Ce fragment tout à fait insolite en ce lieu, d'une qualité que nous connaissons bien, n'a pu appartenir qu'à une statue de Khéops, détruite à une époque inconnue, mais certainement postérieure à l'enlèvement du revêtement de la pyramide[250].

Il existait sur les parois nord et sud de la Chambre de la reine des ouvertures rectangulaires. C'étaient les embouchures de canaux d'aération censés, croyait-on, communiquer avec l'extérieur. Ces ouvertures ont été forcées, en 1872, par un certain W. Dixon qui cherchait des chambres secrètes. Cette action contestable a eu cependant pour avantage de montrer que les canaux interrompaient leur course un peu plus loin et qu'ils étaient demeurés inachevés. Observation qui constitue un des principaux arguments en faveur de la théorie du changement en cours de construction. Néanmoins, cette théorie paraît contredite par Petrie et par Edgar, qui auraient aperçu de loin, tant l'escalade est dangereuse à cet endroit, les ouvertures débouchant sur les faces nord et sud[251] du monument de Khéops.

On peut évidemment se demander la raison pour laquelle ces canaux furent construits. Peut-être le furent-ils pour quelque motif d'ordre religieux ? Ou plus simplement, comme nous le pensons, devaient-ils permettre l'aération des locaux pendant la longue période qui précédait les funérailles ?

La Grande Galerie et le mécanisme automatique de fermeture

Au sortir du palier, on se trouve dans la Grande Galerie. C'est un immense couloir doté d'une pente qui suit l'inclinaison du couloir ascendant. Il mesure 46,61 m de long, 2,09 m de large et 8,53 m de haut[252] (fig. 75 et pl. IV).

Les murs de cette impressionnante galerie, bâtis en pierre calcaire, s'élèvent tout d'abord verticalement sur une hauteur de 2,25 m. Au-dessus de ce niveau se trouve la ligne de naissance de la voûte à encorbellement,

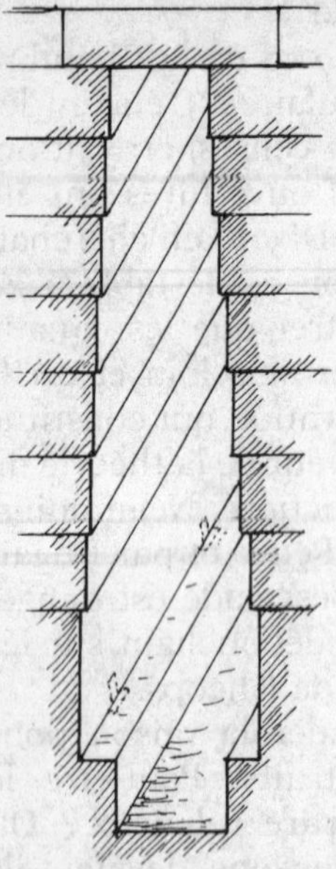

Fig. 75. *Coupe de la Grande Galerie.*

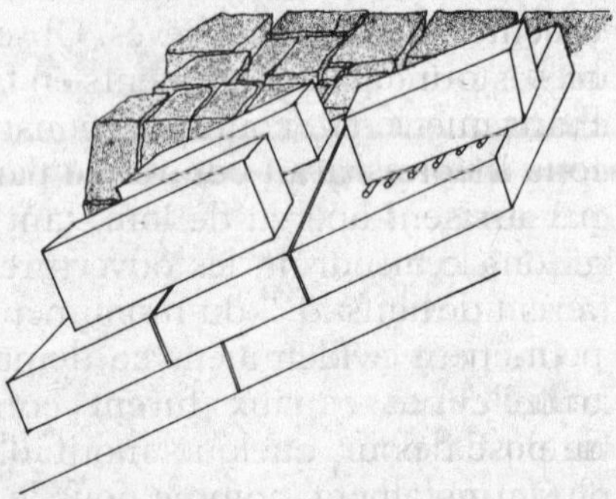

Fig. 76. *Construction de la Grande Galerie.*

laquelle par décalages successifs d'environ 8 cm vers l'intérieur atteint 8,53 m de hauteur.

Celle-ci n'est pas à proprement parler une voûte, puisque les piédroits ne subissent pas la poussée horizontale du dedans au dehors, mais plutôt un système de couverture constitué par sept rangées de blocs énormes appareillés par assises horizontales. Ces dernières sont posées les unes par-dessus les autres en porte-à-faux par rapport au nu du mur. Elles se terminent et se recouvrent par un plafond formé par une dalle horizontale. C'est certainement le plus ancien système de voûte connu en Égypte.

Au point de vue de la technique de la maçonnerie et de la richesse de ses matériaux, la Grande Galerie est une merveille d'exécution. Le jointement des blocs de grand appareil en calcaire poli est d'une perfection telle qu'il est difficile de distinguer le joint qui sépare une pierre de sa voisine. Et comme pour jouer avec la difficulté, les joints montants ne sont pas normaux au plan horizontal, mais déversés de manière à suivre la pente générale de la Grande Galerie (voir fig. 76).

Comment les techniciens antiques s'y prirent-ils pour exécuter ce travail presque inimaginable ? On voudra bien, tout d'abord, se rappeler que nous soutenons l'idée que les travaux de maçonnerie furent exécutés tous à la fois par plans horizontaux, c'est-à-dire assise par assise. Lorsque les constructeurs parvinrent, imaginons-le un instant, à la hauteur du palier, ils se trouvèrent devant le tracé au sol de la Grande Galerie. C'est peut-être à ce moment-là qu'ils prirent le parti de construire cet assemblage de pierres de manière que le lit de pose des pierres suivît la pente de la galerie.

On installa donc pour commencer les dalles du sol en belle pierre blanche, en leur donnant la pente déterminée. On fit glisser à l'aide de petits rouleaux les deux montants en pierre, amenés par le haut, qui devaient constituer les deux murs du couloir.

Ce difficile travail dut s'effectuer, non d'une seule traite, mais à plusieurs reprises : il fallut présenter la pierre, puis la rabattre sur le côté, l'ajuster et enfin la remettre en place de façon que le lit, puis les joints obliques s'adaptent exactement. La dernière phase du travail dut se pratiquer en passant une lame de scie en cuivre dans le joint pour éliminer les dernières aspérités. Cette technique est d'ailleurs pratiquée de nos jours par Lauer dans ses reconstitutions, à Saqqarah.

Aussitôt après l'appareillage des murs, on continuait de bâtir tout autour l'assise normale en gros libage. Étant donné que l'assise suivante ne devait être construite que longtemps après, les ouvriers appareilleurs avaient tout le temps d'apprêter et d'ajuster les pierres avec tout le soin que l'on connaît.

C'est de cette façon que l'on peut expliquer l'exécution de cet étonnant ouvrage de précision que fut la construction et l'aménagement des murs de la Grande Galerie.

Celle-ci, qui mesure selon les normes égyptiennes 4 coudées de large (0,52 + 1,05 + 0,52 m), est traversée sur son axe longitudinal par un passage, ou plutôt une sorte de caniveau, flanqué de deux banquettes mesurant 1 coudée (0,523 m) de large.

Cet agencement constitue en fait un chemin de roulement pour un train de blocs-bouchon en granit destinés, après les funérailles, à bloquer définitivement le couloir descendant.

La hauteur extraordinaire de cette galerie (8,53 m) a beaucoup intrigué les archéologues qui ont étudié cette partie de la pyramide.

Dans quel dessein lui avait-on donné une pareille hauteur ? L'architecte-égyptologue, Borchardt, reprenant une idée jadis émise par un célèbre consul français au Caire, Benoît de Maillet[253], selon laquelle le cortège funèbre devait pouvoir circuler librement à l'heure des funérailles, imagina un système ingénieux, mais illogique, d'échafaudage en bois, surmonté d'un plancher destiné, selon lui, à supporter et à maintenir à une certaine hauteur les blocs-bouchon en granit nécessaires à l'obturation du couloir ascendant[254]. C'était même dans ce but, pensait-il, qu'on avait donné une pareille hauteur à la Grande Galerie.

Cet échafaudage, à notre avis, trop compliqué, n'était pas conforme aux usages des Égyptiens. Ceux-ci, maçons prodigieux lorsqu'il s'agissait de bâtir en pierre, ont toujours été de piètres charpentiers. Nous ne leur connaissons aucune charpente en bois. D'autre part, dans cette hypothèse, comment auraient-ils fait, sans machine, pour soulever d'abord, puis pour redescendre les blocs surélevés, suspendus en quelque sorte, dans la charpente de l'échafaudage ?

En ce qui nous concerne, nous avons avec N.F. Wheeler une autre théorie à proposer[255]. Puisqu'il s'agissait de retenir sur une pente un train de blocs-bouchon (voir fig. 77), les Égyptiens auraient effectivement imaginé un système formé par un chemin de roulement que nous étudierons plus loin, destiné à retenir et à guider une sorte de « piston » fait de blocs de granit. Celui-ci devait demeurer immobile durant tout le temps de la construction, jusqu'au moment des funérailles, c'est-à-dire au moins vingt ans. C'est cette « demeure » qui pourrait expliquer la hauteur exceptionnelle de la Grande Galerie.

Analyse des éléments constitutifs de la Grande Galerie

En effet, la Grande Galerie munie de chaque côté de ses deux rampes était nécessairement plus large que le couloir inférieur (ou ascendant) ; donc la portée latérale entre les montants des deux murs était plus large aussi. Or, en prévision de la pression énorme exercée par le poids de la maçonnerie supérieure, il fallait nécessairement que l'appareillage des murs fût composé de pierres de grandes dimensions, c'est-à-dire aussi larges que hautes[256]. Le système de voûte à encorbellement a produit, par la suite logique du raisonnement, la galerie monumentale telle que nous la connaissons. La hauteur de la Galerie n'avait donc aucun but fonctionnel dans le système de retenue des blocs mais découle d'un préjugé défavorable des architectes égyptiens à l'égard des qualités de résistance de la voûte dont ils n'avaient pas l'habitude.

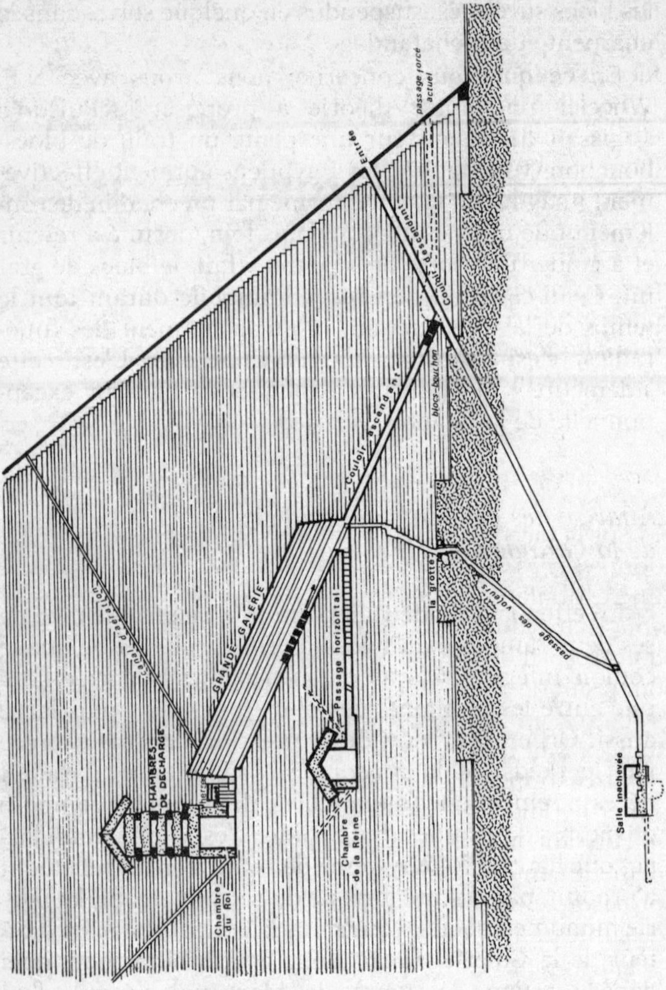

Fig. 77. *Coupe de la pyramide.*

Une autre particularité technique de la Grande Galerie a plongé dans la perplexité les personnes qui l'ont étudiée. Ce sont ces mystérieuses cavités creusées de façon régulière sur ses parois et ses rampants.

Borchardt estimait qu'elles avaient été aménagées sur les rampants en vue de fixer les pieds des échafaudages en bois dont nous avons parlé plus haut. Nous avons expliqué pourquoi l'emploi de ces échafaudages nous paraissait peu probable.

À notre avis, ces cavités étaient destinées à recevoir et à fixer les calcs contre lesquelles s'appuyaient les poutres d'arrêt ; celles-ci retenaient sur la pente les blocs-bouchons dont nous expliquerons plus loin le fonctionnement.

Le système des herses

Sur la face sud de la Grande Galerie, une porte basse donne accès à la chambre sépulcrale. Elle s'ouvre sur un vestibule dont une partie est aménagée pour recevoir le mécanisme des herses en granit qui devaient, dans l'esprit des bâtisseurs, clore définitivement la salle où gisait le corps du pharaon. Les herses devaient s'abattre en glissant le long des rainures verticales taillées sur les parois du vestibule. Sur la face sud, d'autres rainures semi-circulaires étaient destinées à éviter le pincement des cordes entre les parois.

Pendant la construction du monument, les herses demeuraient levées, (A) soutenues au moyen de potelets provisoires en bois ou en pierre, fixés dans la feuillure et suffisamment écartés pour laisser le passage libre jusqu'au jour des funérailles.

Le mécanisme de suspension était assuré par trois grosses poutres en bois de section circulaire. Celles-ci reposaient sur des sortes de coussinets creusés dans le granit[257].

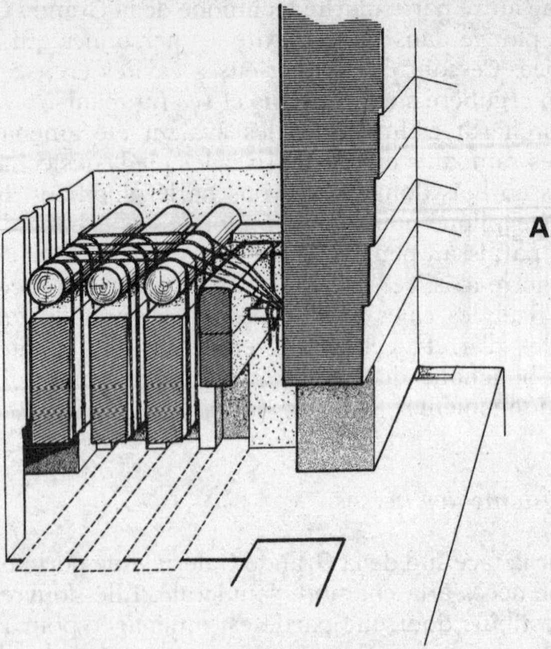

Fig. 78. *Les herses avant la clôture de la crypte.*

Le moment venu, il suffisait d'une simple manipulation des cordages enroulés autour des poutres circulaires pour permettre l'abattage des herses (B).

Bien entendu, pour prévenir tout choc qui eût été fatal à leur solidité, les herses étaient descendues progressivement jusqu'à ce qu'elles reposent sur des sacs de sable qu'on retirait à la fin.

Une partie du vestibule avait été établie en prévision d'un bouchon en granit de 1,60 m de long et d'un rideau formé de dalles en calcaire qui devaient masquer complètement l'orifice d'accès à la salle du sarcophage (voir fig. 79).

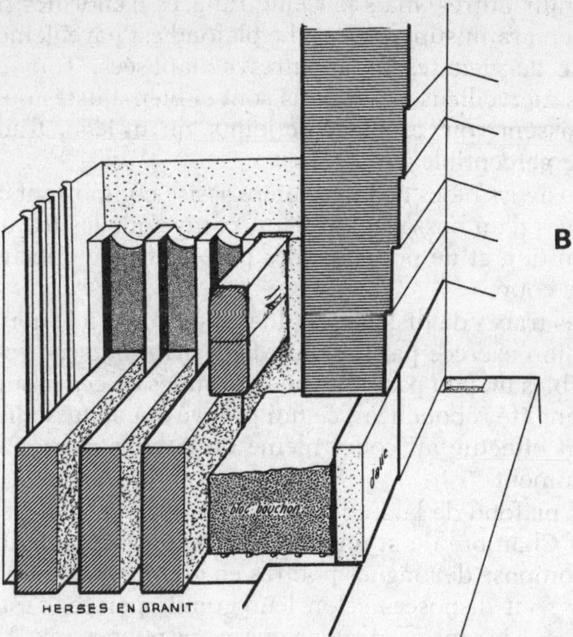

Fig. 79. *Les herses après la clôture.*

La Chambre du roi

Communiquant avec le couloir aux herses, une ouverture de 1,08 × 1,05 permet le passage dans la salle sépulcrale.

Celle-ci, entièrement construite en granit rose d'Assouan poli, mesure 10,30 m d'est en ouest et 5,15 m du nord au sud. Sa hauteur est de 5,80 m. Les parois sont constituées, non pas comme une maçonnerie normale, par des pierres liées s'enchevêtrant les unes aux autres, mais par cinq rangées d'énormes travées en granit superposées. Le plafond est pareillement formé de gigantesques poutres juxtaposées. Tous ces blocs merveilleusement polis sont si bien ajustés qu'ils ne laissent voir, en guise de joints, qu'un léger trait à peine perceptible[258].

Plusieurs blocs de la première assise comportent des vestiges d'un bossage antérieur, preuve que les travaux de finition et de polissage des parois ont été effectués après coup.

Des traces de dislocation dues sans doute à l'énorme pression exercée par le poids de la pyramide sont perceptibles un peu partout. Quelques-unes de ces fissures avaient été rebouchées, ce qui prouve que le tassement s'était effectué au cours même de la construction du monument[259].

Le plafond de la grande salle, à la différence de celui de la Chambre de la reine, lequel est en forme de toit, est composé de longues poutres en granit posées à plat. Elles sont disposées selon leur grande portée, c'est-à-dire dans le sens nord-sud. Nous avons pu mesurer l'une d'elles, complètement dégagée. Celle-ci, située entre la troisième et la quatrième chambre (Nelson-Arburnoth), mesure avec son encastrement 5,30 × 1,48 × 2 m et pèse 40,788 tonnes, ce qui représente, au bas mot, un poids total de 367 tonnes × 5 = 1 835 tonnes qui pesaient sur les murs montants de la Chambre du roi.

Canaux d'aération de la Chambre du roi

Sur les parois nord et sud se trouvent également deux ouvertures qui sont des canaux d'aération (voir p. 227). Contrairement à ce qui se passe dans la Chambre de la reine, ces canaux ont été entièrement achevés. Ils aboutissent actuellement sur les faces nord et sud en formant, par rapport à l'horizontale[260], un angle respectivement de 45° et de 31°.

En raison de la dégradation du monument, on s'était demandé si les canaux aboutissaient sur les faces extérieures du revêtement ou si les ouvertures étaient recouvertes par celui-ci. Mais si on admet que le revêtement était construit en même temps que le corps de la pyramide, il fallait nécessairement qu'ils aboutissent sur la paroi, s'ils devaient servir à quelque chose.

Nous avons réussi à atteindre l'emplacement du canal de la face sud (fig. 80), mais pour des raisons d'insécurité, il nous a été impossible de voir celui de la face nord que Petrie assure avoir aperçu à l'aide d'une longue-vue à la hauteur de la 85e assise[261].

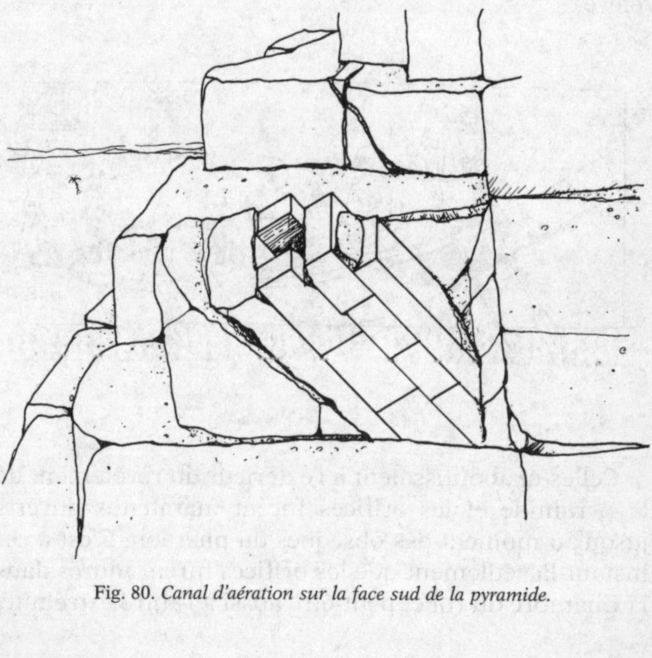

Fig. 80. *Canal d'aération sur la face sud de la pyramide.*

En ce qui nous concerne, nous l'expliquerions de la manière suivante : comme nous l'avons dit, pendant toute la durée des travaux, le couloir ascendant aussi bien que les murs de la Grande Galerie étaient bâtis à ciel ouvert, donc à la lumière du jour. Puisque toutes les maçonneries étaient édifiées par assises successives, les murs de la galerie étaient forcément bâtis comme les parois d'une tranchée ouverte. Donc, il n'était pas nécessaire de prévoir un système d'aération. Sauf à un seul moment. C'est lorsque la Chambre de la reine venait d'être recouverte de son plafond. Mais cette situation ne dura que peu de temps. À partir du moment où on reprit la construction de la Grande Galerie, on jugea inutile de poursuivre l'installation des canalisations de la chambre qui venait d'être achevée et ce furent celles de la Chambre du roi qui prirent la relève.

Celles-ci aboutissaient à l'extérieur du revêtement de la pyramide et les orifices furent maintenus ouverts jusqu'au moment des obsèques du pharaon. C'est à cet instant-là seulement que les orifices furent murés dans la Chambre du roi et peut-être aussi à l'autre extrémité, sur les flancs du monument, afin d'empêcher l'intrusion des animaux, telles les chauves-souris, susceptibles de souiller la tombe royale.

Sarcophage

Dans la Chambre du roi, gît un sarcophage en granit noir de dimensions assez modestes et sans inscription. Il est aujourd'hui démuni de son couvercle. Le sarcophage a dû contenir, selon toute vraisemblance, un autre cercueil, celui-ci probablement en or massif[262].

Le couvercle du sarcophage en granit était muni d'un dispositif de fermeture à glissière, assez semblable à celui des anciens plumiers de nos écoliers, et d'un système de blocage par tenons cylindriques qui rendait le sarcophage inviolable dès l'instant de sa fermeture.

Les dimensions extérieures du sarcophage en granit, même démuni de son couvercle, sont légèrement plus grandes de 2,50 cm que l'embouchure du couloir ascendant (fig. 81). Ce qui prouve qu'il a été mis en place avant la construction des murs. Cette pratique était d'ailleurs normale en Égypte. On peut le constater à la pyramide inachevée de Zaouiet el-Aryân qui a été littéralement construite autour du sarcophage. De même, dans les pyramides de Khéphren, Mykérinos, Ounas, Pépi Ier Pépi II, etc., les couloirs qui conduisent à la crypte sont trop étroits pour permettre le passage du sarcophage.

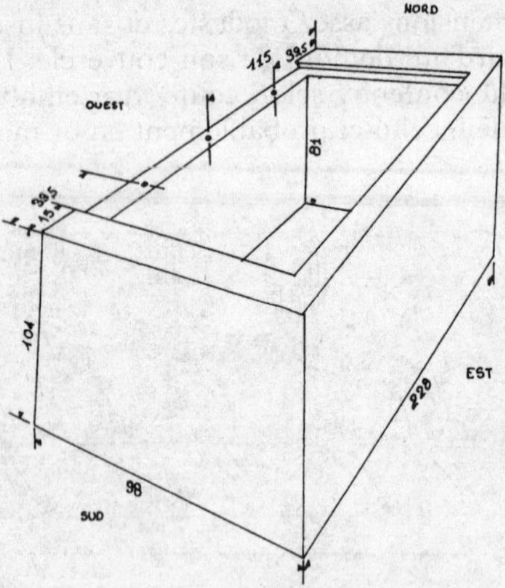

Fig. 81. *Le sarcophage en granit.*

Les chambres de décharge

Le plafond plat de la Chambre du roi est surmonté d'un ouvrage architectural absolument extraordinaire. Il s'agit de cinq chambres superposées, destinées à décharger la salle sépulcrale du poids énorme de la maçonnerie des étages supérieurs[263]. On y accède aujourd'hui, très rarement d'ailleurs, par une brèche pratiquée sur l'angle sud-est de la Grande Galerie. Qui la creusa ? On l'ignore. Le premier à en faire mention est un voyageur anglais, N. Davison[264], qui visite les lieux en 1765. Les membres de l'Expédition française[265] y pénétrèrent en 1789. Les quatre autres chambres de décharge ont été forcées en 1837 par le colonel Howard Vyse et J.S. Perring qui creusèrent un passage latéral. Ils donnèrent à chacun des espaces vides les noms de leurs gloires nationales :

1. *Davison's chamber* (date non indiquée) ;
2. *Wellington's chamber*, march 30th 1837 ;
3. *Nelson's chamber*, april 25th 1837 ;
4. *Lady Arburnoth's chamber*, may 9th 1837 ;
5. *Campbell's chamber*, may 27th 1837.

Les poutres juxtaposées qui forment le plafond, et par conséquent le plancher de la chambre supérieure, sont en granit.

Comme les salles de décharge devaient jouer un rôle strictement fonctionnel et que nul ne devait jamais y pénétrer, les travées en granit formant le plancher avaient été laissées à l'état brut. En revanche, les joints des poutres sont bien ajustés ainsi que la surface inférieure qui a été normalement aplanie pour constituer le plafond de la chambre située à l'étage du dessous.

Les abouts des travées en granit, dont la hauteur moyenne varie de 0,90 à 1,80 m de hauteur, reposent transversalement sur d'autres travées en calcaire posées longitudinalement.

La cinquième, la plus haute chambre, présente une conformation différente. Les travées du plafond sont ici en pierre calcaire et sont arc-boutées en chevrons, autrement dit en forme de toiture.

Détail intéressant : la partie inférieure du chevron ne repose pas sur la poutre d'appui, mais en dehors d'elle et semble libre de « jouer ». Tout se passe comme si l'architecte avait eu l'intention de rejeter la poussée

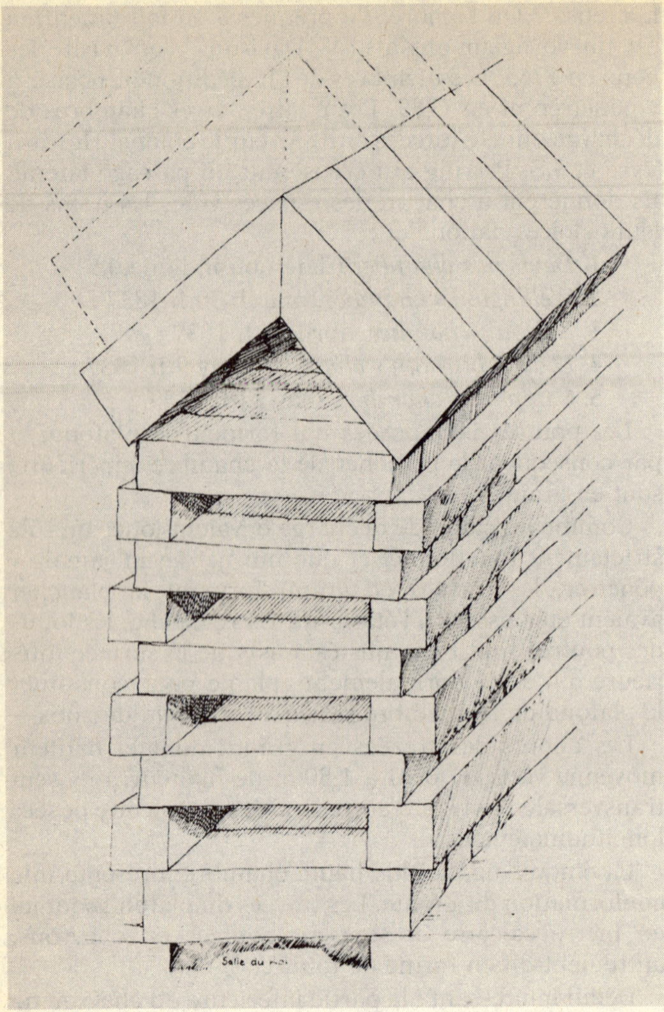

Fig. 82. *Les chambres de décharge.*

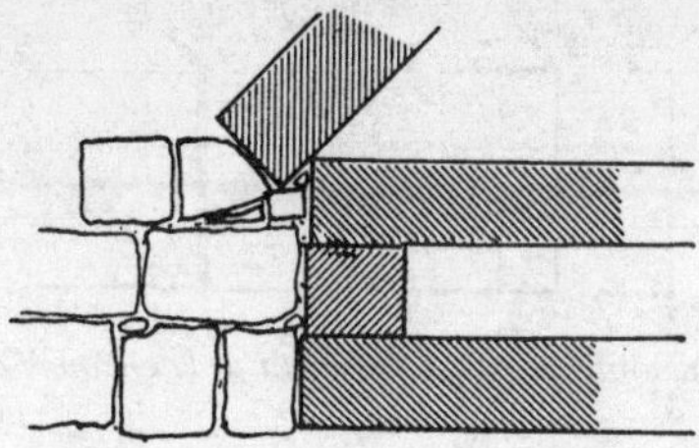

Fig. 83. *Chambres de décharge, détail de construction.*

exercée par la poutre sur le gros de la maçonnerie et non sur les murs de la salle funéraire.

Cette pratique est d'ailleurs constante dans les autres pyramides de la VIe dynastie (Pépi Ier, Merenrê, etc.).

Le résultat de cette technique montre que, si les joints du sommet du chevron ont joué et se sont écartés de quelque 5 cm environ, le reste des salles de décharge n'a pas fléchi sous l'énorme pression verticale exercée par le poids de la partie supérieure du monument.

Les travées formant la toiture en chevrons sont composées de gigantesques dalles en calcaire longues de 4 m environ et d'une largeur variant de 1 m à 2,25 m. Quant à l'épaisseur, elle est inconnue, mais dépasse sûrement 2 m. Dans ce cas, chaque monolithe pèserait plus de 40 tonnes.

Au surplus, il n'y a aucune raison de supposer que cette voûte en chevrons ne soit pas surmontée, comme toutes les voûtes visibles des pyramides de la VIe dynastie (pyramides de Pépi Ier, Merenrê, Téti, Pépi II), d'une triple voûte en pierre.

Notons que nous avons aperçu plusieurs graffiti de carriers tracés au pinceau, quelques-uns portant le nom de Khéops écrit sens dessus dessous[266]. Ce qui témoigne

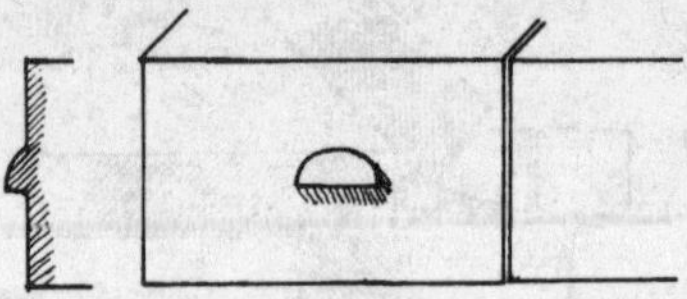

Blocs à tenons, visibles à l'intérieur de la chambre de décharge.

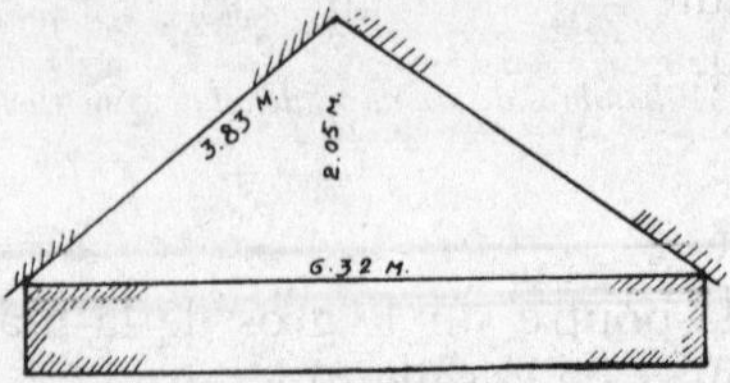

Fig. 84. *Profil de la chambre de décharge, étage supérieur.*

qu'ils ont été tracés avant la pose. Notons encore que nous avons observé sur certains blocs des aspérités destinées à servir de prise à un levier au cours de la manutention (fig. 84, détail du haut).

Suite de la construction des échafaudages. Installation des salles de décharge. Manœuvres spéciales pour l'acheminement des monolithes

Nous avions laissé la troupe des ouvriers poursuivre les travaux de la grosse maçonnerie, pendant que nous nous occupions de l'édification des salles de décharge en granit.

La dernière poutre de celles-ci venait d'être posée (fig. 85). Mais au prix d'un travail gigantesque. Le plus gros effort fut affecté au transport. Comment a-t-on fait pour hisser, véhiculer, manœuvrer ces masses énormes en granit et en pierre calcaire jusqu'à cette hauteur de 64 m au-dessus du niveau du sol ? Les seules poutres des chambres pesaient chacune, nous l'avons vu, quelque 40 tonnes, et il y avait au moins 90 travées !

Les Égyptiens n'avaient apparemment, là non plus, pas de problème de manipulation ni de transport à longue distance, puisque si les grands blocs de couverture de la plus haute salle de décharge provenaient des carrières d'Anou, ceux qui formaient les travées des plafonds et des étages étaient extraits des carrières de Syène, situées à près de 800 km de là.

Pour véhiculer ces blocs exceptionnels, il a fallu construire des traîneaux eux aussi exceptionnels. De même, les navires qui les transportaient devaient être de dimensions considérables. Mais nous savons déjà que, du temps de Snéfrou, les Égyptiens savaient construire des bateaux de 100 coudées, soit de plus de 52 mètres de long.

À l'arrivée, il a fallu décharger les navires dans le port de la pyramide et c'était, là aussi, un travail délicat. Utilisait-on pour effectuer ce débarquement le procédé bien connu indiqué par Pline[267] pour le transport des obélisques ? Les marins déchargeaient probablement le navire par l'avant en démontant la proue, s'il en possédait une, et en faisant glisser le monolithe sur son traîneau fixe.

Ensuite commençait l'opération de la traction. Pour mouvoir ces masses pesant plus de 40 tonnes, il fallait, d'après notre calcul exposé à la page 139, une troupe de quelque 250 hommes en comptant les accompagnateurs, répartis en 4 files déployées en éventail.

Nous avons vu que les haleurs disposaient, pour manœuvrer, d'une chaussée d'une largeur suffisante (14,68 m ou 15,75 m en moyenne), tant sur la voie monumentale que sur la rampe-échafaudage (voir fig. 48).

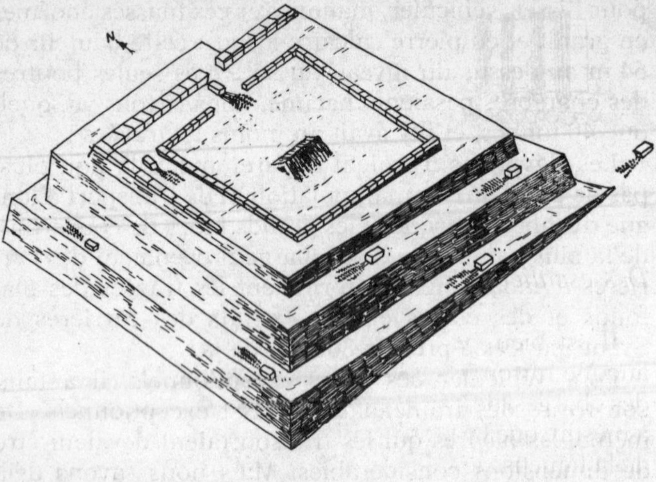

Fig. 85. *Le chantier après la pose des poutres des chambres de décharge.*

Mais le moment le plus difficile était sans doute celui où le convoi atteignait un virage. Les traîneaux tournent difficilement. Les Égyptiens possédaient évidemment un procédé pratique, un « truc* ». Mais lequel ? Le moyen le plus simple consistait évidemment à soulever l'arrière du traîneau, la queue, à l'aide de leviers, et à le déplacer. Mais cela risquait de disloquer les traîneaux. Et de quel genre de traîneaux s'agissait-il ? Les a-t-on dédoublés pour faciliter leur rotation sur l'axe ?

Autant de questions embarrassantes qui doivent, pour le moment, demeurer sans réponse ; nous n'avons pour notre part aucun exemple à offrir en parallèle.

Pourtant, il est certain que les Égyptiens ont résolu tous ces problèmes, puisque les pierres sont là, en place, pour en témoigner.

* Un pieu cylindrique abondamment graissé pouvait permettre aux haleurs de changer de direction.

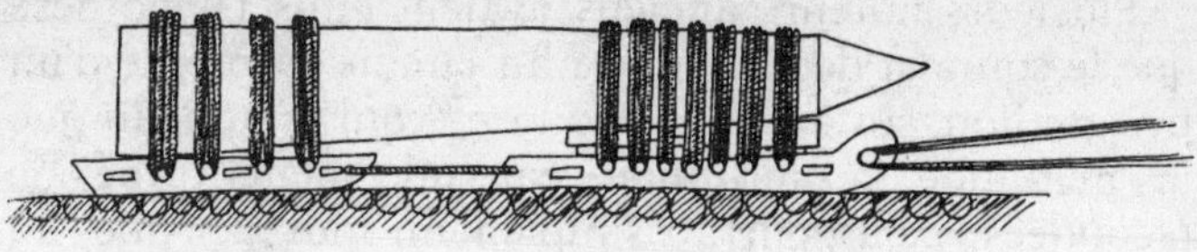

Fig. 86. *Transport d'un poids lourd avec des traîneaux doubles.*

Des escaliers secondaires de service ?

Il est bien évident que les piétons pressés n'avaient aucune raison, puisqu'ils ne transportaient pas de lourdes charges, de parcourir les distances qui s'allongeaient à mesure que le monument s'élevait en hauteur. En vertu de la fameuse loi du moindre effort, il est à peu près certain que des escaliers étaient dressés contre les parois des sept étages pour leur permettre d'accéder rapidement au sommet. D'ailleurs, cette manière de procéder est attestée par Somers Clarke à la forteresse d'El Kab[268].

Le pyramidion et sa pose

À mesure que la construction s'élevait, le nombre des équipes s'éclaircissait. Depuis quelque temps déjà, les maçons chargés de bâtir les éléments en libage avaient disparu, ne laissant en place que quelques équipes chargées de l'appareillage du revêtement.

Seuls, les briquetiers-échafaudeurs continuaient leur travail régulièrement, puisque la pente de la rampe en brique devait demeurer inchangée jusqu'au sommet. Cependant, à mesure que l'on s'approchait de la cime, la largeur devenait plus petite, sans toutefois mesurer moins de 6 mètres, et les traîneaux les plus lourds n'avançaient guère qu'à petits coups, poussés par l'arrière à l'aide de leviers.

Plusieurs auteurs anciens avaient émis l'hypothèse que le sommet de Khéops ne fut jamais surmonté d'un pyramidion, sur la foi de Diodore[269] qui prétendait que la pyramide se terminait par une plate-forme de 6 coudées. Cela pourrait simplement indiquer que, du temps de Diodore, au Iᵉʳ siècle avant J.-C., le pyramidion avait déjà disparu, et peut-être même depuis longtemps.

En effet, le pyramidion, c'est l'élément terminal, indispensable d'une pyramide. Nous en avons pour preuve le fait que sur toutes les représentations graphiques de ces monuments figure cet élément pointu, parfois peint en noir. D'ailleurs, la célèbre inscription du chef des travaux, Ouni, ne relate-t-elle pas comment le roi Merenrê (VIᵉ dynastie) l'avait spécialement envoyé à Ibhet, dans la région d'Assouan, pour apporter le splendide et coûteux pyramidion destiné à sa pyramide ?

Comment était donc fait le pyramidion de Khéops et quelles en étaient les dimensions ? Nous en sommes évidemment réduits aux conjectures. La logique des choses nous permet de supposer que la pointe du monument fut une réplique, une sorte de maquette en pierre taillée à l'échelle de 1/100ᵉ de la pyramide elle-même (voir page 114). C'était facile à exécuter et cela devait pouvoir servir de modèle réduit aux constructeurs. Reste à savoir si la notion de réduction proportionnelle était concevable pour un esprit égyptien ! Et nous avons vu que oui.

Si notre déduction est correcte, le pyramidion de Khéops pouvait mesurer et peser, en employant la méthode de calcul égyptien, c'est-à-dire comprenant un angle de pente comme $\frac{14}{11}$: nous aurions un pyramidion d'un volume de 2,593 m^3 et d'un poids de 6 482 kg. Mais si on se base sur les dimensions fournies par

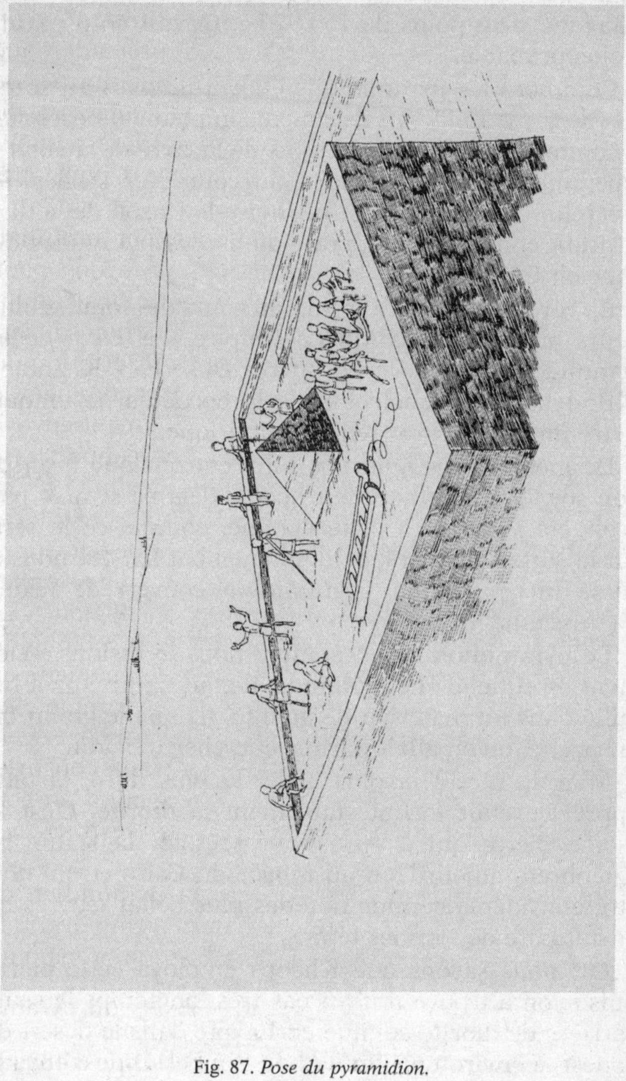

Fig. 87. *Pose du pyramidion.*

Diodore, nous aurions un monolithe mesurant 6,357 m^3, d'un poids de 15 892 kg. Ce qui nous paraît moins probable.

Comment les pyramidions étaient-ils fixés au sommet de la pyramide ? S'ils étaient simplement posés sur le sommet, toutes les vibrations de la terre devaient s'y répercuter, pour finalement, au cours des siècles, le précipiter sur le sol. C'est peut-être la raison de la disparition complète des pyramidions des pyramides de l'Ancien Empire.

En revanche, on en a trouvé au cours des fouilles plusieurs qui datent du Moyen Empire. Tel celui de la pyramide en brique crue du roi Ouserkarê-Khandjer (XIIe dynastie), lequel possède la particularité unique d'être muni d'un gros tenon cylindrique.

De même, nous ignorons s'il y eut quelque inscription sur le pyramidion de Khéops. Cela ne semble pas avoir été la mode à cette époque, comme ce le sera par la suite sous le règne d'Amenemhat III, qui nous a laissé un magnifique pyramidion couvert de textes intéressants[270].

Le pyramidion étant, comme nous le disions, l'élément essentiel d'une pyramide, il était naturel qu'il fût taillé dans un matériau de qualité, tel que le granit ou le basalte, qu'on allait parfois chercher très loin.

Mais la pierre la plus belle, la plus dure, la plus appréciée était incontestablement la diorite. C'est la même pierre qui a servi pour sculpter la statue de Khéphren, aujourd'hui au Musée du Caire et qui doit être considérée comme une des plus belles œuvres de la statuaire de tous les temps.

Or, nous savons que Khéops employa cette pierre puisqu'on a trouvé il n'y a pas très longtemps la seule carrière de diorite connue en Égypte dans le désert de l'ouest, à environ 65 km d'Abou Simbel. On y trouva le nom de Khéops[271].

Il n'est donc pas déraisonnable de penser que le pyramidion de ce dernier roi fut taillé dans cette admirable pierre, et il est possible aussi qu'il reçut, à l'instar du sommet des obélisques, un revêtement en or[272].

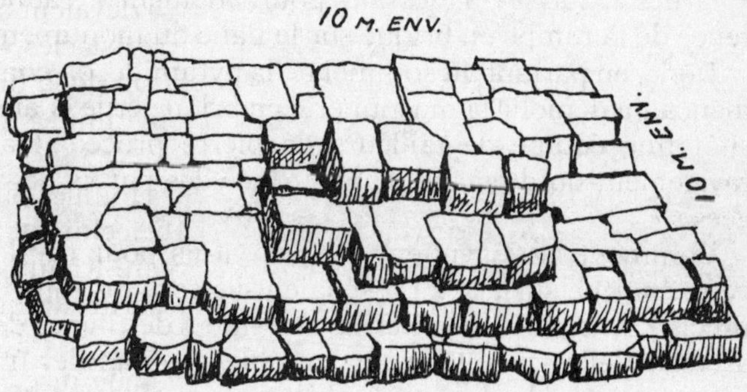

Fig. 88. *Sommet de la pyramide de Khéops, état actuel d'après une photo aérienne* (cf. Maragioglio et Rinaldi, IV, Tavole).

Déshabillage ; démolition des échafaudages ; ravalement

À peine le pyramidion était-il posé que commençaient les opérations de démantèlement des échafaudages en brique crue.

Le travail devait être assez rude à cause de la paille mêlée intimement à l'argile et qui formait un amalgame élastique et très tenace.

L'outil employé pour l'arrachage des briques devait ressembler à une sorte de bêche dans le genre du « fass » des fellahs actuels.

L'évacuation des débris se faisait naturellement en sens inverse de l'arrivée. Les traîneaux, qui avaient subi quelques modifications en vue de leur nouvel emploi, montaient cette fois vides et descendaient pleins.

C'est alors que, sous les décombres, parut la blancheur calcaire du revêtement. Les premières assises dépouillées découvraient les grosses aspérités des bossages et çà et là un énorme bloc semblait surgir de la paroi. C'était, on s'en souvient, des blocs, sortes de « harpes », laissés à dessein pour augmenter l'adhérence de la rampe en brique sur le flanc du monument.

Donc, en partant du sommet de la pyramide, on commençait à démolir la maçonnerie en brique crue et aussitôt une équipe de tailleurs de pierre procédait au ravalement ou dressage de la surface des parois dégagées.

Comment les Égyptiens s'y prirent-ils pour ravaler cette énorme surface ? Possédaient-ils certains repères précis ? Et comment éviter la « torsion » des lignes des arêtes ? Celles-ci n'étaient pas visibles pendant les travaux et au surplus on voudra bien se rappeler que, si le revêtement était formé de belles pierres taillées, leur face externe était en revanche laissée en bossage, pratique habituelle dans les constructions égyptiennes de toutes les époques.

L'opération était difficile, car elle consistait en somme à former une surface plane sans l'aide des trois repères fixes habituels : longueur, largeur, hauteur. Il était, en effet, impossible de tendre un cordeau sur l'arête puisque toute la partie inférieure du parement était, sous les pieds de l'opérateur, cachée, ensevelie sous la brique crue de la rampe hélicoïdale. Il n'était pas question non plus de dresser par la suite de nouveaux échafaudages pour corriger les imperfections éventuelles.

Quel fut donc le procédé employé pour résoudre ce problème ? Il est possible que les pierres des arêtes aient été calculées et taillées à terre, en laboratoire, dirions-nous, puis posées définitivement, comme des objets de haute précision. Lorsqu'on les dégageait de leur gangue de brique crue, les pierres des arêtes étaient alors susceptibles de fournir les repères indispensables. Un fil tendu d'une arête à l'autre servait de guide aux ravaleurs. Ce qui était assez aisé au début, c'est-à-dire lorsque les équipes travaillaient près du sommet, mais plus difficile lorsque les distances entre les arêtes devenaient plus grandes. Le dressage se faisait alors par petites surfaces à l'aide d'un instrument formé d'un fil tendu entre deux manches en bois, et maintenus sur des repères de contrôle.

De toute façon, on ne peut expliquer l'important travail du ravalement que par l'incroyable précision avec laquelle les Égyptiens procédaient aux travaux de maçonnerie, et qui leur permettait de retrouver les mesures du départ.

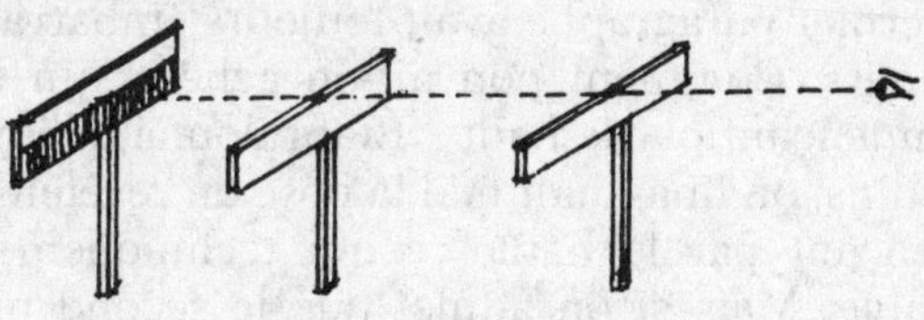

Fig. 89. *L'emploi des nivelettes, un moyen possible pour exécuter le ravalement.*

Si à présent on relit les textes laissés par les auteurs anciens, à condition de ne retenir que l'essentiel, on voit plus clairement comment les Égyptiens de l'époque tardive comprenaient et pouvaient expliquer aux visiteurs étrangers les techniques utilisées par leurs ancêtres, et on comprend maintenant ce que rapportait Hérodote[273] :

> Voici comment on construisit cette pyramide, par le système des gradins successifs que l'on appelle tantôt *krossai*, tantôt *bomides*[274]. On la construisit d'abord sous cette forme, puis on hissa les pierres

de complément à l'aide de machines faites de courtes pièces de bois [le traîneau] : on montait la pierre du sol jusqu'à la première plate-forme ; là, on la plaçait dans une autre machine installée sur le premier gradin, et on la tirait jusqu'au deuxième gradin, où une troisième machine la prenait. Il y avait autant de machines qu'il y avait de gradins, à moins cependant qu'il n'y en ait eu qu'une seule facile à déplacer et qu'on transposait d'un gradin à l'autre, sitôt déchargée [ceci pour indiquer les deux procédés que rapporte la tradition]. On acheva donc d'abord le sommet de la pyramide, puis les étages au-dessous, l'un après l'autre, et l'on finit par les gradins inférieurs et la base de l'édifice.

Trad. A. Barguet

Ce dernier paragraphe avait toujours embarrassé les traducteurs. Comment pouvait-on achever un édifice en commençant par le haut ? Étant donné qu'il y avait des gradins, on imaginait mal la pose du revêtement en commençant par le haut, ce qui techniquement est impossible. Mais si on admet que le second procédé évoqué par Hérodote se réfère à l'échafaudage en spirale, et qu'on traduise le mot ἐζεποιήθη par « parachever », ce qui est d'ailleurs correct, c'est-à-dire que l'*on mit la dernière main* au revêtement (laissé en bossage) en commençant par le haut, le texte devient alors parfaitement compréhensible.

Diodore de Sicile[275] fait également allusion au système en terrasse établi au moment de la construction de Khéops :

Elle est [la pyramide] entièrement construite en pierres dures, difficiles à tailler, mais dont la dureté est éternelle. En effet, depuis au moins mille ans (quelques-uns en admettent trois ou quatre mille), ces pierres ont conservé jusqu'à ce jour leur arrangement primitif et tout leur aspect. On les a, dit-on, fait venir d'Arabie, de bien loin et on les a disposées au moyen de terrasses car alors on n'avait pas encore inventé les machines. Et ce qu'il y a de plus étonnant, c'est que ce monument se trouve élevé au milieu d'un pays sablonneux, où l'on n'aperçoit aucun vestige de terrasses ou de tailles de pierres ; de telle sorte qu'il ne paraît pas être un ouvrage d'homme et qu'on croirait qu'il a été construit par quelque divinité au milieu d'une mer de sable. Quelques Égyptiens essayent d'expliquer ce miracle, en disant que ces terrasses étaient formées de sel et de nitre et qu'ayant été atteintes par les eaux du Nil, elles ont été dissoutes et ont ainsi disparu sans le secours de la main-d'œuvre. Mais il est plus probable que ces terrasses ont été détruites par les mêmes mains qui les avaient élevées. Le nombre d'hommes employés à ces constructions fut, dit-on, de trois cent soixante mille et leurs travaux étaient à peine achevés au bout de vingt ans.

Trad. Hoefer

Pline[276] parle aussi des terrasses faites à l'aide d'un matériau « fondant » :

Un difficile problème, c'est de savoir comment les matériaux ont été portés à une si grande hauteur. Selon les uns, on éleva des monceaux de nitre et de sel à mesure que la construction avançait, et quand elle fut terminée, on les fit fondre en amenant les eaux du Nil. Selon d'autres, on éleva des ponts en brique faits en terre qu'on répartit, l'édifice achevé, entre les maisons des particuliers, car, disent-ils, le Nil n'a pu être amené là, étant plus bas.

Trad. Littré

Comme on le voit, cette idée de « dissolution » des matériaux provenant des échafaudages se retrouve chez Diodore et chez Pline.

Mais ce qui doit être considéré comme un document archéologique, c'est le fait que l'archéologue égyptien Selim Hassan, qui pratiqua longtemps des fouilles dans la région des pyramides, note, sans d'ailleurs en comprendre la raison, la présence d'une épaisse couche de boue argileuse à l'intérieur de mastabas situés en contrebas. Il explique :

> Le déblaiement de ce site se révéla être une expérience dure et épuisante, car nous avions à nous frayer un chemin à travers une montagne de débris de plusieurs mètres de hauteur, composée d'éclats (de pierre), de débris, de décombres et de boulets (de pierre) qui s'étaient agglomérés en une masse solide. Il semble qu'une tempête ait éclaté à la fin de la IVe dynastie et que l'eau chargée de boue aurait provoqué l'amalgame des matériaux comme cimentés, sous forme de stratifications. Elle laissa aussi une couche de boue sur la partie plate du site[277].

Il est facile de comprendre que c'était là les détritus provenant de la désagrégation des briques de la rampe qui, pendant vingt ans, avait subi l'effet des intempéries et pour finir, les lavages du revêtement. L'archéologue ne soupçonnait pas l'existence d'une pareille rampe.

Il signale également la présence de la boue (§ 4) dans une tombe de la IVe dynastie et dans la chambre du mastaba n° 15 (p. 97 et p. 82) ainsi que près du Sphinx[278].

Nous comprenons maintenant que cette boue argileuse était le résidu de l'usure des briques et des lavages, entraîné par les eaux dans les mastabas situés en contrebas.

Cette observation démontre accessoirement, d'autre part, qu'il existait déjà sous la IVe dynastie des tombes de notables, avant l'achèvement complet de la Grande Pyramide.

En résumé, il n'est plus permis de dire qu'*on posait le revêtement de la pyramide en commençant par le haut*, ce qui est un non-sens au point de vue technique, mais qu'on le *parachevait*. De plus, on doit reconnaître que nous possédons désormais la preuve de l'emploi de l'échafaudage en brique crue, matériau « fondant ».

Le déversoir à déblais. Les décombres

Un énorme chantier comme celui de la pyramide de Khéops, consommant une grande quantité de matériaux, devait nécessairement rejeter une masse considérable de déchets.

En effet, maçons, tailleurs de pierre, échafaudeurs abandonnent derrière eux quantité de décombres sous forme de débris de brique, éclats de pierre, rejets de sable et de mortier.

D'autre part, à la fin des travaux, des milliers de tonnes de débris de brique ainsi que les troncs de palmier ayant servi aux renforts et aux pavages, tous provenant des anciens échafaudages, devaient être éliminés. Il était nécessaire qu'il y eut un emplacement susceptible de recevoir et d'entasser une telle masse de déblais.

Mais où les jeter ? Le moyen le plus pratique consistait évidemment à les précipiter par-dessus le plateau de Gizeh, qui surplombe la vallée du Nil d'une quarantaine de mètres de haut. Mais où précisément ? Toutes les parties de l'Est et du Nord étant occupées par des tombeaux et des carrières, il restait un emplacement libre situé au nord de l'escarpement, à peu près sur l'axe des mastabas de Kâr et Idou (n°s 7101 et 7102 de Reisner).

C'est précisément à cet endroit que nous avons reconnu les vestiges de l'ancien déversoir[279].

Celui-ci se présente sous l'aspect d'un pavage formé par un alignement de blocs non appareillés, actuellement long de 15 m, mais qui pouvait atteindre 32 m, sur 4 à 6 m de large.

Fig. 90. *Le déversoir à déblais.*

Les blocs de cette chaussée sont de même nature et ont les mêmes dimensions que la moyenne des pierres de la Grande Pyramide. Le déversoir est orienté à peu près comme le monument qu'il desservait. Il surplombe la vallée d'une quarantaine de mètres.

Pline (XXXVI, 17, XII) s'était déjà inquiété des débris de brique *que l'on répartit, l'édifice achevé*, entre les maisons des particuliers. C'est exactement ce qui s'est produit. On pouvait encore voir au début du siècle, à cet emplacement, une grande quantité de détritus[280]. Ils ont complètement disparu, enlevés par les gens du village établi aujourd'hui en contrebas, pour servir d'engrais nitré ou « sebakh ».

6. Construction des monuments annexes

Le Temple du culte funéraire. La stèle monumentale

Ce Temple est aujourd'hui entièrement détruit. Seuls subsistent les vestiges d'un dallage en basalte gris.

Nous allons, pour essayer d'en reconstituer l'image, nous reporter aux sources, c'est-à-dire étudier le principe même, la « demande » ou le « programme », qui régit la fondation du temple funéraire des premières pyramides.

La tombe égyptienne, que ce soit le mastaba ou la pyramide, se divise essentiellement en deux parties. La première, c'est le caveau où est enfermé le corps du défunt. Il est inaccessible aux vivants.

La seconde partie, accessible, est consacrée au culte funéraire rendu par les vivants.

À l'origine, les cérémonies funéraires étaient pratiquées devant deux niches à double retrait, ou fausses-portes, situées sur la face est du mastaba. Celles-ci comportaient sur le devant une place du culte entourée par des murettes.

Les niches étaient censées représenter les murs extérieurs du palais dans lequel le mort habitait dans l'autre-monde.

Au milieu d'une niche se trouvait la stèle. Cette dernière, généralement taillée dans une matière différente, était surtout destinée à identifier le mort. Les inscriptions de la stèle constituaient l'acte de présentation, qui accréditait le défunt auprès des dieux.

Au milieu de la stèle figurait normalement une ouverture permettant la communication avec l'Au-delà. Mais en vertu du pouvoir spécial qu'a tout esprit « d'ouvrir ce qui est fermé[281] », l'ouverture est seulement fictive. Elle est figurée par un store enroulé devant une porte à double battant. C'est là le point principal de la tombe, la limite qui sépare le monde des vivants de celui du mort. La stèle-fausse-porte est d'un usage constant sous l'Ancien Empire.

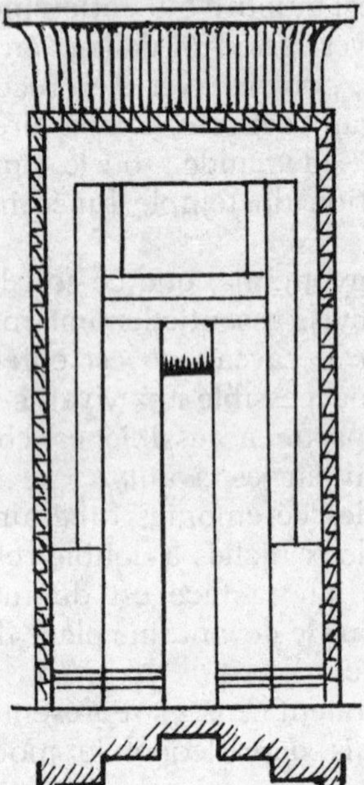

Fig. 91. *Stèle du tombeau de Ptahotep, Ve dyn.*, Perrot et Chippiez, t. I, *p. 181*.

Au début de cette époque, les stèles étaient de forme cintrée et dépourvues d'inscriptions. À la pyramide de Meïdoum, ainsi qu'à celle de Snéfrou à Dahchour, les stèles sont « muettes ». Elles ne jouent qu'un rôle symbolique dont la fonction pourrait être celle d'une simple porte à battants avec ses verrous. Ce n'est, notons-le, que vers la IVe dynastie qu'apparaissent les inscriptions sur les stèles des mastabas. Celles des particuliers réunissent toutes ces caractéristiques, auxquelles on a ajouté les titres et prérogatives du mort portés durant sa vie. Sur la partie centrale, un tableau montre le défunt devant une table chargée de victuailles. Celles-ci sont figurées par le dessin ou seulement nommées, car le rôle de la fausse-porte permet au défunt, non seulement d'entrer dans son domaine souterrain et d'en sortir, mais encore d'assurer sa subsistance. C'est pourquoi, une table se trouve toujours devant la stèle, posée à même le sol, sur laquelle étaient déposées des offrandes réelles et dont la forme rappelle le signe hiéroglyphique « hetep » lequel signifie effectivement « offrande ». L'obligation de pourvoir d'offrandes les tombeaux a été de tout temps considéré par les Égyptiens comme le plus grand témoignage de piété, car l'aliment était jugé aussi nécessaire à la vie qu'à la survie. D'où l'obligation de créer la fonction de prêtres funéraires chargés d'assurer d'une manière régulière et permanente la subsistance du mort et d'accomplir les rites[282].

Nous avons expliqué ici le principe qui régit la structure du temple funéraire, pour montrer que la stèle ainsi que la table d'offrande sont les éléments fondamentaux du culte funéraire et que dans le temple de Khéops ils devaient nécessairement être représentés d'une manière grandiose.

Notre ami J.-Ph. Lauer, architecte du Service des Antiquités à Saqqarah, passant fortuitement près de la Grande Pyramide au moment où l'on dégageait les décombres du monument pour des raisons d'ordre touristique, aperçut les contours extérieurs du temple. Ceux-ci se dessinaient, gravés au trait, sur le dallage en basalte. Sans perdre une minute, il en effectue le relevé. Initiative heureuse parce que aujourd'hui ces traces sont devenues indiscernables. Selon le relevé de Lauer, le Temple du culte funéraire de Khéops se composait uniquement d'une grande salle rectangle, de 100 × 77 coudées, entourée d'un portique à piliers carrés. Pour les archéologues, ce type de temple était absolument nouveau et ne sera plus imité, semble-t-il, par ses successeurs.

L'architecte-égyptologue allemand, H. Ricke, en a tenté une reconstitution d'après le plan de Lauer. Mais il ne paraît pas tenir compte des éléments essentiels du Temple funéraire, à savoir la stèle et la table d'offrande. Il situe arbitrairement deux petites stèles, semblables à celles, d'un type plus ancien, de Meïdoum et de Dahchour dans l'arrière-cour, entre le temple et la pyramide.

Or un examen attentif du premier relevé de Lauer montre d'une manière qui nous paraît tout à fait évidente, le plan de la stèle-fausse-porte classique inscrit sur le sol. Nous voyons effectivement sur les montants les mêmes retraits que l'on trouve sur les stèles de cette époque.

Il nous paraît probable que Khéops, dont le goût du grandiose n'est pas à démontrer, a fait élever à cet endroit une stèle gigantesque. Comment en effet, expliquer autrement ces énormes épaisseurs de murs et ces retraits successifs ? La salle réservée à l'intérieur du massif serait, à notre avis, le « serdab », contenant la salle inaccessible dans laquelle étaient abritées les statues du roi, autres éléments essentiels du culte funéraire destinés à assurer la présence au mort.

L'objection que l'on pourrait nous opposer, c'est l'existence de traces de piliers (?) aperçues par Lauer devant la stèle. Mais ne seraient-ce pas plutôt là les

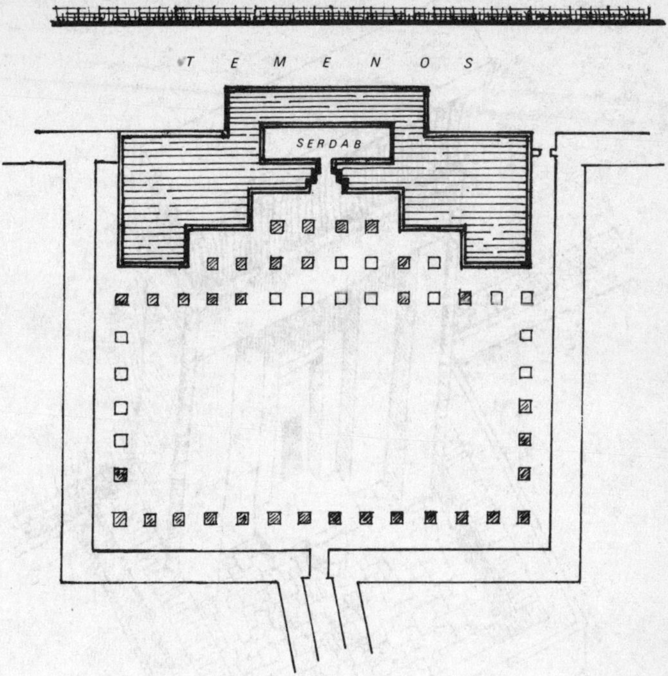

Fig. 92. *Plan du Temple découvert par J.-Ph. Lauer.*

marques d'implantation de la table d'offrandes que l'on attendrait à cet endroit ?

Comment était faite la partie supérieure, c'est-à-dire le couronnement de la stèle colossale ? Cintrée à l'image de celles de Dahchour ou de Meïdoum ou comme les stèles-fausses-portes des mastabas privées, qui apparaissent précisément à cette époque, surmontée de la gorge égyptienne multicolore ? C'est cette dernière forme qui nous paraît la plus probable. D'ailleurs, on vient de trouver à la pyramide de Pépi Ier (VIe dynastie),

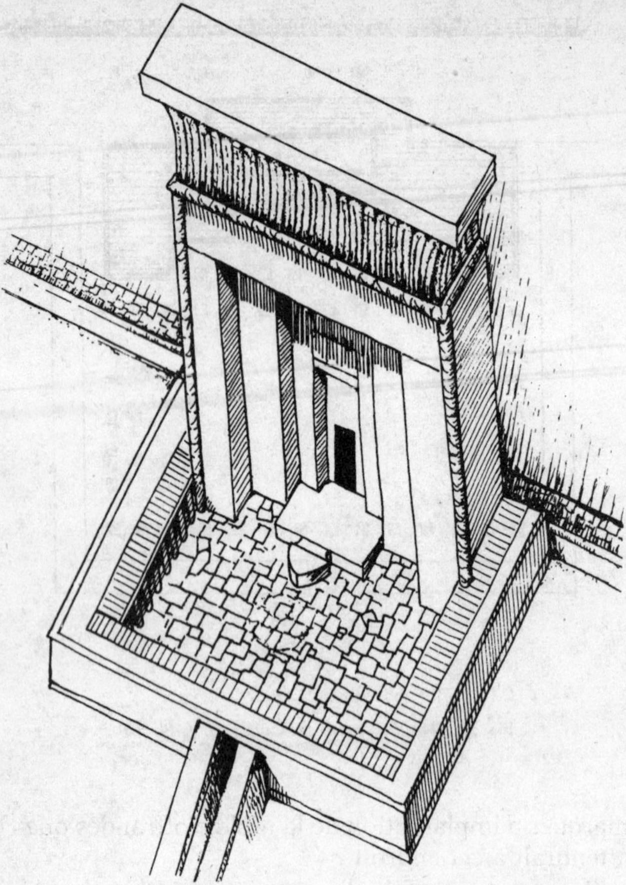

Fig. 93. *Reconstitution hypothétique du temple et de la stèle monumentale de Khéops.*

précisément à l'endroit prévu, un fragment d'une stèle et celle-ci est bien surmontée de la gorge égyptienne. Ce qui confirme aussi notre induction sur l'usage d'implanter la stèle-fausse-porte à cet emplacement. Ce prototype de temple ainsi que d'autres parties de la pyramide de Khéops n'ont pas été imités par ses successeurs. Les murs épais de la stèle deviendront des magasins.

Les barques solaires

Sur la face est de la Grande Pyramide, flanquant de part et d'autre le temple funéraire, on peut voir, creusées dans la roche, deux grandes tranchées rappelant la forme de navires. Celle du nord mesure 53 mètres de long, 7 mètres de large et 7 mètres de profondeur. Tandis que celle du sud, un peu plus petite, ne mesure que 51,50 m.

Ces « barques » ont effectivement la forme de bateaux à fond plat et à coque verticale. Toutes deux présentent à l'intérieur des entailles profondes imitant en creux, en « négatif » la quille du bateau et les nervures[283].

Quel était l'aspect de ces « barques » à l'époque de leur splendeur ? Ces cavités enveloppaient-elles ou plutôt moulaient-elles des barques en bois en imitant leurs structures ? On l'ignore. Aucune d'elles n'est parvenue en assez bon état pour nous permettre de nous faire une opinion. Selon Petrie et Selim Hassan, l'intérieur de ces tranchées était recouvert d'un riche revêtement en calcaire fin, aujourd'hui disparu[284].

Quelle était la raison d'être en ces lieux de ces étranges simulacres ? Voici, en quelques mots, le principe qui devait justifier leur présence auprès des pyramides. Selon la conception héliopolitaine, directement inspirée par la doctrine solaire[285], le dieu-soleil, après avoir parcouru le ciel supérieur, s'enfonçait à l'Occident dans le monde souterrain. Il effectuait, d'après les *Textes des pyramides*, son voyage dans deux barques. L'une s'appelait la *Méandjet* et portait le soleil pendant le jour, l'autre la *Mesktet* (ou *Mensektet*) pendant la nuit.

Le roi, après sa mort, était admis, en raison de sa nature divine, dans le monde solaire. À son arrivée, il est accueilli triomphalement par le dieu-soleil. La navigation céleste du roi est désormais considérée comme le voyage du fils retournant auprès de son pèrc divin.

Comme on le voit, les deux barques simulées devaient être celles qui étaient destinées au voyage mystique du roi après sa mort et pouvaient, dans ces conditions, demeurer définitivement murées et inaccessibles.

La barque cultuelle

Tout autre était la barque située au nord de la Chaussée monumentale. En effet, une autre tranchée naviforme apparaît à 9 mètres du temple funéraire. Elle est moins grande que celles de l'est (20,88 m). Mais ce qui la différencie des autres, c'est le long escalier de 15 marches en pente douce qui aboutit à la partie de la fosse correspondant à la poupe. Un retrait de la pierre, servant d'appui à des poutres de couverture, indique que l'abri était couvert. Tout cela implique que cette cavité a pu contenir une barque réelle. Reisner a d'ailleurs trouvé, au fond de la tranchée, des fragments de bois doré et de cordages. Peut-être s'agissait-il là d'un abri pour un vrai bateau sacré[286] de modèle réduit semblable à celui qu'on transportait aux époques postérieures sur des brancards au cours de certaines cérémonies et qui flottait réellement ?

Les barques funéraires

En revanche, tout à fait différentes sont les barques situées sur la face sud de la pyramide de Khéops.

En effet, en 1954, le Servicc des Antiquités de l'Égypte découvrit, au cours d'un déblaiement et tout à fait par hasard, à 17,50 m de la face sud de la pyramide, une rangée de gros blocs de pierre dont la présence paraissait insolite. Un bloc déplacé permit de découvrir, dans une fosse de 32,20 m × 4,55 m les éléments démontés, mais au grand complet et parfaitement intacts, d'un merveilleux bateau entièrement construit en bois de cèdre. Il est aujourd'hui intégralement remonté grâce à l'habileté du restaurateur du Musée du Caire, Ahmed Youssef Mustapha.

Véritable bateau de plaisance et parfaitement capable de naviguer, cette barque mesure environ 83 coudées (43,40 m) de long et 11 coudées environ de large (5,66 m)[287] (fig. 94). Ce bâtiment, contrairement aux barques funéraires signalées plus haut, est un véritable yacht royal, construit pour naviguer sur le Nil. Sans doute, fut-il utilisé pendant le règne du roi Khéops. S'agit-il d'une des anciennes barques de Snéfrou nommées *Douatawi* sur la pierre de Palerme ? Celles-ci mesuraient selon ce document 100 coudées et étaient construites en bois de *merou*.

La coque de la barque de Khéops est en cèdre du Liban et pourrait provenir, pense-t-on, d'un stock constitué du temps de Snéfrou. La coque est composée de virures épaisses de 15 cm, assemblées sans la moindre cheville, mais littéralement « cousues » au moyen de cordes en fibres de palmier. La charpenterie de la carène est assez déconcertante puisqu'elle ne comprend que quelques minces nervures qui n'atteignent même pas le haut de la coque. La quille est remplacée par une énorme planche qui forme un fond plat. Une cabine légère mais vaste repose sur le pont couvert en planches. Le navire était mû par une équipe de pagayeurs tandis que deux rames-gouvernail en assuraient la direction. Ce bâtiment, qui jauge environ 30 tonnes, offre, cependant, un aspect de légèreté étonnante et devait glisser à la surface de l'eau comme une barque de rêve.

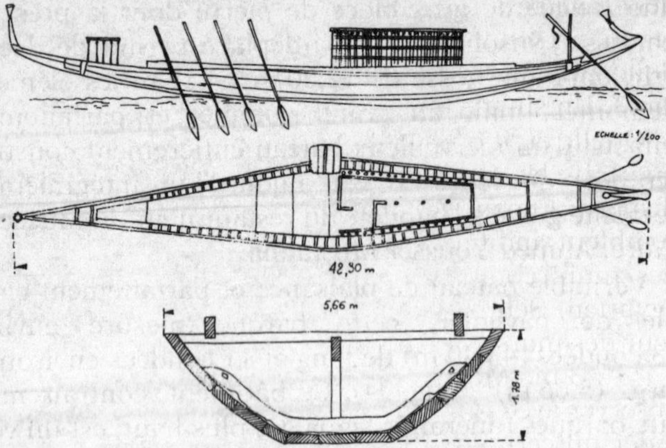

Fig. 94. *La grande nef royale de Khéops.*
Tiré de : *Beiträge. βf. 12*, Festschrift Ricke.

À 4,50 m environ plus à l'ouest, on a signalé l'emplacement d'une deuxième barque, qui pourrait contenir cette fois un navire à voile servant de remorqueur, comme cela se rencontre parfois dans certaines représentations funéraires. Mais cet emplacement n'a pas encore été exploré.

Finition de la Chaussée monumentale

Nous avons vu que la destination première de la Chaussée monumentale était l'acheminement des matériaux de construction, particulièrement des pierres du revêtement, depuis le débarcadère jusqu'au niveau du plateau de Gizeh. Longue de 658 m, la Chaussée offrait, au début, une largeur suffisante pour le déploiement des attelages des traîneaux, soit 18,35 m à la base, selon nos observations [288] et 14,68 m au sommet (voir fig. 45).

Le deuxième objectif consistait, après l'achèvement des travaux, à assurer l'arrivée commode des visiteurs et du personnel chargé du culte funéraire. Il n'était donc plus nécessaire que le lieu de passage fût très large. Un simple couloir suffisait.

Quelle était donc la vraie largeur du passage ? Presque tous les éléments d'appréciation ont aujourd'hui disparu. Cependant, quelques traces de fondations[289] semblent indiquer qu'il pouvait mesurer, épaisseur des murs comprise, environ 10,50 m. L'archéologue égyptien, Selim Hassan[290], l'estimait à 9 m et l'épaisseur des murs, comme la largeur du passage à 3 m, soit 3 + 3 + 3 m. Mais MM. Maragiglio et Rinaldi[291] font observer avec raison que les fondations pouvaient posséder un certain empattement et proposent la largeur de 18 coudées (9,43 m) avec les murs latéraux de 6 coudées (3,14 m) chacun et 4 coudées (2,10 m) à l'intérieur du passage. Cette hypothèse, plus proche de la nôtre, est conforme aux dimensions des couloirs monumentaux des autres pyramides.

Quant au couloir de circulation, on pensait naguère, en dépit des affirmations d'Hérodote, qu'en raison de l'absence de décorations, la Chaussée de Khéops pouvait ressembler à celle de Dahchour, dont le couloir à ciel ouvert était constitué par deux murs bahuts à sommets en dos d'âne.

Mais depuis la découverte de la Mission du Metropolitan Museum de New York[292] à Licht, qui trouva, parmi les blocs de remploi, des bas-reliefs provenant de la Chaussée de Khéops, on est obligé de revenir aux affirmations d'Hérodote[293] selon lesquelles la Chaussée *était faite de pierres polies où sont gravées des figures*.

Dans ce cas, étant donné que les bas-reliefs toujours coloriés ne pouvaient pas être exposés aux intempéries, la Chaussée de Khéops – comme celle de Khéphren et surtout celle d'Ounas, dont on a trouvé plusieurs éléments en place – devait nécessairement être couverte d'un plafond. Le couloir d'Ounas possédait un curieux dispositif qui permettait d'éclairer les bas-reliefs d'une lumière frisante du plus bel effet.

Signalons enfin, sur le plateau, à 210 m environ à l'est du temple funéraire de Khéops, la présence d'un tunnel souterrain passant sous la Chaussée (voir fig. 95). Il est parfaitement rationnel. En effet, après que le long couloir eut été achevé, celui-ci devait former un mur infranchissable pour la circulation sur le plateau. Le tunnel devait permettre alors le libre déplacement des prêtres et des visiteurs à travers la nécropole.

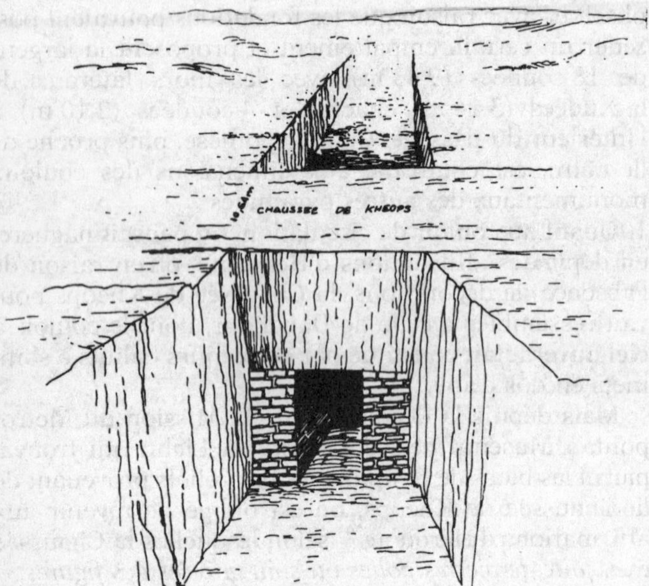

Fig. 95. *Tunnel sous la Chaussée monumentale de Khéops.*

Le même problème devait se poser plus bas dans la vallée. La Chaussée a donc pu être percée au ras du sol d'un ou de plusieurs passages semblables. Mais cela demeure une probabilité, car nous ne possédons aucune donnée là-dessus.

Les petites pyramides satellites, dites des Reines

Au sud du temple du Culte funéraire de Khéops, s'élèvent trois petites pyramides appelées sans raison pyramides des Reines. En fait, nous en ignorons la destination exacte. Seule, la pyramide la plus méridionale paraît devoir être attribuée à Henoutesen, fille de Snéfrou et épouse de Khéops, grâce à une stèle retrouvée par Mariette et rédigée ou plutôt renouvelée sous la XXIIe dynastie d'une stèle plus ancienne.

Les trois petites pyramides ont dû être dépouillées de bonne heure de leur revêtement. De dimensions à peu près identiques, elles mesuraient à l'origine 100 coudées à la base (52,30 m) et 60 coudées de haut (31,41 m), c'est-à-dire environ 1/5 de la hauteur de leur grande voisine.

Mais leurs dimensions, ainsi que leur orientation, sont loin de présenter la même précision que celles de la Grande Pyramide[294]. Leur angle d'orientation varie sensiblement (51 ° 80', 52 °, 52 ° 10'). Chacune d'elles possédait une petite chapelle du culte comprenant deux niches à redans. Leur volume primitif, théorique, était donc de 28 638 m^3 soit ensemble 85 914 m^3.

Les trois pyramides sont assez dégradées pour permettre d'apercevoir sous le blocaille les trois étages de la pyramide à degrés internes.

Chacun des édifices possède son caveau situé au-dessous du niveau du sol et relevé à la surface par un couloir en pente. À l'extérieur, on y observe également deux barques funéraires orientées dans le sens est-ouest.

Les trois pyramides sont bâties sur la roche vive, donc sans fondations, sauf celle du sud dont une partie repose sur une maçonnerie destinée à corriger une inégalité du terrain.

Comment, et à quel moment de la construction du complexe de Khéops, ces pyramides furent-elles édifiées ?

À conditions inégales, méthodes différentes. Les Égyptiens étaient fort capables d'adopter un tout autre procédé de construction que celui de l'échafaudage enveloppant en brique. Mais nous persistons à croire que, là encore, on utilisa le procédé que nous préconisons.

Quant à savoir à quel moment elles furent bâties, la simple raison nous laisse penser que, pour la commodité de mouvement dans les chantiers, on ne commença à les bâtir qu'à partir du moment où la proximité du sommet de la Grande Pyramide exigeait un nombre d'ouvriers plus réduit.

Le témenos

Autour de la pyramide, il existait un mur d'enceinte entièrement construit en pierres de calcaire compact. Il a aujourd'hui presque complètement disparu. Les traces des fondations indiquent que, dans le témenos, la partie intérieure de l'enceinte présentait une largeur de 20 coudées. Le mur lui-même était surmonté d'une crête en forme de dos d'âne (voir fig. 96), dont nous avons retrouvé quelques éléments isolés. L'un d'eux, formant angle ou crossette, était curieusement taillé dans le même bloc de pierre. Le mur devait posséder un fruit assez important. Quelle était la hauteur de ce mur ? Il est assez difficile de le calculer en raison de l'absence de données sûres.

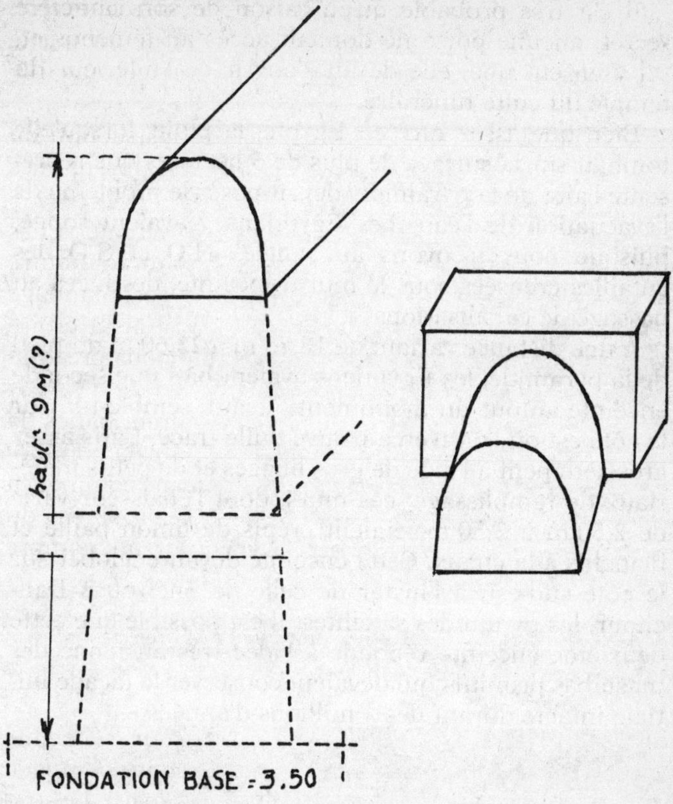

Fig. 96. *Mur d'enceinte de Khéops. Le sommet en dos d'âne.*

La partie interne du témenos était entièrement pavée des mêmes dalles blanches de forme parallélépipédique, mais disposées irrégulièrement. Chacune d'elles était enchassée et comme incrustée, dans la roche naturelle du sol. Les côtés étaient merveilleusement ajustés et jointoyés au point qu'on distingue à peine les rainures qui les séparent les unes des autres.

Il est très probable qu'en raison de son caractère secret, aucune porte ne donnait accès au témenos et, s'il y en eut une, elle devait s'ouvrir de l'intérieur du temple du culte funéraire.

Bien que assez rare en Égypte, la pluie, lorsqu'elle tombait sur la surface de plus de 5 hectares que représente l'aire de la pyramide, devait poser le problème de l'évacuation de l'eau. Les Égyptiens y avaient songé, puisque nous trouvons aux angles N-O et S-O des entailles creusées sous le mur d'enceinte, destinées au passage de canalisations[295].

À une distance variant de 18,75 m à 23,60 m du pied de la pyramide, les Égyptiens avaient bâti une seconde enceinte autour du monument[296], sauf, semble-t-il, sur le côté est où l'on n'en a trouvé nulle trace. Bâtis assez grossièrement à l'aide de gros libages et de petits matériaux de remplissage, ces murs, dont l'épaisseur varie de 2,50 m à 3,50 m, étaient crépis de limon paillé et blanchis à la chaux. Cette enceinte devait englober sur le côté sud-est, à l'instar de celle de Snéfrou à Dahchour, les pyramides satellites. Il est possible que cette deuxième enceinte réponde à l'idée très ancienne des mastabas primitifs qui devaient conserver la façade initiale intacte durant des « millions d'années ».

La cité funéraire

Autour de l'enceinte sacrée, il existe une véritable cité funéraire sillonnée de rues bordées par des centaines de tombes aux dimensions variables. Celles-ci possèdent la forme caractéristique du mastaba qu'elles garderont durant toute la période de l'Ancien Empire.

Ce sont là les tombes de parents du roi, courtisans, fonctionnaires ou simples serviteurs qui ont vécu à l'ombre du roi et qui ont voulu reposer pour l'éternité auprès de sa tombe. C'était un honneur très recherché, une récompense et les frais de construction étaient à la charge du roi.

Cette coutume, qui consistait à se réunir autour du maître après la mort, répond peut-être à une très vieille conception héritée de l'époque archaïque. Ainsi, près de la tombe de l'Horus Djet (Ire dynastie) on a trouvé 174 squelettes contractés d'hommes, de femmes, de jeunes gens et même d'enfants et d'animaux. C'étaient probablement des serviteurs ou des familiers qui auraient été ou se seraient sacrifiés au moment de la mort du roi pour le suivre dans l'au-delà[297]. Cette époque était heureusement entièrement révolue à l'ère des pyramides.

Consécration de la pyramide

La pyramide royale à peine achevée était considérée comme une entité vivante. Elle était étroitement identifiée à la personne du roi. Cette croyance est manifeste sur le monument d'Ounas, de la fin de la Ve dynastie dans les scènes représentant l'arrivée et l'amarrage des navires chargés dans le port fluvial de la pyramide. Les navires accostent. Tous les membres des équipages rassemblés à l'avant demeurent comme fascinés, éblouis par la divinité de la pyramide qui apparaît, sublime, devant leurs yeux. Tous ensemble, les passagers des navires lèvent les bras en signe d'adoration, présentent des offrandes alimentaires et disent d'une seule voix : *Adoration à toi, Sahourê, dieu des vivants à présent, j'ai vu ta perfection*[298].

Aussi, comme pour la personne du roi mort, auquel il a fallu, le moment venu, rendre l'usage de ses organes par la cérémonie de l'« Ouverture de la Bouche », une cérémonie semblable était pratiquée au moment de la consécration de la pyramide. On lui « ouvrait la bouche », comme on l'aurait fait à un être humain pour lui rendre le « souffle de la vie ». Cette consécration était accompagnée de fumigations d'encens, d'oblation de pain et de libations d'eau fraîche.

Puis, venait la cérémonie proprement dite de la consécration. À cette occasion, le roi Khéops qui, à cette époque, devait être très âgé, a revêtu sa tenue d'apparat en or. Il est coiffé de la Double Couronne vivante, défendue par la vipère Uraeus (Pyr. § 573). Son menton est orné de la barbe postiche tressée. Il porte dans ses mains tremblantes la longue canne *ouast* et la massue blanche *hedj* qui symbolise la Basse Égypte. Ses neuf fils et ses gendres l'entourent. À sa droite, c'est le prince héritier Kawab, qui pour une raison inconnue ne régna pas. Il est suivi par le frère de Khéops, le futur roi Didoufri, lui-même d'âge mûr, puisqu'il vécut à peine le temps de préparer les fondations de sa propre pyramide. Pour l'instant, il tient par la main le tout dernier fils du pharaon, l'enfant de sa vieillesse, qui régnera sous le nom de Khéphren. Il aura, lui, le temps de se construire une pyramide presque aussi grande que celle de son père, le glorieux Khéops. Et voici qu'arrive le cortège de la quatrième reine, la très belle Nefert Raou, accompagnée de ses gens.

La présentation du monument est faite par le gendre du roi, le ministre Ankh Haef, troisième époux de sa fille préférée, Hétep–Hérès II. N'est-ce pas lui le dernier maître d'œuvre qui acheva la construction du gigantesque monument ?

Derrière le roi se presse la foule élégante des princes et des princesses, tous beaux comme des dieux, ainsi que les dames du harem royal, tandis que de l'autre côté, se tiennent, respectueusement courbés, les notables de la Cour et les officiers.

Le roi s'avance alors d'un pas lent et majestueux. Agrandis par la ligne noire du fard, ses yeux paraissent immenses. Un collier large, formé de sept rangs d'anneaux d'or s'arrondit sur sa poitrine nue, tandis que le reste du corps est revêtu d'une draperie blanche, des plus fines, aux plis multiples. Ses pieds sont chaussés de sandales d'or.

Pendant que la fumée bleue et odorante de l'encens s'élève doucement, le pharaon fait un pas en avant et d'un large mouvement empreint de solennité, il jette des grains d'encens enflammés autour du monument. Puis il lève le bras droit dans un geste de consécration[299]. Ensuite, faisant face à l'édifice sacré, il lève encore les deux bras « pour imprégner de fluide magique le sol où vivront les dieux ».

Le détail de ces formules subsiste dans les *Textes des Pyramides* qui, à partir du règne du roi Ounas (fin de la Ve dynastie) seront régulièrement gravés sur les parois des nouvelles pyramides.

Parmi les textes de consécration gravés sur la pierre, on lit en outre ces paroles menaçantes destinées à assurer la protection du monument[300] :

> Une faveur de Geb et d'Atoum, accorde que ces pyramide et temple ont été fondés pour moi et pour mon Double, et que ces pyramide et temple ont été enclos pour moi et pour mon Double, ainsi pur est cet œil d'Horus (Pyr., § 1277).
>
> Aussi, si quelqu'un vient à poser un (seul) doigt sur ces pyramide et temple qui appartiennent à moi et à mon Double, il aura posé son doigt sur le Château même d'Horus au firmament. Il aura offensé la Dame du Château, partout (?)... Geb. Son procès sera jugé par l'Ennéade (des Dieux). Il sera anéanti et sa maison sera anéantie. Il demeurera (pour toujours) un proscrit, quelqu'un « qui-se-mange-lui-même ». (Pyr., § 1278).

Ce qui évidemment, est le comble de l'abomination.

La vengeance des pharaons qui a tellement frappé l'imagination des journalistes à l'époque de la découverte de la fastueuse tombe de Toutankhamon, laquelle, comme on le sait, aurait étrangement provoqué la mort de plusieurs personnes qui les premiers pénétrèrent dans la chambre funéraire.

Mais les esprits forts font remarquer que le principal auteur de la découverte, Howard Carter, et les égyptologues P. Lacau, directeur général des Antiquités égyptiennes, Sir A. Gardiner, P. Montet, J. Capart, M. Mall et même la reine Élisabeth de Belgique, sont morts très vieux et que s'il y eut vengeance, elle fut très douce et très tardive.

Précisément, rétorquent les mystiques, les égyptologues, en lisant les textes gravés sur les parois, font, en vertu de la magie du verbe, revivre le nom et réalisent les souhaits du mort et par le fait, ils conjurent la malédiction. Ma foi, qui le sait...

Le texte menaçant des pyramides sera adopté, au moins dans son principe, par les particuliers qui le feront graver à l'entrée de leur tombeau à partir de la fin de la IVe dynastie aux époques où la démocratisation des rites funéraires leur permettra l'accès au paradis d'Osiris. En effet, sous les Ve et VIe dynasties on voit apparaître le texte comminatoire adressé aux violateurs de tombes, dont voici un exemple rigoureusement exact dans ses termes, mais composé de plusieurs variantes pour en mieux faire comprendre le sens profond :

> Quant à tous les hommes, tous les nobles, tous les scribes, tous les hommes de bien, tous les hommes de peu, [*Hapidjefa, Florence, 1540*] qui, entrant dans ce tombeau pendant leur purification et qui auront mangé les choses abominables qu'interdit un Esprit excellent qui circule vers l'Occident (Ti) et qui feraient quelque chose de mauvais contre ce tombeau éternel en détruisant les statues en emportant les pierres ou les briques [*Goyon, 'Ankhou*] ou les offrandes qui s'y trouvent, qui effaceront les écritures, qui élèveront la voix dans ce lieu vénérable, je

leur saisirai le cou comme à une volaille [*Ankhmahor*] et il y aura jugement contre eux dans les lieux où on juge (Ti) et [alors] ils ne feront plus rien de mauvais contre personne.

Mais (au contraire), tous les hommes, tous les nobles, etc., qui entrant dans ce tombeau et qui seront à effectuer toute protection dans son enceinte vénérable du Dieu Grand et qui diront : Milliers de pains, milliers de cruches de vin et de bière, milliers de têtes de bestiaux, milliers de têtes de volaille, milliers de vêtements, et milliers de toutes ces choses bonnes et pures dont se nourrissent les dieux, s'ils font ceci, je ferai en sorte qu'il y ait avantage pour eux auprès du Dieu Grand et du bon auprès de ceux qui demeureront sur la Terre [Ankhou].

Plus tard, à l'époque du Moyen Empire, le texte menaçant des premiers âges n'exprimera plus que la mélancolie de l'homme qui a quitté à regret les bonnes choses de la vie :

« Ô vivants qui êtes sur la terre, qui aimez la vie et qui détestez la mort, dites : Milliers de pains, milliers de cruches de vin, milliers de cruches de bière, milliers de têtes de bestiaux, milliers de têtes de volaille, milliers de vêtements et milliers de toutes choses bonnes et pures et une bonne brise fraîche du vent du Nord, pour le maître de ce tombeau, afin que vos fonctions [situations] soient consolidées. »

Stèle du Musée du Caire

Le nom des pyramides de Gizeh

Pour les anciens Égyptiens, toutes les pyramides divinisées possèdent une véritable personnalité. Chacune porte un nom spécial qui s'ajoute comme une épithète symbolique au cartouche du roi[301]. Le nom de la pyramide est d'ailleurs le nom du roi lui-même, accompagné d'un attribut.

Le nom d'une pyramide, pour toutes les époques, de la IVe à la XIIe dynastie, a la même structure grammaticale (à 2 exceptions près). C'est une phrase attributive ayant pour sujet le nom d'un roi et pour attribut une qualité ou une manière d'être de ce roi[302].

Ainsi, les noms des pyramides s'écrivent :

KHÉOPS : Akhti-Khoufou
« Khéops est celui qui appartient à l'horizon. »

DIDOUFRI : Sehedhou-Djedefrê (ou Rê-djedef)
« Didoufri est un habitant du Sekhedou. »
[partie du ciel.]

KHÉPHREN : Our-Khafrê
« Khéphren est grand. »

MYKÉRINOS : Neteri-Menkaourê
« Mykérinos est divin. »

La pyramide fait corps avec le roi. Celle-ci n'est pas une simple bâtisse, mais le corps du roi lui-même, et doit être adorée comme le dieu (Montet, *op. cit.*).

Quant à l'ensemble de la nécropole menphite sur laquelle se trouvent la plupart des pyramides et les tombeaux, il portait le nom très général de *Hrt-Ntr* qui signifie « Nécropole » ou bien encore *Imnt* « Occident », qui est le lieu de la montagne par où le dieu Rê rejoint le monde inférieur.

Mais le lieu même où s'élèvent les trois grandes Pyramides se nommait *Hîr*, c'est-à-dire « Le Haut », probablement parce que c'est la partie la plus haute de la région[303]. D'ailleurs, l'inscription d'un certain Debhen, qui vivait au temps de Mykérinos, l'exprime formellement : *Quant à ce tombeau, c'est le roi Mykérinos – qu'il vive éternellement – qui le fit faire lorsqu'il se trouvait sur le flanc du « Haut »* (Urk. I, 18).

Au début de la VIe dynastie, on voit curieusement se joindre et même s'identifier au titre des reines le nom de la pyramide du roi régnant ; ainsi, la reine Ankhenes Meryrê, 2e femme de Pépi II, est à la fois mère royale de la pyramide Neferkarê-Menankh et épouse de la pyramide Meryrêmennefer[304].

7. Cérémonies funéraires

La mort de Khéops. Les funérailles

Dans l'état actuel de nos connaissances, on peut sans grande erreur reconstituer les cérémonies funèbres qui suivirent la mort de Khéops.

Dès l'annonce du décès du pharaon, sans retard à cause de la chaleur qui sévit presque en permanence en Égypte, les préparatifs des funérailles commencent.

La Cour résidait selon la coutume, vraisemblablement dans le nouveau palais bâti spécialement par Khéops, dans la région de Rosetaou, afin de se rapprocher de sa future « maison d'éternité » [305].

La nouvelle de l'événement s'est répandue à la vitesse de l'éclair. Déjà de l'ancienne résidence des « Murs Blancs », la future Memphis, le peuple de toutes les conditions accourt en foule[306]. Les gens consternés s'assemblent autour des maisons du village. Ils s'accroupissent, la tête sur les genoux en signe d'affliction. Plusieurs personnes, selon la vieille coutume, se sont déjà couvert la tête de boue[307]. Des femmes, des pleureuses, ont le visage teint en bleu.

Brusquement, la grande porte du palais s'ouvre avec fracas, livrant passage aux jeunes hommes de la garde royale, les *nfrw*. Aussitôt le peuple se prosterne, les femmes pleurent, poussent des cris de douleur ; quelques-unes perdent connaissance. Sans plus tarder, la cérémonie commence. Le cortège, encadré par les soldats de l'escorte, se forme en bon ordre. Les prêtres, reconnaissables à leur crâne rasé et à leur robe de lin, ouvrent la marche. En tête, on reconnaît le prêtre *oût* qui présidera ou qui accomplira le rite de l'embaumement, le prêtre-lecteur *hery-hb* qui récite les glorifications, le prêtre *sem* qui procède à l'ouverture de la bouche. Une peau de panthère est jetée sur leur épaule. Les officiants agitent dans tous les sens de grands cipes de palmier fraîchement coupés. Précédant les musiciens, les danseurs sacrés, coiffés de couronnes végétales, gambadent et se contorsionnent d'une manière si étrange qu'elle paraît sinistre. Les pleureuses officielles, cheveux épars sur les épaules, les seins nus, se déchirent le visage et poussent des cris stridents. De chaque côté de l'avenue, les jeunes filles et les enfants présentent des bouquets où s'épanouissent des gerbes de fleurs de lotus, roses et bleues.

Le cortège s'ébranle, suivi par les membres de la famille royale, les Compagnons, les hauts fonctionnaires, dont l'attitude digne, la main sur le cœur, contraste avec les gémissements lugubres poussés par les femmes du harem royal. Suivent les *hemou-ka*. Ce sont les fonctionnaires chargés du culte funéraire de la nécropole. Leur nombre est important. Ils sont rangés par escouades et des serre-files sont là pour maintenir le bon ordre. Chemin faisant, les prêtres, comme enveloppés par les nuages d'encens, entonnent les panégyries du mort, pendant que d'autres prêtres font des libations. À un carrefour encombré par la foule, on assiste à des sacrifices d'animaux et on exécute un rite très ancien, le « bris des vases rouges » qui paraît être un ancien rite d'envoûtement contre des ennemis des morts[308].

Mais déjà, le cortège arrive en vue du Temple de la vallée, élégante bâtisse toute neuve, surmontée d'une corniche évasée. Son caractère indestructible est souligné par des lignes droites et des formes géométriques. Cependant loin d'être austère, cette architecture apparaît toute enluminée par des peintures ornementales toutes fraîches où dominent les couleurs rouges, vertes et bleues.

Le temple est entouré par un vaste bassin d'eau. C'est le port fluvial de la pyramide qu'un branchement rattache au Grand Canal de Memphis.

Amarrées aux quais de pierre, les silhouettes de deux grandes nefs royales se reflètent sur les eaux du port. Merveilleux bâtiments aux lignes pures, ils sont entièrement construits en bois de cèdre du Liban. Ces élégantes et néanmoins puissantes unités longues de 81 coudées (42,32 m), étaient réservées pendant le règne, à la famille du pharaon. Elles étaient exclusivement affectées aux promenades sur le Nil et aux voyages royaux. C'est elles qu'on utilisera une dernière fois pour le pèlerinage funéraire.

Arrivée au seuil du Temple, la foule s'arrête. Le cercueil provisoire porté par dix prêtres vêtus du pagne large, pénètre alors dans la grande salle.

Franchissant la porte, ils s'engagent dans une vaste cour entourée d'un portique quadrilatéral soutenu par des piliers carrés. Adossées à ces derniers se dressent les statues en diorite précieuse, sculptées à l'image du roi et qui l'assimilent au dieu.

Puis après un temps d'arrêt, le cercueil est dirigé vers la Tente de purification qui était, en fait, la partie essentielle du Temple de la vallée. À partir de là, le nombre des assistants se raréfie. Seuls sont admis le haut clergé et les membres de la famille royale.

Pour pénétrer dans l'enceinte sacrée, le corps du défunt devait recevoir la purification par des ablutions rituelles. Alors commence la cérémonie des lustrations solaires qui consacre la destinée divine du roi et son accès en terre sainte. Le rite consiste à procéder à une ablution d'eau chargée de natron. Le cadavre est juché sur une grosse jarre. Deux officiants lui projettent, à l'aide de cruches, de grands jets de cette eau, qui le magnétise, en quelque sorte, sous une pluie chargée de signes de vie (ankh). C'est une espèce de baptême. Le roi défunt est alors identifié au dieu-soleil, qui chaque matin, avant de parcourir le firmament en se baignant dans le « Lac des lys », se purifie par des ablutions, des ténèbres de la nuit. Le corps régénéré du roi s'intègre alors définitivement à la destinée solaire du dieu[309].

Puis l'assistance se disperse définitivement. Le corps est ensuite livré aux embaumeurs. Ceux-ci le transportent sur la terrasse de l'édifice où une tente légère a été fixée pour que les opérations se fassent à l'air libre, mais ni au soleil ni à l'ombre, qui hâteraient la corruption du cadavre sacré[310].

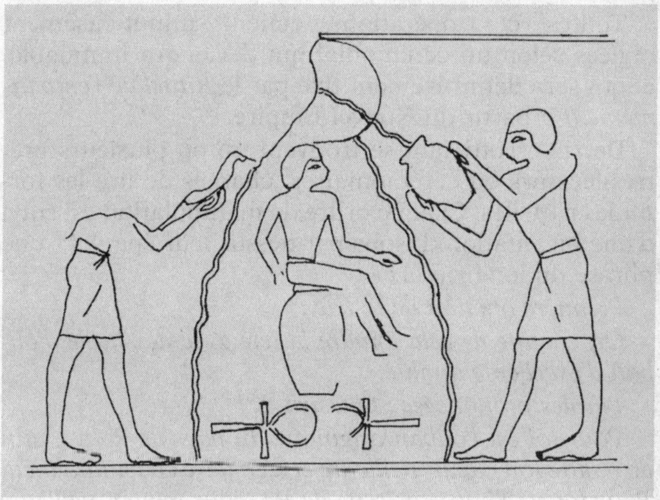

Fig. 97. *Scène de lustration, tombeau d'Ouser.*

Avec précaution, le paraschite, le prêtre *oût* pratique alors sur le flanc gauche, avec un couteau en obsidienne ou en silex, l'incision rituelle. Il en retire, à l'exception du cœur, tous les viscères et les parties susceptibles de se corrompre rapidement. De même, on ôte la cervelle à l'aide d'un crochet en métal introduit par les cavités nasales.

Les viscères étaient traités séparément. Après macération dans du natron, ils étaient enroulés et enfermés dans un coffre à alvéoles. Aux époques postérieures, ils seront enfermés dans quatre petits sarcophages en or ou en argent[311] et placés sous la protection des quatre enfants d'Horus : Amset, Douamoutef, Hâpy, Qebehsenouf. Ces sarcophages étaient à leur tour enfermés dans des vases en pierre que nous nommons « canopes[312] » et le tout dans un grand coffre en pierre, qui reposait près du grand sarcophage.

Toutes ces opérations étaient minutieusement réglées selon un cérémonial qui deviendra immuable, et qui sera définitivement fixé par le *Rituel de l'embaumement* à partir du Nouvel Empire.

Derrière l'officiant se trouvent un ou plusieurs prêtres-lecteurs ou cérémoniaires, chargés de lire les formules rituelles. Chaque ordre de manipulation est suivi d'une incantation. Lisons par dessus leur épaule[313] une phrase du long rituel :

Première onction de la tête :

Or, ensuite de cela, oindre la tête avec de l'huile d'oliban d'excellente qualité.

Paroles prononcées : Ô Osiris K !

Pour toi est l'oliban originaire du pays de Pount, afin de rendre ton odeur meilleure et d'en faire l'odeur du dieu. Pour toi est l'humeur issue de Rê, pour rendre meilleure (ton odeur [?]) dans la salle des Deux-Vérités, etc.

Et le rite se poursuivait ainsi, longtemps, minutieusement.

Le corps était ensuite lavé et les eaux polluées, répandues sur la cendre, qui était soigneusement recueillie, puis enfermée et scellée dans de grandes jarres en terre[314].

Sous la IVe dynastie, époque où l'art de la momification n'avait pas la perfection qu'il atteindra sous le Nouvel Empire[315], le cadavre recevait comparativement une préparation assez sommaire. Le corps était seulement saupoudré de natron[316] qui en saponifiait les graisses. Après des lavages répétés, on lui faisait subir la dessication à l'air libre.

Lorsque le corps était jugé suffisamment apprêté, il était enduit d'une épaisse couche de résine et de cire d'abeille, bourré de chiffons de lin et d'aromates divers, tandis que l'extérieur était étroitement serré par des bandelettes de byssos, sur lesquelles on peignait parfois l'image du défunt.

Les viscères étaient traités de la même manière ; ils étaient suspendus sur une espèce de tréteau dissymétrique, dont nous croyons avoir identifié un exemplaire récemment trouvé dans la « neben pyramide » de Khéphren[317].

Ces opérations duraient normalement 70 jours. Après quoi, la momie était habillée de linge frais, chaussée et ornée de tous ses bijoux.

Ensuite commençait une nouvelle phase des cérémonies : celle du pèlerinage rituel.

En grande pompe, le cercueil du dieu était embarqué sur la grande nef royale où il demeurait exposé sur un catafalque doré placé sur le pont du navire. De chaque côté du cercueil, deux figurantes, jouant le rôle d'Isis et de Nephtys, pleurent Osiris et exhalent les plaintes rituelles.

Suivi d'une longue flottille transportant la famille et le mobilier du mort, le cortège funèbre voguait vers le Nord, vers les lieux saints du Delta. Le voyage au pays des Ancêtres était destiné à revivifier l'âme du roi et à renforcer, en vertu des privilèges divins, sa puissance vitale.

La nef vogue lentement sur les grands canaux, halée par des hommes qui se relayent sans cesse. Tout le long des berges, la population prosternée fait le geste d'adoration. Elle est éblouie par le sarcophage sacré qui pousse de tous côtés des gerbes de lumière d'or.

À chaque halte, les délégués des villes et des villages et ceux qui sont conviés à la cérémonie funéraire présentent des offrandes et des fleurs.

Maintenant, la flottille aborde Saïs, capitale du Delta occidental, la ville sainte de la déesse Neith. Les navires s'amarrent le long du quai et se préparent pour un long arrêt. Mais déjà sur la berge on offre au dieu un premier banquet sacré. Le catafalque est ensuite débarqué et le cortège, toujours précédé des danseurs sacrés[318], fait son entrée dans le grand temple de Neith où des cérémonies énigmatiques s'accomplissent.

Puis le cortège funèbre rembarque et la procession fluviale, longeant les canaux sinueux, alternativement bordés de champs cultivés et de hautes palmeraies, va visiter l'autre ville sacrée de Bouto (Tell el Faraïn). Le cortège croise quelques barques qui se rangent précipitamment sur la berge. Ce sont de larges embarcations à voile carrée munies de mâts bipodes, avec des yeux peints sur la proue pour voir le danger, et sur la poupe le signe *ankh* symbole de la vie. Certaines sont des barques de transport qui laissent parfois apercevoir sous les sabords les têtes des animaux domestiques qu'elles transportent. D'autres petites embarcations défilent. Elles sont faites de tiges de papyrus tressées et relevées aux deux bouts. Elles servent seulement pour la traversée d'une rive à l'autre. Mais voici Bouto. C'est la cité de la déesse Ouadjit avec ses quartiers légendaires de Pê et de Dep. À l'entrée de la nécropole, le cortège est accueilli par les danseurs Mouoû, figurant les anciens rois locaux. Coiffés de couronnes formées de tiges de papyrus et de roseau, ils représentent les âmes de Pê.

Il est très possible que d'autres haltes aient été effectuées à Mendès, au temple d'Isis de Behbet el-Haggar,

Fig. 98. *Pleureuses, Tombe de Ramose, Nouvel Empire.*

à Bubaste, puis au retour à Khem (Létopolis) et à On (Héliopolis).

Après une halte à Memphis, le cortège reprend ses pérégrinations vers le sud et se rend à Abydos auprès des cénotaphes des tout premiers rois d'Égypte.

Le pèlerinage était alors terminé.

Au retour à la nécropole, le cortège funèbre en abordant au quai du Temple de la vallée était accueilli encore une fois dans la grande salle à piliers. La nouvelle cérémonie qu'on y célébrait était l'application du rite de « l'Ouverture de la Bouche », destinée à rendre à la momie royale la vie de son existence de l'autre-monde. Après une nouvelle opération de purification et une dernière toilette de la momie, le prêtre *Sem*, ordinairement un fils du roi, vêtu d'une cape en peau de panthère, lui touchait le visage, deux fois, avec une herminette et une fois avec un ciseau. Puis, le haut dignitaire sacerdotal frottait la face de la momie avec du lait, ce qui avait pour résultat de rendre définitivement au mort l'usage de toutes ses fonctions vitales dans l'autre-monde[319]. Et il l'embrassait. En exécutant ce geste très important, le même qu'indique le signe hiéroglyphique représentant le Ka, le prêtre ramenait celui-ci, c'est-à-dire l'âme du roi, dans le corps dont il avait été momentanément séparé. L'opération était répétée sur les statues, probablement au nombre de vingt-six, de la grande salle, symbolisant les vingt-six parties du corps humain. Toutes ces opérations longues et minutieuses étaient réglées selon un ordre précis et chacun des gestes était suivi d'une incantation.

Devant la momie, sur une table d'offrande, sont déposés dans des plats ronds des pains, des viandes, de la bière, du vin et des fruits. Et le prêtre psalmodie :

Ô Osiris ! debout, assieds-toi devant ton mille d'offrande (Pyr., § 214, 2027).

Car sept repas sont sur cette terre, dont trois au ciel auprès de Rê et trois sur terre auprès de Geb (Pyr., § 121).

Suivaient les interminables litanies qui seront transcrites rituellement à partir du règne d'Ounas sur les parois des tombes royales.

Toutes les cérémonies étaient récitées et mimées.

Puis, après un dernier adieu de la famille et des amis, le mort, avec tout son mobilier, ses armes favorites et ses bijoux, ainsi que le matériel funéraire indispensable à la survie de l'âme, était remis aux prêtres pour être emporté vers sa dernière demeure. À l'extérieur un grand banquet, avec musiciens et danseuses était alors servi sur place aux assistants avec la participation invisible du défunt. Cette coutume qui s'est perpétuée en Égypte musulmane où l'on festoie certains jours sur la tombe du mort, est la figuration du festin qu'un nouveau locataire offre aux invités reçus pour la première fois dans sa nouvelle maison[320].

Tous les objets qui avaient servi au cours des funérailles, ou qui avaient été en contact avec le dieu, désormais sacrés, devaient suivre le maître dans sa maison d'éternité. Même les beaux et grands navires construits en bois de cèdre précieux étaient, avec leurs gréements, proprement démontés et enfermés, sinon dans la tombe elle-même, du moins dans l'enceinte inviolable de la cité sacerdotale.

Aux membres du clergé de la nécropole incombait alors la charge des derniers préparatifs nécessaires à la protection du corps divinisé, qui leur était remis littéralement couvert d'or.

L'or, c'est la chair du dieu[321]. Il était donc normal que l'on tentât de commuer au moins mystiquement toutes les parties périssables du corps divin en ce métal précieux.

On avait donc recouvert la face de la momie d'un masque d'or attaché par derrière à l'aide d'un cordon. Le masque, avec ses yeux incrustés, en cristal de roche à la pupille d'obsidienne offrait un aspect saisissant tant il paraissait animé d'une vie mystérieuse. La perruque était ceinte d'un bandeau d'or qui maintenait en place l'uraeus-cobra dressé sur sa queue et gonflant sa gorge.

C'est la colère de Rê, chargé en crachant, de foudroyer de son venin brûlant la face de tout ennemi. Une barbe postiche tressée d'or et de lapis-lazuli était fixée au menton du roi. Le pharaon défunt tenait dans ses mains croisées sur la poitrine le sceptre et le fléau d'or, insignes de la royauté.

Chacun des doigts des mains et des pieds était enfilé dans un doigtier d'or et couvert de bagues. De lourds bracelets d'émaux rouges et de turquoises alternés, des genouillères semblables à des bracelets articulés ornaient les genoux et les chevilles.

Maintenu par une ceinture d'or, un pagne et une résille entièrement tissés de perles multicolores étaient placés en devanteau, tandis qu'à l'arrière était fixée la queue de lion postiche, faite aussi de perles multicolores.

Une collerette ciselée dans l'or, cloisonnée et garnie de pierres de couleur représente un vautour aux ailes déployées. Plusieurs somptueux et larges pectoraux en or incrustés de lapis-lazuli, de turquoise et de cornaline étaient suspendus au cou du mort, ainsi que de lourdes amulettes, équipements magiques représentant diverses divinités funéraires. Mais le principal objet du culte funèbre était certainement l'amulette figurant un cœur en hématite ou en lapis-lazuli monté et suspendu à l'aide d'un gros câble d'or. Il était censé témoigner de toutes les actions, bonnes ou mauvaises, du défunt durant sa vie. C'est lui qu'on pèsera sur la balance devant le Grand Juge des morts.

Il n'est pas jusqu'à la blessure rituelle pratiquée par les embaumeurs sur le pli de l'aine qui ne fût recouverte par une lame d'or simulant deux doigts joints. Une sorte de gaine également en or repoussé, recouvrant tout le corps, avait été posée avant que la momie ne fût enfermée dans l'ultime sarcophage en or massif tout incrusté de pierreries[322].

Si on en croit l'inscription de Mersankh III, petite-fille de Khéops[323], l'intervalle entre la mort et la mise au tombeau durait 272 jours.

Ce n'est peut-être que longtemps après la cérémonie officielle qui avait eu lieu à l'extérieur, que le corps momifié du pharaon était transporté dans la crypte de la pyramide pour être enfermé dans le lourd sarcophage de granit.

Celui-ci, une simple cuve sans ornement ni inscription, avait été placé là avant même que la chambre sépulcrale fût achevée. À côté du sarcophage, dans un coffre en pierre dure, étaient rangés les vases canopes contenant les organes prélevés pendant les opérations de momification. Entre les parties vides du coffre, les religieux égyptiens avaient déposé un ou plusieurs faucons momifiés, soigneusement serrés dans leurs bandelettes[324].

Le sarcophage fermé, les prêtres prenaient soin de placer sur le couvercle des fleurs et des feuilles de perséa, elles-mêmes soumises aux macérations de l'embaumement, des cannes à pommeau d'or et encore les sceptres royaux, des glaives de parade aux poignées d'or ornées d'une tête de faucon, ainsi que des chasse-mouches dorés garnis de plumes d'autruche.

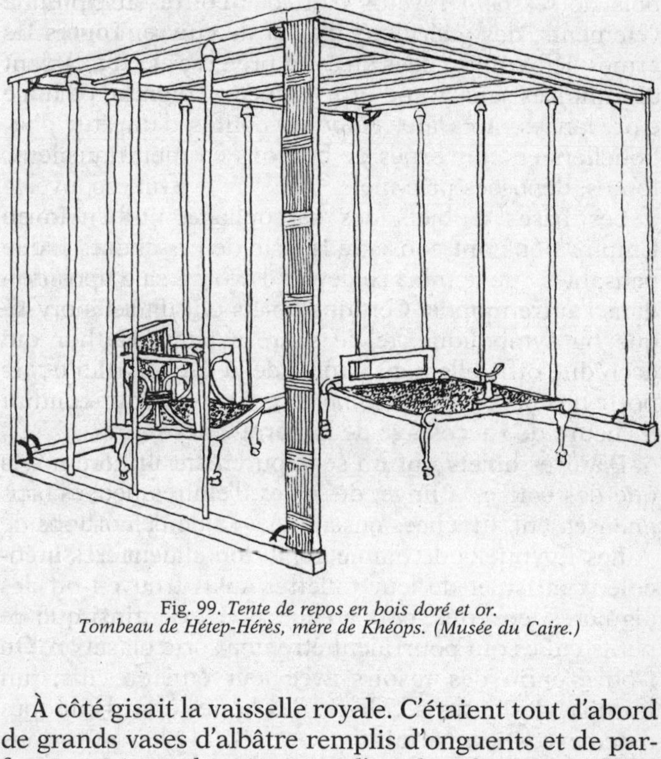

Fig. 99. *Tente de repos en bois doré et or. Tombeau de Hétep-Hérès, mère de Khéops. (Musée du Caire.)*

À côté gisait la vaisselle royale. C'étaient tout d'abord de grands vases d'albâtre remplis d'onguents et de parfums précieux, des aiguières d'or, des plats merveilleusement ouvragés, des coupes, des gobelets à anse, des verseuses, des bols, le tout en or, par dizaines. C'était la vraie caverne aux trésors.

On apportait alors le mobilier funéraire, lequel, si on en juge par celui qu'on a trouvé dans l'énigmatique tombe de la reine Hétep-Hérès, mère de Khéops, devait être somptueux[325]. C'étaient des trônes, des fauteuils dorés, des lits de repos en bois revêtus de feuilles d'or et aux pieds retournés en forme de pattes de lion dénotant un luxe raffiné[326]. Il y avait des sièges, des baldaquins, des chaises à porteur en ébène aux brancards en bois de *sesenem* revêtus d'or, des coffres remplis de vêtements, des guéridons d'or et de cuivre. Toutes les armes de parade, celles qu'avait préférées le roi, étaient accumulées sans grand ordre : épées, poignards à lame d'or, lances, arcs aux embouts coiffés d'un étui d'or, boucliers en cuir ornés de boutons en métal précieux, toutes, déposées pêle-mêle.

Les frises d'objets des sarcophages[327] du Moyen Empire nous ont conservé la liste de ces choses indispensables que le mort se devait d'avoir à sa disposition dans l'autre monde. Certains objets ont un sens mystique ou symbolique, tel le sistre à tête d'Hathor qui accrédite officiellement auprès de la déesse celui qui le porte ou encore le collier *menat* qui sert de sauf-conduit à l'heure de l'accostage de la barque des morts.

D'autres objets ont un sens purement utilitaire, tels que des coffres à linge, des piles d'étoffes neuves, soigneusement attachées ensemble à l'aide de cordons.

Les Égyptiens de bonne condition étaient très méticuleux au sujet de leur toilette. Aussi trouve-t-on des aiguières, cuvettes, pots à eau, serviettes, ainsi que de petits cubes qui pourraient être une sorte de savon. On trouve enfin des rasoirs avec leur étui en cuir, des miroirs, des vases à collyre, des boîtes à fards, le tout d'une exécution parfaite.

Voilà en somme les richesses que des pillards éblouis trouvèrent un jour en pénétrant pour la première fois

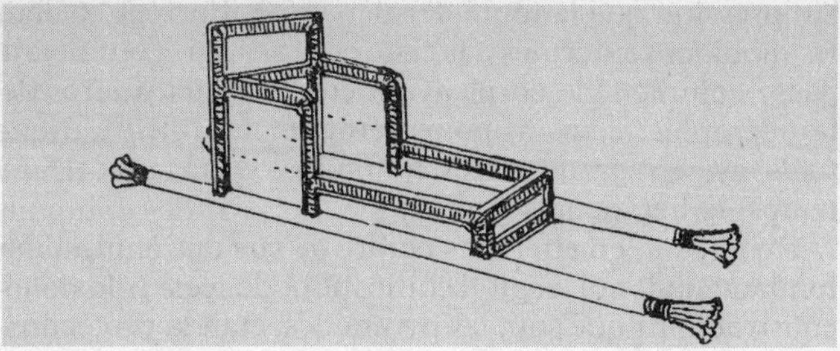

Fig. 100. *Chaise à porteur plaquée or de la reine Hétep-Hérès, mère de Khéops, d'après Ch. Singer-Holmyard and Hall,* A History of Technology, *vol. I, Oxford.*

dans la tombe intacte du grand roi Khéops. Voilà ce qui nous est personnellement apparu, plus ou moins bien conservé, en entrant à Tanis dans les fabuleux tombeaux inviolés des pharaons Psousennès, Ousermarê-Chéchonk, Amenemapit, ainsi que dans celui du vizir Ounoudjebaouendjed[328].

Nous avons tenté de reconstituer le contenu d'une tombe royale d'après ce que nous savons des usages des Égyptiens. Mais en ce qui concerne celle de Khéops, nous devons certainement être bien au-dessous de la vérité, si on compare la grandeur et la puissance du grand Khéops à celle de Toutankhamon[329] ou encore à celle des rois tanites, souverains d'une puissance et d'une richesse incontestablement moindre.

Une question se pose maintenant. Le dernier acte, c'est-à-dire l'ensevelissement et la fermeture de la pyramide, ont-ils été effectués solennellement au cours d'une cérémonie, ou bien l'opération a-t-elle été accomplie presque furtivement par les prêtres de la nécropole ? Notre propre témoignage nous ferait préférer cette dernière occurrence. En effet, au cours des découvertes de Tanis, nous avons eu chaque fois l'impression que la toute dernière opération fut bâclée, les mobiliers enfermés à la hâte et sans soin. Tout s'était passé comme si le corps ayant été livré aux prêtres de la nécropole, ceux-ci, pour dérouter les voleurs éventuels, avaient gardé secret, au moins durant un certain temps, le lieu de la sépulture[330].

On ne doit, en effet, pas perdre de vue que le principe fondamental qui régit l'édification de ces colossales constructions que sont les pyramides, était la protection du corps du roi contre la cupidité des hommes. Si on a construit des monuments si gigantesques, en matériaux si solides, si on a inventé des artifices compliqués pour assurer la fermeture de la tombe, c'est uniquement pour que les voleurs ne puissent y pénétrer.

Il est donc naturel de penser qu'outre les moyens matériels de protection, le secret du lieu de la sépulture était une précaution supplémentaire.

Le rite journalier dans les temples funéraires

Quel est le sens, la raison d'être, des cérémonies qui se pratiquaient à l'intérieur du temple funéraire de Khéops ?

Aucune inscription, aucune scène n'ont été retrouvées dans les ruines des temples des pyramides de la IVe dynastie. Nous demeurerions dans l'ignorance la plus complète s'il ne nous était parvenu les scènes figurées de certains mastabas privés qui apparaissent au début de cette même époque, ainsi que des documents écrits connus sous le nom de *Textes des Pyramides*, d'époque un peu postérieure. Ces derniers avaient été enregistrés pour la première fois à la Pyramide d'Ounas, puis dans celles des autres rois de la VIe dynastie. Ces documents ne sont en fait que la transcription écrite de rites pratiqués oralement à des époques certainement plus anciennes même que la IVe dynastie.

L'idée fondamentale d'un temple funéraire repose principalement sur la pratique de l'offrande quotidienne destinée à la survie de l'âme du roi défunt.

En effet, la vie dans l'autre monde n'étant que le reflet de celle d'ici-bas, il était indispensable que l'âme du mort fût alimentée, sous peine de périr d'inanition et de se diluer misérablement dans des sortes de limbes ou d'y errer sans cesse.

Le roi avait donc, de son vivant, souscrit à des fondations permanentes[331] par la donation de domaines et de villages funéraires, les *pr-djet*[332], chargés de fournir les produits et les aliments nécessaires à sa survie dans l'autre-monde. Une véritable population de prêtres, de servants et de paysans y était attachée.

Le service funéraire était assuré par des *hemou-ka* « les prêtres du ka » que nous avons déjà vus au cours de la cérémonie des funérailles. C'étaient des fonctionnaires qui vivaient dans le voisinage du domaine funéraire. Ce n'étaient pas des ouvriers. Ils n'étaient jamais astreints à des besognes artisanales. On les voit dans les scènes des mastabas, seulement occupés au transport des offrandes : cruches de bière, plateaux chargés de pains ou de pâtisseries, jarres de vin ou de lait, pièces de viande ou de volailles. Ces fonctionnaires sont souvent groupés en escouades et escortés de serre-files. Mais les pharaons ne se faisaient pas trop d'illusions sur la fidélité humaine et même la piété filiale. La crainte majeure du défunt étant l'abandon, il était prévu que si le clergé venait un jour à disparaître, les textes et les scènes gravées ou peintes sur les parois de la tombe pourraient, par la vertu de la chose écrite ou représentée, continuer à exercer leur fonction magique à l'égard du fondateur.

Les offrandes réelles étaient donc complétées par l'exercice de la liturgie. Où et comment celle-ci était-elle pratiquée ? Les études des monuments de la VIe dynastie nous l'apprennent. Elles nous montrent que le temple funéraire d'une pyramide de l'Ancien Empire était divisé en deux sections distinctes :

1. La partie publique où les fidèles étaient admis et où on célébrait les fêtes en l'honneur du roi.

2. La partie secrète où se pratiquait le culte religieux pour le repos de l'âme du roi défunt. N'y pouvaient pénétrer que les membres du clergé et le roi, son successeur.

Le rituel était, comme nous l'avons déjà souligné, récité et mimé avec des gestes et des attitudes spécifiés minutieusement par le « livret[333] ». Le texte était lu par un ou deux officiants pendant que les assistants accomplissaient le rite.

L'examen de l'ensemble des *Textes des Pyramides* montre qu'on y exerçait trois fonctions essentielles :

1. Assurer l'identité du roi en récitant comme une litanie des morceaux mythologiques. Voici quelques-uns d'entre eux :

Discours de Nout (déesse du Ciel) : C'est K., mon fils chéri ; je lui donne les Deux-Horizons pour qu'il s'en rende maître ;

Tous les dieux présents répondent d'une seule voix :

C'est vrai que K. est le favori de tes enfants, qu'on le protège éternellement.

Il est à remarquer que le roi ne s'adresse pas en quémandeur ; il ne fait aucune prière ; il est le dieu lui-même. Le rôle des autres dieux consiste à accueillir le roi dans son domaine funéraire, comme un fils qui vient recueillir l'héritage de son père.

2. Les formules d'offrandes récitées pendant la présentation des aliments, au cours desquelles on lui donne un nom symbolique :

Ô, Osiris K., tu as présenté cette tienne libation d'eau fraîche et tu as répandu ta tienne libation près de Hor en ton nom de Sortant de l'Eau fraîche ! (Qobhou). Tu as présenté ton encens divin qui te divinise et ta mère Nout donne que tu sois dieu pour ton ennemi en ton nom de dieu.

3. Les conjurations magiques destinées à écarter les mauvaises influences (serpents, scorpions) :

Que ton venin (ô Serpent !) n'entre pas dans mes membres (Pyr., § 443).

ou encore :

Arrière ! crocodile ! ne viens pas à moi ! gare ! Je vis de mes équipements magiques ! (Pyr., § 31).

En effet, la résurrection corporelle du roi dans ses fonctions divines ne se passe pas sans aventures, ni dangers. Il aura à combattre des ennemis divers. Ce sont des dieux, des mammifères, des animaux souterrains qui, en vertu de la magie de la représentation figurée, pouvaient avoir une influence redoutable. C'est pourquoi, dans les textes écrits, les hiéroglyphes déterminant les animaux sont supprimés, mutilés ou représentés avec un couteau mortellement planté dans le dos.

Fonctionnement du système de fermeture

Le moment était venu de clore la salle funéraire.

Dans le vestibule se trouvait une batterie de herses munie d'un ingénieux mécanisme de fermeture[334]. On ôtait alors les potelets de sécurité fixés dans des embrasures et les trois herses en granit demeuraient suspendues par un système de cordages.

On relâchait ensuite les cordes et les lourds rideaux de pierre glissaient lentement dans leurs rainures. La dernière partie du vestibule, passage long d'environ deux mètres, était ensuite obstruée à l'aide d'un gros bouchon de granit. On refermait alors soigneusement l'ouverture au moyen d'une dalle en pierre calcaire, identique par sa forme et par sa couleur à l'appareillage des pierres de la muraille, ainsi que nous l'avons vu pratiquer dans les tombes royales de Tanis[335].

Toute trace du passage avait dès lors disparu.

Quand ces derniers travaux étaient achevés, le cortège descendait la Grande Galerie et, empruntant le couloir horizontal, pénétrait dans la « Chambre de la reine », où on accumulait le reste des offrandes et du mobilier funéraire. Cette opération terminée, on condamnait le couloir en y plaçant le gros plancher de bois, le « pont » sur lequel devaient rouler les blocs-bouchons quand ils seraient lâchés.

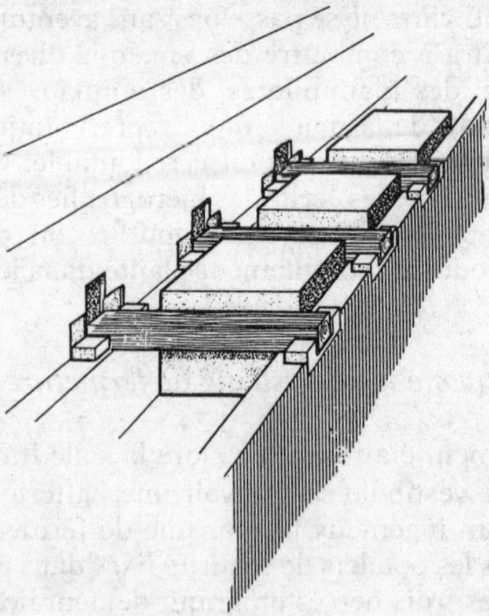

Fig. 101. *Système de retenue des blocs-bouchons.*

Ceci fait, on enlevait les poutres transversales qui retenaient les blocs-bouchons et ceux-ci se mettaient en marche.

Comment roulaient-ils ? A-t-on employé de petits rouleaux en cuivre, comme à Tanis, ou bien utilisa-t-on une sorte de lubrifiant, par exemple l'argile délayée ou le plâtre mort ? On l'ignore[336].

Toujours est-il que les blocs avançant lentement, on effectuait le freinage en coinçant les pierres à l'aide de coins en bois. Après le passage sur le « pont », les blocs se présentaient devant l'étroite ouverture du couloir en pente. À ce moment, les ouvriers évacuaient la Grande Galerie. Dès lors, un ou deux hommes suffisaient pour exécuter les opérations simultanées de freinage et de débrayage, opérations qu'ils pratiquaient à reculons (voir fig. 102). En fin de course, le bloc de tête du train arrivait sur le lieu où la descenderie conduisait à la salle souterraine abandonnée. Une dalle de pierre calcaire était alors fixée, emboîtée, au plafond de la descenderie et dissimulait le passage. Plus rien n'indiquait l'cmplacement du formidable mécanisme de fermeture peut-être imaginé par le roi lui-même[337].

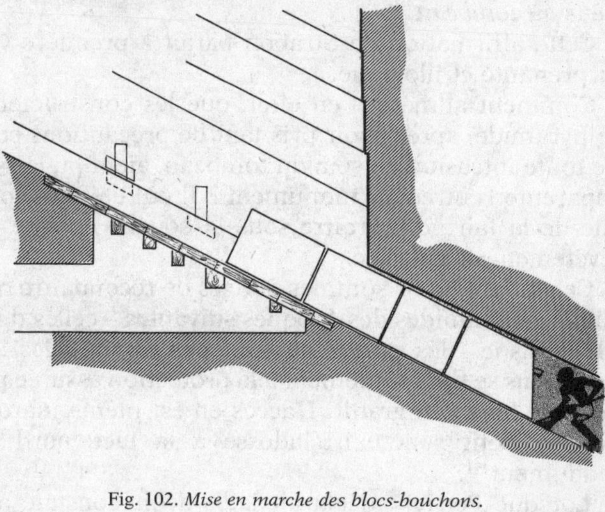

Fig. 102. *Mise en marche des blocs-bouchons.*

Ce fut, sans doute, cette dalle de plafond qui s'effondra à grand fracas lorsque les ouvriers du calife Al Ma'moun en 820 de notre ère se frayèrent un chemin à travers la pyramide[338].

Le couloir descendant était-il comblé par des bouchons de pierre comme nous l'avons cru un instant ? Probablement pas, et on verra plus loin pourquoi[339]. Dans ces conditions, la descenderie et la salle souterraine prenaient alors l'aspect d'une fausse tombc abandonnée.

Existait-il une porte mobile ?

Strabon dit à propos du monument de Khéops : *[La pyramide possède] à une certaine hauteur, approximativement entre les deux côtés, une pierre qui peut s'ôter ; celle-ci une fois soulevée, on voit un conduit en pente qui mène au tombeau*[340].

Cette affirmation de Strabon paraît à première vue surprenante et illogique.

Comment admettre, en effet, que les constructeurs de pyramide, après avoir pris tant de précautions contre toute intrusion au sein du tombeau, aient pu laisser apparente l'entrée du monument ? Il eût été plus logique de la faire disparaître sous la couche épaisse du revêtement de calcaire.

Cependant, nous sommes obligés de reconnaître que dans les pyramides des époques suivantes – celles de la VIe dynastie – les portes ne sont pas dissimulées, les Égyptiens se fiant seulement à la protection assurée par la triple herse en granit. L'accès en est même marqué par un petit sanctuaire adossé à la face nord du monument[341].

Lorsque Petrie[342] déclarait jadis avoir constaté aux pyramides plus anciennes de Dahchour et de Meïdoum, les traces de certaines portes mobiles destinées à clôturer le monument, nous avouons que ces affirmations nous avaient laissés quelque peu sceptique ; nous pensions que le célèbre archéologue anglais avait été influencé par la relation de Strabon.

De nouveaux déblaiements ayant été effectués en 1970-1971 par le Service des Antiquités de l'Égypte devant la face nord de la pyramide de Mykérinos, nous avons découvert au-dessous de l'entrée, parmi les décombres, un morceau de granit portant des traces de taille tout à fait insolites. Il s'agissait d'un fragment mesurant 0,43 × 0,25 × 0,20 portant en creux des marques de formes circulaires (fig. 103).

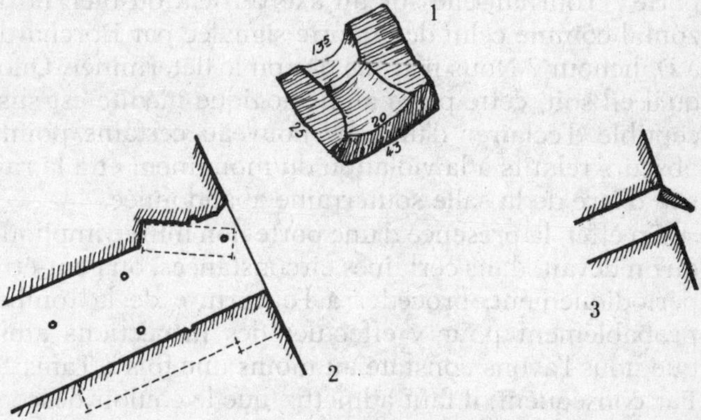

Fig. 103. *1 : Fragment de gond en granit trouvé devant l'entrée de Mykérinos. 2 et 3 : Portes mobiles Dahchour (cf. Borchardt A.Z., tome 35, p. 87, et Petrie,* Pyramids and Temples…, p. 145-146).

Nous insistons sur le fait que cette pièce fut aperçue par nous-même exactement au pied de « l'entrée vraie » de la pyramide de Mykérinos.

Tout de suite l'allégation de Strabon nous vint à l'esprit. Il ne pouvait s'agir effectivement que de quelque élément provenant d'une porte mobile. L'examen de l'objet montre avec évidence (voir photo) que c'était là la partie creuse servant de guide, la crapaudine, dans laquelle venait s'adapter et jouer le pivot de la porte. La pièce était ingénieusement agencée de telle manière que le frottement entre les deux parties en contact n'offrît qu'une surface minime ce qui rendait le battant de la porte plus léger au maniement. Le pivot lui-même était-il en cuivre, comme celui de la pyramide d'Ounas ?

Maspéro avait, en effet, observé près de l'ouverture de cette pyramide des traces de vert-de-gris que le frottement sur la pierre y avait déposé[343].

Comment était disposée et comment s'ouvrait cette porte ? Tournait-elle sur un axe vertical ou bien horizontal comme celui de la porte signalée par Borchardt à Dahchour ? Nous n'avons pas pu le déterminer. Quoi qu'il en soit, cette pièce archéologique inédite est susceptible d'éclairer d'un jour nouveau certains points obscurs relatifs à la violation du monument et à la raison d'être de la salle souterraine abandonnée.

En effet, la présence d'une porte non murée implique qu'on devait, dans certaines circonstances, ou peut-être périodiquement, procéder à l'ouverture de la tombe, probablement pour y effectuer des inspections ainsi que nous l'avons constaté au moins une fois à Tanis[344]. Par conséquent, il faut admettre que le couloir descendant n'était pas comblé de pierres au moment de la fermeture de la pyramide.

L'existence de cette porte fournit une nouvelle donnée au problème de la mystérieuse salle souterraine, abandonnée avant son achèvement. En effet, puisque nous avons vu que celle-ci ne pouvait pas constituer une première étape au cours de la construction du monument, nous pouvons penser qu'il s'agissait là d'une sorte de « leurre » destiné à dérouter les pillards éventuels. Constatation qui expliquerait le changement de pente apparemment inutile des couloirs descendant puis ascendant. Cette constatation viendrait confirmer les propos rapportés par Diodore relatif au bruit qui courait à son époque, selon lequel le roi Khéops ne fut jamais enterré dans la pyramide qu'il s'était fait construire[345]. Bruit qui devait naturellement être soigneusement entretenu à l'époque par l'administration chargée de la surveillance et de la protection des monuments.

Nous expliquerions désormais la présence de cette mystérieuse salle de la façon suivante : à la fin des obsèques, au moment de la clôture de la tombe royale, les blocs-bouchons en granit étaient arrivés en fin de course et demeuraient bloqués au point A, juste à l'intersection des deux pentes des couloirs. À cet endroit, on recouvrait le plafond du couloir descendant d'une grande dalle qui dissimulait le passage. Toutes les traces du couloir supérieur ainsi que celles du mécanisme quasi automatique des fermetures avait alors complètement disparu. Il suffisait ensuite de faire basculer et de fermer la porte extérieure de la pyramide dont nous venons de découvrir l'existence, et de la sceller.

Et la Majesté du roi Khéops pouvait ainsi compter, à tort ou à raison, que tout le mécanisme ingénieux qu'il venait de réaliser serait oublié par ceux-là mêmes qui l'avaient édifié, et que désormais la gigantesque tombe sacrée demeurerait inviolée, pour l'éternité, à jamais.

En résumé et pour répondre à ce problème qui fait toujours couler beaucoup d'encre, nous pouvons affirmer que la chambre et le sarcophage étaient bien ceux où fut enseveli le corps de Khéops.

Afin de mieux le garder secret, le système de fermeture fut dissimulé par une plaque de pierre sous le plafond du couloir descendant, lequel conduisait à une salle demeurée à dessein, inachevée.

Puis on fit courir le bruit que le corps du pharaon avait été enseveli ailleurs.

Cette légende circula durant toute l'Antiquité (Diodore I, LXIV)[345].

Elle resurgit de temps à autre et est présentée par leur auteur comme une découverte[345].

8. La profanation

La violation de la pyramide de Khéops

Aujourd'hui, on accède à l'intérieur du monument par un couloir tortueux situé à la hauteur de la 6e, 7e et 8e assise de la face nord. C'est la brèche qui aurait été ouverte, dit-on, par le calife Al Ma'moun, fils du célèbre Haroun al Rachid au début du IXe siècle de notre ère, afin de chercher les trésors cachés.

En fait, ses ouvriers ont dû atteindre, après un déblaiement qui a dû coûter un certain effort, le cheminement creusé bien longtemps auparavant, dans l'Antiquité, par les pilleurs de tombes. À une distance de 43,74 m de l'entrée actuelle, ce cheminement contourne un obstacle formé par les trois blocs-bouchons en granit demeurés en place et va finalement atteindre le couloir ascendant. C'est à cet instant qu'ils entendirent le fracas de la chute de la dalle mentionnée plus haut et découvrirent l'existence du couloir descendant.

L'opération dut être décevante pour les gens du calife parce que, selon l'écrivain arabe Al Maqrizi qui la relate ainsi : *Quand les ouvriers parvinrent au centre de la construction, ils y trouvèrent, ô merveille, un bassin rempli de dinars dont le montant était exactement celui qu'il avait fallu pour parvenir jusque-là*[346].

Le boyau vertical

Il existe à l'emplacement où le couloir ascendant atteint la Grande Galerie, l'entrée d'un trou profond dont la présence à cet endroit a beaucoup intrigué les chercheurs et qui a été l'origine de nombreuses hypothèses.

L'entrée de ce trou, dissimulée aujourd'hui derrière un bâti en bois cachant des installations électriques, paraît avoir été taillée régulièrement dans la pierre.

Ce passage, dont les dimensions permettent tout juste l'entrée d'un homme, après un parcours presque vertical de courte distance, atteint une petite chambre appelée par certains « grotte », puis prend une direction franchement oblique en s'enfonçant dans la masse compacte du monument. Après une descente de 58,40 m environ, il aboutit au fond, sur un côté du couloir qui mène à la chambre souterraine. À ce niveau, le trou se présente sous la forme d'un passage presque carré (65 × 68), arrondi aux angles. Il semble avoir été creusé par petits coups, presque par usure. Sur la paroi nord, des crans creusés dans la roche en permettaient l'ascension. Au sol, la partie horizontale est moins régulière (voir photo).

Qu'était ce passage ?

Certains archéologues ou voyageurs ont voulu voir là, la voie de retraite des ouvriers chargés du blocage des couloirs après les funérailles, ne s'expliquant pas comment ils auraient pu sortir vivants après la fermeture du tombeau.

D'autres ont pensé que les ouvriers destinés à être sacrifiés avaient préparé subrepticement leur chemin de retraite afin d'échapper à la mort.

Il est difficile d'admettre ces hypothèses pour les raisons suivantes : nous ne connaissons dans l'histoire ni dans la littérature égyptienne aucun cas de sacrifices de cette sorte ; les sacrifices des serviteurs lors des obsèques[347] n'étaient certainement plus pratiqués à l'époque des pyramides. D'autre part, comment supposer que des constructeurs, qui prenaient tant de précautions pour rendre inviolable le cœur du monument en inventant et réalisant cet énorme système de fermeture, aient été assez inconséquents pour ménager un passage à d'éventuels pillards ? C'est barricader une porte et laisser la fenêtre ouverte.

La romanesque hypothèse du travail en cachette n'est guère plausible non plus[348]. Comment admettre, en effet, que de futurs condamnés, s'il en fut, aient pu pendant de longues années au préalable réaliser à l'insu de tous un travail si considérable ?

D'ailleurs, cela est évident : un tel travail, vu l'exiguïté du trou, n'a pu être exécuté que de bas en haut, afin d'évacuer les déblais. La sinuosité du couloir dénote une certaine hésitation en ce qui concerne la direction cherchée. Et enfin, l'état des parois creusées par un procédé de grignotage, peut-on dire, indique bien que des pillards devaient travailler en silence afin de ne pas attirer l'attention. À notre avis, ils furent guidés par le son creux[349], sensible dans le silence absolu régnant au centre de la pyramide. Les voleurs faillirent d'ailleurs rater de peu la Grande Galerie.

Cette première violation eut probablement lieu déjà à l'époque pharaonique. Il n'y a, en effet, aucune raison de penser que les pyramides memphites furent épargnées durant les diverses périodes d'anarchie et de déclin de l'autorité au cours desquelles le pillage des tombes royales fut systématiquement organisé[350].

Les pillards furent, croyons-nous, peut-être les gardiens eux-mêmes ou en tout cas des gens parfaitement renseignés sur la topographie du monument. N'osant pas s'attaquer à l'entrée vraie de la pyramide parce que haut placée et visible de loin, ils creusèrent plus bas, abrités de la vue par la muraille du témenos. Avec une patience et un acharnement dignes des constructeurs eux-mêmes, ils pratiquèrent d'abord une sorte de boyau horizontal dont ils dissimulèrent l'entrée à l'aide d'une pierre. Ils se frayèrent ensuite un chemin jusqu'au point d'intersection des deux couloirs, montant et descendant. À cet endroit les pillards trouvèrent ce dernier couloir parfaitement dégagé qui conduisait à la salle abandonnée, c'est-à-dire à l'endroit où se situe l'axe de la pyramide. Pour ne pas aboutir sous le formidable et triple dallage en granit de la Chambre du roi, ils reculèrent d'une vingtaine de mètres par rapport à la salle abandonnée et attaquèrent la paroi ouest du couloir. Mais pour ne pas encombrer immédiatement ce même couloir avec les débris de pierre, les voleurs établirent très judicieusement un petit vestibule. Puis ils entamèrent patiemment la roche au-dessus de leur tête.

Le boyau ne s'élève pas verticalement, mais s'incline vers le nord, sans doute pour faciliter l'ascension, trop pénible autrement.

Le son creux les attira vers la « grotte », laquelle était, comme nous l'avons dit, une ancienne tombe privée établie sur le plateau avant même la fondation de la Grande Pyramide. Les pillards atteignirent enfin un coin de la Grande Galerie. Le reste ne fut pas pour eux un simple jeu, puisqu'ils eurent encore la peine de découvrir et de forcer la triple herse en granit avant de pénétrer dans la crypte.

Et enfin, le pillage a pu, en secret, durer des années, voire des générations. Mais pour ne pas attirer l'attention des inspecteurs de la nécropole, les pillards, après leur passage, refermaient soigneusement l'orifice qu'ils avaient pratiqué dans la paroi du couloir descendant. Ils muraient le trou comme s'il s'agissait de réparer un défaut de la pierre. Et l'honnête fonctionnaire chargé de l'inspection des tombes royales pouvait déclarer en toute conscience qu'il n'avait rien à signaler[351].

La confession d'un pilleur de pyramides

Voici maintenant l'étonnante confession d'un pilleur de tombes royales sous le règne de Ramsès IX. La voici telle qu'elle fut enregistrée sur papyrus au cours du procès qui s'ensuivit :

> Nous avons été pour voler dans les tombes suivant notre habitude et nous avons trouvé la pyramide du roi Sekhemrê Chedtaoui, fils de Rê-Sebekemsaf (XIIIe dynastie), et celle-ci n'était pas du tout semblable aux pyramides et aux tombes des nobles que nous avions l'habitude de piller. Nous avons pris nos outils de cuivre et forcé un passage dans la pyramide de ce roi, à travers sa partie la plus profonde. Nous sommes parvenus à ses chambres souterraines et prenant en main des torches allumées, nous descendîmes. Alors nous perçâmes le blocage [blocs des herses ?] rencontré à l'entrée de son couloir et trouvâmes ce dieu couché au fond de sa chambre sépulcrale. Et nous avons trouvé la sépulture de la reine Noubkhââs, sa reine, placée à côté de lui, protégée et gardée (scellée) par du plâtre et recouverte de blocaille. Nous l'avons également forcée et trouvé la reine reposant là, pareillement. Nous avons ouvert les sarcophages et les cercueils dans lesquels ils se trouvaient et trouvé la noble momie de ce roi munie d'un glaive ; de nombreuses amulettes et des bijoux d'or étaient à son cou ; son masque d'or était sur lui. La noble momie de ce roi était entièrement recouverte d'or, ses cercueils ornés d'or et d'argent, intérieurement et extérieurement, et incrustés de toutes sortes de pierres précieuses. Nous avons emporté l'or trouvé sur la noble momie de ce dieu en même temps que celui des amulettes et bijoux qu'il avait au cou et celui des cercueils dans lesquels il reposait et nous trouvâmes la reine exactement dans le même état. Nous avons emporté tout ce que nous avons trouvé sur elle également et mis le feu à leurs cercueils.

> Nous avons pris le mobilier trouvé avec eux et consistant en objets d'or, d'argent et de bronze et avons fait le partage entre nous. Et nous fîmes huit portions de l'or que nous avons trouvé sur ces deux dieux, provenant de leurs momies, amulettes, bijoux et cercueils, 20 « deben » d'or (1,800 kg) furent attribués à chacun de nous, ce qui fait cent soixante « deben » d'or (14,400 kg), non compris les fragments de meubles. Nous avons alors passé le Nil pour rentrer à la cité...
>
> *Trad. A. Gardiner*[352]

Le papyrus qui raconte ce fait n'indique pas le sort qui fut réservé aux coupables.

Conclusion

Le majestueux édifice est maintenant achevé. La Grande Pyramide, désormais dépouillée de sa gangue de brique, apparaît éclatante de blancheur sur la ligne sombre de l'horizon. Ses arêtes fuyantes se croisent au sommet du pyramidion étincelant au soleil, pareil au jaillissement d'un éclair surgissant du sein de la terre pour atteindre le ciel.

Une pyramide n'est pas un édifice ordinaire. Sa forme géométrique ne suscite pas l'émotion esthétique que provoque, par exemple, la majesté d'un temple, la splendeur d'un palais ou plus simplement les structures sensibles d'une belle maison. La perfection d'une architecture se réfère toujours aux proportions humaines et parfois, disait Paul Valéry, à celles d'un adorable corps féminin. La beauté esthétique procure à l'esprit et à l'œil une satisfaction qui est une sorte de bonheur.

Rien de semblable dans une pyramide. Par la justesse mathématique de ses formes calculées au moyen des nombres et des rapports des nombres, elle pose des problèmes abstraits tirés d'une science pure, vaguement inquiétants parce qu'elle décèle l'existence d'une science cachée, dépassant l'entendement commun et un sentiment obscur qui se rattache peut-être au secret de la mort.

De plus, ses dimensions surhumaines évoquent l'immensité de la puissance divine. Une expression égyptienne, « comme au temps du dieu », trahit la croyance à une époque révolue où les divinités cosmiques régnaient sur la terre. Et le roi, ne l'oublions pas, était le fils de ces dieux. D'autre part, les textes nous l'affirment, le corps de la pyramide, c'est le corps sacré du roi lui-même et il doit être adoré comme lui (voir p. 279). Comment s'étonner alors qu'à l'approche d'une pyramide royale les équipages de certains navires de transport égyptiens se prosternaient, médusés, comme frappés de terreur (voir photo, pl. XIV).

Il n'est pas surprenant non plus que l'image d'une pyramide ait été, aux yeux des Égyptiens, associée à la formidable puissance du pharaon divinisé. C'est peut-être à travers cette extraordinaire réussite d'une architecture transcendantale qu'on pourrait expliquer l'immense prestige dont jouirent, pendant plus de vingt siècles, les pharaons, puisque les gigantesques pyramides étaient là, en permanence, pour témoigner de l'alliance des dieux avec les rois.

Comme on le voit, il ne s'agit plus là d'un acte de despotisme barbare, ni du désir insensé de préserver désespérément un cadavre de la pourriture, pas plus que d'une manifestation de foi comme ce fut le cas pour nos cathédrales. On doit considérer plutôt la construction d'une pyramide comme une véritable action politique de très longue portée et qui eut effectivement des conséquences incalculables*.

Au cours de notre ouvrage, nous avons surtout essayé de comprendre et d'expliquer, en nous aidant de toutes les ressources de l'archéologie, de l'histoire et de la technique, de dire tout ce que l'on sait sur ces édifices que l'Antiquité plaçait en tête des Sept Merveilles du monde.

Mais avons-nous tout compris et tout dit sur ce sujet qui englobe, en somme, toute la science des Égyptiens

* Entre autres l'extraordinaire pérennité de la royauté pharaonique qui dura, ne l'oublions pas, plus de 3 000 ans.

de l'Ancien Empire ? Certainement pas. Nous avons le sentiment d'avoir seulement soulevé un petit coin du voile qui recouvre leur connaissance. Que de questions demeurent et demeureront éternellement insolubles !

Pour nous en tenir seulement aux problèmes d'ordre pratique, on peut se demander comment ce peuple étonnant taillait le granit ou la diorite, pierre amphibolique la plus dure avec... des ciseaux en cuivre ? Ils possédaient certainement quelque outil, quelque métal ou quelque procédé mystérieux qui leur permettait d'inciser et de tailler à bords vifs les matériaux et de leur donner cette souplesse de taille impossible à exécuter aujourd'hui avec nos outils à main. Quel était le but et la méthode d'exploitation de certaines carrières, comme celle que nous avons vue à Zaouyet el-Soltan ou Zaouyet el-Maytîn, en face de Minieh ? Imaginez de longues tranchées parallèles larges d'un mètre, taillées dans la pierre calcaire et profondes de 20 m et plus. En surface, sur les parties non entamées du sol, on distingue des tracés étranges, apparemment sans aucune signification. Nous le répétons, à quoi servaient ces mystérieuses tranchées ?

Nous avons déjà évoqué la taille de l'obélisque inachevé de la carrière d'Assouan (41,64 m), taille pratiquée comme à l'aide d'une gigantesque cuillère.

Comment ces hommes affrontaient-ils les réalités de la pesanteur ? Nous avons essayé d'expliquer par le mode du glissement sur un lit d'argile humide, en somme la méthode de l'escargot, le déplacement des énormes monolithes, tels que les pierres du temple de Khéphren, les obélisques de 30 m et plus, qui décorent aujourd'hui les places de plusieurs capitales du monde, les gigantesques colosses de Tanis dont l'un devait mesurer quelque 24 m de haut, le formidable naos de Mendès (anc. Thmouis), véritable maison monolithique en granit (6,30 × 4,00 × 3,30 m), tous monuments qu'on avait transportés à plus de 800 km de leur lit de carrière. Et cela à une vitesse record. En effet, sept mois seulement, nous assurent les textes, furent nécessaires pour exécuter et ériger le grand obélisque de la reine Hatchepsout à Thèbes (29,488 m).

Le procédé de lévitation des auteurs arabes prête évidemment à sourire. Mais, sans tomber dans la mystique contraire, on peut se demander si les anciens Égyptiens ne possédaient pas quelque artifice efficace et rapide complètement oublié aujourd'hui ?

Du plus grand au plus petit, la qualité de leurs ouvrages nous laisse stupéfaits. Et, s'exclamait Maspéro, que l'on parvienne à sculpter une statuette en or mesurant à peine deux centimètres de haut, passe encore, mais donner une certaine expression au visage de l'enfant que la déesse tient sur les genoux, voilà qui est prodigieux !

Comment, dans les mines d'or, les prospecteurs parvenaient-ils à déceler la présence du métal précieux, invisible dans le minerai de quartz ? Possédaient-ils quelque réactif chimique inconnu ? Quelle lumière leur permettait de s'éclairer dans les profondes syringes de Thèbes et d'ailleurs ? Nous ne leur connaissons que quelques dérisoires plats à mèches baignant dans l'huile.

Quant à la pyramide de Khéops, savons-nous tout d'elle, la connaissons-nous vraiment ? Les archéologues pensaient l'avoir définitivement explorée voilà plus de quatre-vingts ans, et puis ne voilà-t-il pas que l'on découvre par hasard, en 1945, les gigantesques barques funéraires intactes, dont une seule a jusqu'ici été mise au jour ? N'a-t-on pas retrouvé en 1925 (Reisner, Boston-Harvard), à une cinquantaine de mètres à peine du pied de la Grande Pyramide, la riche tombe inviolée de Hétep-Herès, mère de Khéops ? Comment était faite l'immense Chaussée monumentale que nos fouilles ont à peine entamée ? Où et comment était précisément établi le Temple de la Vallée de Khéops qui fut certainement plein de richesses ? Nous avons tenté de le reconstituer uniquement par comparaison avec celui de Khéphren. Nous pourrions aisément multiplier les questions.

Existe-t-il encore des salles inconnues à la pyramide de Khéops ? Une tentative avait été effectuée récemment avec un résultat négatif, par le professeur Alvarez, de l'Université de Berkeley. Grâce à des appareils modernes, on avait tenté une véritable radiographie de la pyramide. Il n'est pas impossible, à notre avis, qu'à l'instar de la pyramide à degrés de Saqqarah, l'entrée de tombes princières, donc l'existence de salles inconnues, demeure encore cachée sous le revêtement de la face est du monument.

Ainsi, bien des mystères restent à élucider dans ce qui constitue le complexe majestueux des pyramides de Gizeh. Mais au-delà de l'exploit technique, derrière chaque problème plus ou moins bien étudié, il reste, il demeurera, avec l'œuvre humaine la plus grande et la plus orgueilleuse, quelque chose d'infiniment émouvant et mystérieux, c'est l'idée créatrice qui a fait agir ces hommes qui surent, il y a quelque quarante-sept siècles, réaliser une pensée, peut-être discutable à notre pauvre point de vue, mais combien grandiose !

Et selon l'expression du savant mathématicien Henri Poincaré, réflexion que notre Centre National de la Recherche Scientifique a fait graver dans le bronze de ses médailles :

« LA PENSÉE N'EST QU'UN ÉCLAIR AU MILIEU D'UNE LONGUE NUIT MAIS C'EST CET ÉCLAIR QUI EST TOUT. »

Cassis, le 5 août 1976

Appendices

Appendice 1.

JUSTIFICATION DES CALCULS

Côtés de la base de la pyramide (moyenne) : 230,36 m ;
hauteur : 146,59 m ;

volume : $$V = B \times \frac{H}{3} = 2\,592\,968{,}4\ m^3$$

volume du libage (revêtement en calcaire : 2 m d'épaisseur) :

$$\frac{(230{,}36 - 4)^2 \times (146{,}59 - 2)}{3} = 2\,469\,514{,}7\ m^3$$

volume du revêtement seul :
2 592 968,4 – 2 469 541,7 = 123 426,7 m^3

volume réel du libage seul, compte déduit 15 % mortier et vides :

$$\frac{2\,469\,541{,}7 \times 85}{100} = 2\,099\,110{,}4\ m^3$$

volume transporté chaque jour pendant 20 ans ou 7 305 jours :

— en volume brut : $\frac{2\,592\,968{,}4}{7\,305} = 355\ m^3$ par jour

— à 10 h de travail par jour ou 600 minutes :

$$\frac{355}{600} = 0{,}591\ m^3 \text{ par minute.}$$

soit 0,600 m^3 env. par minute × dens. 2,5 = 1 500 kg.
ou 1 traîneau 3 000 kg par 2 minutes.

Densité de la pierre : 2,50. *Poids moyen d'un traîneau portant 1 m^3 de pierre + traîneau + harnachement :*
2 500 + 500 kg = 3 000 kg.

Poids à la traction du traîneau, compte non tenu du coefficient de frottement (formule $F = P \times \sin \alpha$ ou 0,061) $3\,000 \times 0{,}061 = 183$ kg, soit à raison de 12 kg tirés par homme : $\frac{183}{12} = 16$ hommes, soit 25 hommes comprenant relais + accompagnateurs + chefs d'équipe. Chaque traîneau faisant 5 voyages par jour, soit 5 m^3

$\frac{355}{5} = 71$ équipages de 25 hommes, soit

1 775 hommes affectés chaque jour aux équipages ou à la traction.

Distance parcourue depuis le pied jusqu'au haut de la pyramide : pente 0,056 : $\frac{146{,}59}{0{,}056} = 2\,617{,}67$ m

ou 3 km environ depuis le bord du plateau.

Préparation des pierres aux carrières (libage ou calcaire) :
Un homme creusant journellement une tranchée de 1 m × 0,25 m de profondeur, chaque pierre nécessitera : 4 × 4 = 16 hommes ou 16 journées de travail par pierre.

355 × 16 = 5 680 hommes affectés aux carrières.

Mise en place et ravalement des pierres :
4 maçons ou tailleurs de pierre = 2 pierres par jour en moyenne.

$$\frac{355 \times 4}{2} = 710 \text{ maçons}$$

Nombre total des travailleurs :
1 775 + 5 680 + 710 = 8 165 hommes.
Bateliers, ravitailleurs, briquetiers, pailleurs, magasiniers, malades : double, soit 16 330 hommes. État-major, scribes, police et *imprévus*, soit 20 000 hommes. Population de l'Égypte estimée à 8 millions (Moret), soit :

$$\frac{8\,000\,000}{20\,000} \text{ soit 1/400 de la population.}$$

Ainsi, en vingt ans, de 365 jours, soit 7 300 + 5 bissextiles, les ouvriers devaient poser par jour : vol. de la pyramide

$$\frac{2\,592\,968{,}4}{7\,305} = 355 \text{ m}^3$$

soit en journées de 10 heures = 35 m^3 1/2 environ par heure. C'est-à-dire que les convois devaient se suivre à une cadence de 1 passage pour moins de 2 minutes.

Bien entendu, ce volume de 2 millions et demi environ de pierres est théorique et très approximatif, puisqu'il faudrait retrancher 12 à 15 % de mortier, le volume du noyau et celui des cryptes et des couloirs. En revanche, il faudrait ajouter à ce nombre le volume des trois pyramides satellites et celui du Temple.

Si, comme on l'avait souvent prétendu, les travaux avaient été effectués seulement pendant les périodes d'inondation, c'est-à-dire pendant trois mois, il aurait fallu par conséquent diviser encore par quatre la cadence journalière de pose déjà très courte de deux minutes par convoi, ce qui nous paraît impossible.

Appendice 2.

LE LÉGENDAIRE CALCUL DE BONAPARTE AUX PYRAMIDES

Tout le monde connaît le célèbre calcul de Bonaparte aux Pyramides, lequel, pendant que ses officiers faisaient l'ascension du monument de Khéops, s'exerçait à en évaluer le volume.

Il calculait qu'en utilisant la quantité de pierres qui avait été nécessaire pour bâtir le monument, on aurait pu construire un mur de 3 m de haut, de 0,30 m de large et qui aurait pu faire le tour de la France.

Ses généraux demeurèrent interdits, et Monge, le célèbre géomètre, refit le calcul et le trouva exact.

Nous avons cherché à savoir comment Bonaparte s'y était pris pour effectuer son calcul.

En 1789, au début de la Révolution, la France présentait une surface de 557 756 kilomètres carrés.

Une dizaine d'années plus tard, le 27 septembre 1798, date à laquelle Bonaparte entreprit sa première visite aux Pyramides de Gizeh, la surface de la France, y compris celle de la Corse, agrandie par les guerres de la République, comprenant la Belgique, les nouveaux territoires du Rhin et de la Moselle, mesurait 611 000 kilomètres carrés. Il semble évident que, pour le général, cette superficie représentait une figure géométrique régulière, en l'occurrence un quadrilatère (on ne parlait pas encore d'hexagone). S'agissait-il, avec ces données de calculer le périmètre effectif du territoire français, lequel avec les sinuosités de ses côtes aurait été difficile à évaluer ?

D'autre part, les dimensions de la pyramide de Khéops, à cause de son état d'ensablement, moins bien connues qu'aujourd'hui, étaient les suivantes (Jomard, *Description*, VII, 31, 38) :

Base 232,747 m, hauteur théorique 144,194. Volume : 2 603 719 m^3.

En supposant qu'il utilisât les données connues à cette date, voyons comment Bonaparte aurait procédé pour effectuer ses calculs. En prenant pour base la surface de la France de 1798-1801, laquelle, comme nous le disions, était de 611 000 km^2, il aurait obtenu un quadrilatère dont chaque côté mesurait :

$$\sqrt{611\ 000} = 781\ 664{,}88 \text{ m, son périmètre} = 3\ 126\ 659{,}5 \text{ m}$$

Donc un mur de 3 m de haut par 0,30 m d'épaisseur aurait représenté un volume de pierre de 2 813 993,500 m^3.

Dans ce cas, son évaluation aurait abouti à un chiffre supérieur au volume de la pyramide de Khéops.

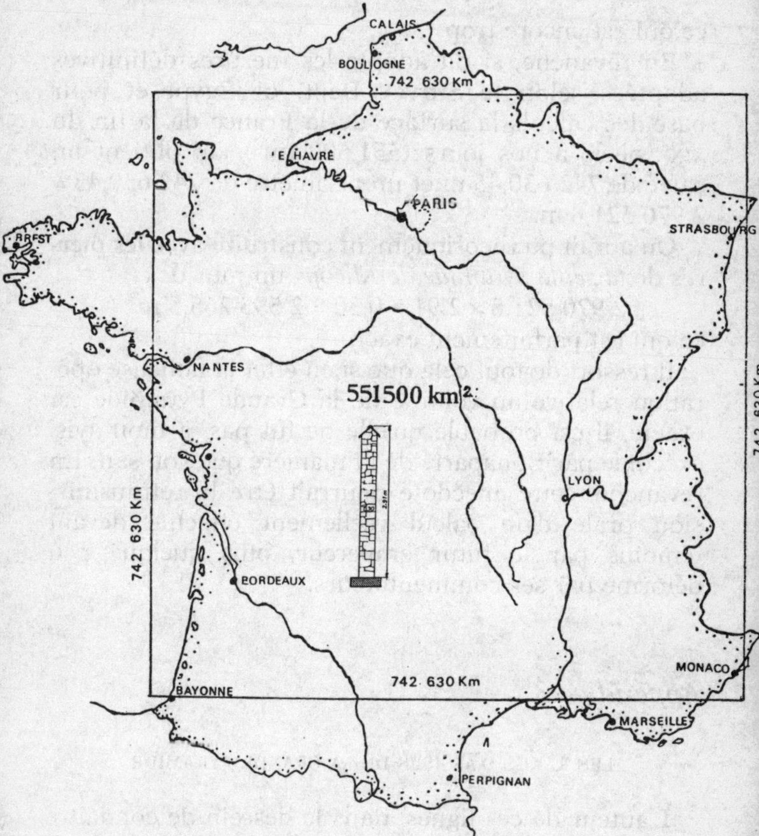
CALAIS
BOULOGNE
742 630 Km
LE HAVRE
PARIS
STRASBOURG
BREST
NANTES
551500 km²
742 630 Km
742 630 Km
LYON
BORDEAUX
MONACO
742 630 Km
BAYONNE
MARSEILLE
PERPIGNAN

S'il avait employé le chiffre de la surface de la France d'avant la Révolution française, il aurait obtenu :

$$\frac{(232,747) \times 144,194}{3} = 2\ 603\ 719\ m^3$$

ce qui est encore trop.

En revanche, si on adopte les mesures définitives adoptées selon le Survey Dept. of Egypt et pour base des calculs la surface de la France de la fin du XIXe siècle à nos jours (551 500 km^2), on obtient un carré de 742 630,45 m et un périmètre de 742 630,45 = 2 970 521,8 m.

On aurait pu théoriquement construire avec les pierres de *la seule pyramide de Khéops* un mur de :

$$2\ 970\ 521,8 \times 2,91 \times 0,30 = 2\ 593\ 265,5\ m^3$$

ce qui est parfaitement exact.

Il ressort de tout cela que si en effet la fameuse opération relative au volume de la Grande Pyramide est exacte, il est probable qu'elle ne fut pas, à mon avis, exécutée par Bonaparte de la manière que l'on sait. En revanche, cette anecdote pourrait être la retransmission orale d'un calcul réellement effectué devant témoins par le futur empereur, puis quelque peu déformé par ses commentateurs.

Appendice 3

LES RANGS D'ASSISES DE LA GRANDE PYRAMIDE

L'auteur de ces lignes, dans le dessein de connaître le nombre des assises ainsi que la hauteur de la pyramide de Khéops dans son état actuel, a pris la peine de mesurer chacun des blocs depuis la *base du monument jusqu'à son sommet.*

Muni d'une règle comportant un niveau à bulle d'eau, il mesura les pierres de l'angle nord-est avec le plus grand soin possible, estimant toutefois suffisante une précision au demi-centimètre près, persuadé que l'accumulation d'un grand nombre de mesures avec des différences tantôt positives, tantôt négatives, compenserait et annulerait les erreurs possibles.

Ce travail avait été entrepris une fois par deux équipes, indépendantes, de savants de l'Expédition française de 1798-1801 : 1) MM. Lepère et Coutelle, 2) MM. Jomard et Cécile. Contrairement à la nôtre, l'opération des savants français fut exécutée en descendant depuis le *sommet jusqu'à la base.*

Le résultat, que nous offrons ici, montre que les chiffres obtenus par nous se situent entre ceux trouvés par les deux équipes mentionnées plus haut.

On observera en outre que la hauteur des assises, épaisse en partant de la base, diminue progressivement de hauteur jusqu'à un certain niveau, puis augmente subitement pour diminuer progressivement à nouveau, et ainsi de suite. On comptera ainsi 18 tranches ou groupes d'assises jusqu'au sommet.

Plusieurs enseignements très importants sont à tirer de cette observation dont on trouvera les détails dans notre article paru dans le BIFAO 78, (1978), p. 405-413.

Notes

LISTE DES ABRÉVIATIONS

AE : *Ancient Egypt*, Londres et New York.
AEM : S. Clarke et R. Engelbach, *Ancient Egyptian Masonry*, Oxford, 1930.
AR : J.H. Breasted, *Ancient Records*, 5 vol., Cambridge University Press, 1906.
ASAE : *Annales du Service des Antiquités de l'Égypte*, Le Caire.
BABA : *Beiträge zur Ägyptischen Bauforschung und Altertumskunde*, Le Caire.
BIE : *Bulletin de l'Institut d'Égypte*, Le Caire.
BIFAO : *Bulletin de l'Institut français d'Archéologie orientale*, Le Caire.
Bull. MMA : *Bulletin of the Metropolitan Museum of Arts*, New York.
CRAIBL : *Comptes rendus de l'Académie des Inscriptions et Belles Lettres*, Paris.
Description : *Description de l'Égypte*, Imprimerie Impériale, Paris, 1809-1822.
9 vol. de texte, 11 vol. de planches.
2e édit. dite de Panckouke, Paris, 1821-1829.
26 vol. de texte, même nombre de planches.
Edwards, *Pyramids : The Pyramids of Egypt*, London, 1961, édit. franç. *Les Pyramides d'Égypte*, Le Livre de Poche, Paris, 1967.
Gauthier, *Rois : Le Livre des Rois d'Égypte*, Le Caire, 1916, 5 vol.
Goyon, Hammamat : *Nouvelles Inscriptions rupestres du Wadi-Hammamat.* Imprim. Nationale, Paris, 1957.
Grinsell, *Pyramids : Egyptian Pyramids*, Gloucester, 1947.
JEA : *Journal of Egyptian Archaeology*, Londres.
JEOL : *Jaarbericht Ex Oriente Lux*, Leiden.
L'Architettura, V. Maragioglio et C. Rinaldi : l'Architettura delle piramidi memfite. T. II, Turin 1963, T. III à VII, Rapallo 1964 à 1970.
Lauer, *Problème : Le problème des Pyramides d'Égypte*, Payot, 1948.
Lauer, *Mystère : Le mystère des Pyramides*, même ouvrage, nouvelle édition. Presses de la Cité, Paris, 1974.
Lepsius, *Denk. : Denkmäler aus Aegypten und Aethiopien*, 12 vol., Berlin, 1849-1859.
MIFAO : Mémoires de *l'Institut français d'archéologie orientale*, Le Caire.
MDIAK : *Mitteilungen des Deutschen Archäologischen Instituts Abteilung*, Le Caire.
Pyr : K. Sethe : *Die altägyptischen Pyramidenteste*, 3 vol., Leipzig, 1908-1922.
Ti : Epron-Daumas-Goyon-Wild, *Le Tombeau de Ti*, MIFAO, 1939-1960.
Toutankhamon, C. Desroches Noblecourt, *Vie et Mort d'un pharaon*, Éd. Pygmalion.
Urk. I : Kurt Sethe, *Urkunden des Ägyptischen Altertums*, 4 fasc., Leipzig, 1932-1933.
Wb. Erman et Grapow : *Wörterbuch der ägyptischen Sprache*, 5 vol., Leipzig, 1925-1931.
ZÄS : *Zeitschrift für Ägyptische Sprache und Altertumskunde*, Leipzig.

1. Cet alexandrin de l'abbé Delille (1782) (*Poème des jardins*, cant. IV) a été lu par nous près de l'entrée de la Grande Pyramide. Cf. G. Goyon, *Les Inscriptions et Graffiti des voyageurs sur la Grande Pyramide*. Publ. spéciales de la Société royale de géographie d'Égypte, Le Caire, 1957, I. LXVII.

2. E. Drioton, *Pages égyptologiques*, Revue du Caire, 1957.

3. Si on songe qu'aujourd'hui, en employant des outils en aciers spéciaux, il suffit de quelques coups sur la pierre pour les émousser.

4. Dont une partie doit certainement être attribuée au génial Imhotep.

5. Presses de la Cité, Paris, 1974, p. 189-258 ; et aussi *Observations sur les pyramides*, BIFAO, Bibl. d'études, XXX, 9-17, Le Caire, 1930.

6. Pour ne citer qu'une des plus cocasses théories, mentionnons celle de Fialin de Persigny, ministre de Napoléon III : *De la destination et de l'utilité permanente des Pyramides d'Égypte et de Nubie contre les irruptions sablonneuses du désert*. Paris 1845. Il y en eut bien d'autres.

7. « Entre les pyramides et les ziqqourats, il y a un lien de ressemblance due à une période d'avant l'histoire où les deux civilisations se pénétraient. » G. Conteneau, *Le Déluge babylonien*, Payot 1941.

8. P. Montet, *Les Nouvelles Fouilles de Tanis*, Paris, 1933 ; *Tanis ou douze campagnes de fouilles dans le Delta*... Paris, 1942 ; Mission Montet, *La Nécropole royale de Tanis*, t. I (1947) ; t. II (1947) ; t. III (1951).

9. J. Vandier, *La Religion égyptienne*, P.U.F., Paris, 1944, p. 66.

10. G. Jéquier, *Manuel d'archéologie égyptienne*, Paris, 1924, fig. 202 ; Clarke-Engelbach, A.E.M., fig. 204.

11. La pureté physique du roi après sa mort, aussi bien rituelle que matérielle, est constamment évoquée dans les *Textes des pyramides*. (K. Sethe, *Pyr.* § 27, 28, 371, 519, 525, 328, 542, 829, 1421, 1781, 2028).

12. *Les Textes des pyramides, (op. cit.)* – qui datent de la VIe dynastie, mais dont l'origine est bien antérieure – font souvent allusion à la montée de l'âme du roi à l'aide d'une échelle ou d'un escalier (§§ 365, 508, 573, 941, 971, 974, 975, 978, 980, 995, 1322, 1325, 1474).

13. Piankoff et Rambowa, *Mythologic Papyri Texts*, p. 60, fig. 46 ; Budge, *Greenfield pap.*, 1912, p. 108.

14. La pyramide de Mykérinos compterait 6 degrés ou marches.

15. On a découvert à la pyramide de Licht (XIIe dyn.) des pierres décorées provenant de la Chaussée de Khéops (cf. Bull. M.M.A., 1921-1922, p. 13).

16. cf. G. Goyon *Les Ports des pyramides et le Grand Canal de Memphis*, R. d'E., t. XVIII, 1971, p. 137-153.

17. B. Grdseloff, *Das Aegyptische Reiniggungszelt* (Études égyptiennes, 1er fasc., Le Caire, 1941 ; H. Ricke, *Beiträge*, Bf. 5, p. 92-98, fig. 39, 40.

18. A. Gardiner, J.E.A., IX (1923) p. 13, note 1 ; D. Bonneau, *La Crue du Nil*, Klincksiek, Paris, p. 102.

19. Dans son compte rendu, Drioton (A.S.A.E., XL p. 1011-1013) propose même de situer la Tente de Purification sur la terrasse de l'édifice de Khéphren où l'on a effectivement observé des écoulements d'eau et des trous dans le dallage pour loger les piquets de tente.

20. Les Égyptiens ont gardé durant toute leur histoire le souvenir obscur d'ennemis héréditaires, « les neuf arcs », et celui des quatre races qui composaient la population : les *Pat*, les *Remt*, les *Rekhyt* et les *Hemm (t)*, avant leur intégration dans la nation.

21. A. Moret, *Le Nil et la Civilisation égyptienne*, 1926, p. 68-135. K. Sethe, *Urgeschichte und älteste Religion des Aegypter*, 1930.

22. H. Kees, *Der Götterglaube im alten Aegypten*, Leipzig, 1941. Du même auteur, *Horus und Seth als Götterpaar*, M.D.I.A.K. (E.V.) n° 28-29. Évaluations qui correspondent avec le Gerzéen ; cf. R.P. Charles, *La Chronologie des civilisations prédynastiques*, B.H.H.N., Marseille, 1953.

23. Le signe hiéroglyphique très ancien qui signifie « nome » représente un territoire quadrillé par des lignes qui sont les tracés des canaux.

24. Plutarque, *De Iside et Osiride* ; A. Moret, *Mystères égyptiens*, Paris, 1913, p. 132 et s.

25. « Ce n'est ni le dieu-soleil Rê ni Osiris, mais le très ancien maître du ciel, celui dont on croyait que le soleil et la lune étaient les yeux », Junker, *Giza II*, p. 48 ; cité par J. Vandier, *La Religion égyptienne*, Paris, 1944, 77.

26. *Inscription biographique de Raouer*, (Urk. IV, I, p. 232).

27. A. Piankoff, Her-Ouben, ZÄS p. 49.

28. H. Kees, *Der Götterglaube...*, *op. cit.*, p. 249.

29. Selon Manethon, cf. Drioton-Vandier, *Les Peuples de l'Orient méditerranéen*, l'Égypte, Paris, 1938, p. 168, Imhotep = Asclépios, c'est seulement la tradition qui l'affirme ; Breasted, *The Smith Papyr.*, 10, partage cet avis à cause des anachronismes constatés dans la rédaction de ce papyrus médical.

30. D'après le pap. Beaty IV et le chant du Harpiste, ce serait le roi Djeser lui-même qui serait l'auteur des « *Enseignements...* ». Cf., P. Krieger-Posener, *Nachrichten der Acad. der Wissenschaften zu Göttingen*, I (1965), n° 10, p. 34.

31. A. Varille, *À propos des pyramides de Snéfrou*, Le Caire ; 1947, attribuait à ce roi les deux pyramides de Dahchour et même celle de Meïdoum.

32. Pierre de Palerme (cf. Sethe, B.A.B.A., Bf. III ; Breasted, A.R., I, § 76 à 167).

33. Pierre de Palerme, *op. cit.*

34. G. Lefèbvre, *Romans et Contes égyptiens*, Paris, 1949, p. 81.

35. A. Erman, Z.Ä.S., 38, p. 122-123.

36. H. Gauthier, *Livre des rois d'Égypte*, I, 72.

37. G. Goyon, *Hammamat*, n° 23.

38. G. Goyon, *Les Inscriptions des carrières et des mines*. Mélanges Champollion, II, IFAO, 1974, p. 193-205 où l'on trouvera toutes les références indiquées.

39. Petrie (*The Building of a Pyramid*, A.E. 1930, p. 33) était d'avis que de grandes levées d'hommes étaient essentielles pour permettre d'effectuer les grands travaux.

40. D'après une stèle du temple d'Héliopolis ; cité par F. Daumas, *La Civilisation de l'Égypte pharaonique*, Paris, 1967, p. 239.

41. G. Lefèbvre, *Essai sur la médecine de l'époque pharaonique*, Paris, 1956, p. 21.

42. Nous ne considérons pas comme une atrocité les amas de phallus et de mains coupées recueillis sur les champs de bataille. Il fallait bien compter les morts d'une manière ou d'une autre. Nous faisons, cependant, quelque restriction au sujet des sacrifices de fondation trouvés à Tanis (Montet, *Les Nouvelles fouilles, op. cit.*, 43-44, 78), mais cette ville-frontière, c'était déjà l'Asie des Sémites. Ces sacrifices répondraient à des usages dont la Bible s'est fait l'écho (cf. *Josué*, VI, 26 ; *Rois*, XVI, 34).

43. Goyon, *Hammamat*, n° 61.

44. Goyon, *Hammamat*, n° 89.

45. Voir la barque royale de Dahchour, *A.E.M.*, fig. 34, 35.

46. *Le Voyage d'Ounamoun*. Cf. Breasted, A.R., § 537 à 591 ; Lefèbvre, *op. cit.*, p. 201-207.

47. Sous l'énorme bouchon de granit qui obstruait le tombeau de Psousennès à Tanis, nous avons trouvé plusieurs rouleaux en bronze de 18 cm de long, légèrement renflés au centre. Ils étaient faits de manière à ce que le poids ne porte que sur le centre.

48. Cf. le célèbre mémoire de R. Lepsius *Ueber den Bau der Pyramiden* in Monatsberichte der Academie der Wissenschaften zu Berlin, 1843, p. 177-203 ; *Briefe aus Aegypten*, 41-42, où il expose sa théorie.

49. Baedeker, *Egypt.* 1913 ; Perrot et Chippiez, *Hist. de l'Art*, Paris, 1911, p. 215 ; Choisy, *L'Art de bâtir chez les Égyptiens*, Paris 1904.

50. A. Choisy, *op. cit.*, p. 99.

51. Petrie, *The Building of a Pyramid*, A.E., 1930, 2e partie ; *The Pyramids and Temples of Gizeh*, London, 1883 ; Lauer, *op. cit.* ; Clarke-Engelbach. A.E.M. *op. cit. ;* I.E.S., Edwards, *The Pyramids of Egypt.*

52. MM. V. Maragioglio et C. Rinaldi, ingénieurs et constructeurs, excellents juges en la matière, sont aussi de l'avis « que l'on doit prendre comme presque certain que tous les blocs furent mis en œuvre par cours horizontaux ». Cf., *L'Architettura... IV* p. 21.

53. Lauer, à la pyramide à degrés à Saqqarah, en a trouvé cinq : trois projets successifs de mastabas et deux de pyramides. On observe à la pyramide d'Abousir certaines traces de remaniement du plan initial. Mais remaniement ne veut pas dire méthode de construction.

54. Zakaria Goneim, *Sekhem-Khet*, Service des Antiquités, I, pl. XV ; *The Buried Pyramid ;* Lauer, *Hist. monum. des pyramides d'Égypte*. À noter que cette pyramide du même type que celle de Djeser comporte une maçonnerie formée de pierres de moyennes dimensions et on n'est pas sûr qu'elle eut compris un revêtement lisse.

55. *Das Grabdenkmal des Königs Sahu-Re*, vol. I, 29 ; *Gegen die Zahlenmystik an der grossen Pyramide bei Gise*, Berlin, 1922.

56. L. Borchardt, *Einiges zur dritten Bauperiode der grossen Pyramide*, Kairo, 1932 ; cette théorie est décidément repoussée par Maragioglio et Rinaldi, *op. cit.*, IV, 115, note 16, qui ajoutent : « La difficulté de construire des appartements dans une maçonnerie faite de couches successives est évidente pour tout le monde. »

57. A.E.M., p. 124.

58. Champollion, *Les Monuments de l'Égypte et de la Nubie*, IV, 433 ; Rosellini, *I monumenti del'Egitto e della Nubia*, pl. LXI ; aux Musées du Caire, de Florence et du Louvre.

59. Hérodote, II, CXXV.

60. Croon, qui a effectué des calculs assez poussés, écarte à son tour l'ascenseur oscillant et estime à peu près comme nous qu'il aurait fallu 3 500 machines travaillant simultanémçnt (L. Borchardt, *Die Enstehung der Pyramide... bei Meijdum*, B.A.B.A., I, 1937.

61. Choisy, *op. cit.*, p. 101.

62. A.E.M., fig. 108, 109. Ces auteurs réfutent aussi l'ascenseur oscillant.

63. Lauer, *op. cit.*, pl. XVIII.

64. *Excavations at Giza*, IV (1932-1933), pl. XVIII.

65. U. Hölscher, *Der Grabdenkmal des Königs-Chephren*, Leipzig, 1912, p. 40, 52.

66. Montet, *Mission*, III, p. 13-22.

67. G. Goyon, *Quelques Observations effectuées autour de la pyramide de Khéops* ; B.I.F.A.O., 67 (1969) p. 71-76.

68. L. Croon, *Lastentransport beim Bau der Pyramiden*, Hanovre 1925, reproduit par J. Capart, *Memphis à l'ombre des Pyramides*, p. 303.

69. Technische Rundschau, nos 42 et 43 des 17 et 24 octobre 1952.

70. Lauer, *Mystère*, p. 287.

71. À Tourah et à Ma'sarah.

72. P.E. Newberry, *Rekhmara*, pl. XX.

73. A.H. Gardiner, *Egyptian Hieratic Texts*, I, p. 16, 21.

74. Petrie, Mackay and Wainwright, *Meïdoum and Memphis*, III, p. 1.

75. *Die Enstehung..., op. cit.* Il apporte la preuve certaine de l'usage des rampes.

76. Lauer, *Mystère*, p. 230, 289.

77. Hölscher, *Chephren, op. cit.*, p. 230, 289.

78. F.V. Bissing, *Das Re-Heiligtum des Königs Ne-Woser-Re*, Borchardt, *Der Bau..., op. cit.*, 59-61, pl. VI.

79. Bull. M.M.A. IX (1914), 220, fig. 16.

80. *Giza IV* (1943), pl. XIII.

81. Voir une bonne photo in A.E.M., fig. 87.

82. *The Building of a Pyramid, op. cit.*

83. C.v. Klinckowstroem, *Nouvelle Histoire des Techniques*, éd. du Sud, Paris 1967, p. 30.

84. Les pentes des rampes ne pouvaient en aucun cas dépasser 10 %.

85. *Pyramids and their purpose* (3 articles), Antiquity IX, p. 172.

86. Même critique dans Wheeler, *op. cit.*, p. 5-21 ; 161-188 ; 292-304, où il estime qu'une telle rampe s'étendrait au moins à 1 000 pieds (p. 172).

87. Borchardt, *op. cit.*

88. *Op. cit.*, pl. I-III.

89. Ibid., 6-9, pl. I-III.

90. *L'Architettura*, III, p. 39, n° 7.

91. *Lastentransport..., op. cit.* ; Borchardt, *Die Entstehung... mit einem Beitrage... von L. Croon*, B.A.B.A., Kairo, 1937.

92. G. Goyon, *La Chaussée monumentale et le Temple de la vallée de la Pyramide de Khéops*, B.I.F.A.O. 67, 1969, p. 49-70.

93. *Mystère*, p. 279.

94. $\frac{146{,}60 + 40}{0{,}056} = 3\ 332{,}14$ mètres

95. *Mystère*, p. 279.

96. $\frac{146{,}594}{0{,}056} = 2\ 617{,}75$ mètres

97. *Mystère*, p. 286.

98. *Chephren, op. cit.*

99. Hölscher *(op. cit.)* avait proposé cette méthode à la suite de la découverte de murs en brique auprès de la pyramide de Khent-Kawès. L'archéologue Selim Hassan, qui par la suite fouilla le site, pensait qu'il s'agissait là d'un mur d'enceinte. Mais il est possible que le mur en question ait été formé par le vidage du cloisonnement. Ce mur serait d'autre part arrondi aux angles. Ce qui serait sans exemple.

100. « La hauteur des assises de Djeser mesure de 24 à 26 cm dans les parties les plus basses », Zakaria Goneim, *The Buried Pyramid*, 1956.

101. *Op. cit.*, p. 120.

102. Wheeler, *op. cit.*, IX (1935), p. 172-173.

103. Dows Dunham *Building an Egyptian Pyramid*, Archéology IX, n° 3 (Autum, 1965), p. 159-165. La mesure de la hauteur diffère de la nôtre (65,5 m) (voir p. 54.)

104. I.E.S. Edwards, *The Pyramids of Egypt*, London, 2e édit., 1961. Trad. française : *Les Pyramides d'Égypte*, Le Livre de poche, Paris, 1967, p. 313.

105. Périphrase habituelle pour annoncer la mort du roi. Cf. G. Lefèbvre, *Romans et contes égyptiens*, Paris 1945, 5.

106. Le papyrus Westcar présente Khéops comme le fils du roi Snéfrou. Cf. H. Gauthier, *Livre des Rois d'Égypte*, I, 72. Naville ZÄS pense que c'était son gendre.

107. Personnellement nous avons de la peine à croire que Snéfrou ait eu pratiquement le temps de bâtir deux et même trois grandes pyramides,

comme on le prétend parfois. Cependant cela est généralement admis par les auteurs (Cf. Lauer, *Orientalia* 36, fasc. 2 (1967) ; P. Posener-Krieger, *Nachrichten... op. cit.*, I, n° 10, 180-1. A. Varille, *À propos des Pyramides de Snéfrou*, Le Caire, oct. 1947.

108. Il est exact que le nom de la pyramide « rhomboïdale » comportait deux déterminatifs de pyramide. Mais cela ne pourrait-il pas signifier la « Double pyramide », étant donné que cette pyramide comporte tout à fait exceptionnellement une double pente et un double caveau ?

109. L'Akhit désigne proprement la région du soleil levant où les rois se rendent après leur mort. (Kuentz, B.I.F.A.O. 17, 148-149).

110. AEM, p. 118. Égalité attribuée à tort à Hérodote. Voir ce qui a été dit à ce propos. Lauer, *Observations sur les Pyramides*, I.F.A.O., Bibl. d'études, XXX, Le Caire, 1960, p. 4.

111. Ville sainte du IIe mone de la Basse-Égypte où étaient conservées, comme une relique sacrée, quatorze omoplates du dieu Osiris.

112. Zbinek Zába, *L'Orientation astronomique dans l'Ancienne Égypte et la Précession de l'axe du monde*, Prague, 1953 ; Lauer, *Observations, op. cit.*

113. G. Goyon, *Nouvelles Observations relatives à l'orientation de la pyramide de Khéops*, Rev. d'Égypt. p. 22 (1970) p. 85-98. La Polaire n'indique pas le pôle exact. Ce serait Pythéas, de Marseille, qui en 339 av. notre ère aurait reconnu l'écart entre la Polaire et le pôle céleste.

114. Goyon, *op. cit.* ; Kerkasôre et l'observatoire d'Eudoxe, B.I.F.A.O., 1975, 135-175.

115. Ibid. Sakhebou. I.F.A.O., 1979.

116. Fouilles du prof. Emery à Saqqarah.

117. G. Goyon, *Kerkasôre et l'Observatoire d'Eudoxe*, B.I.F.A.O., 1974, p. 135-147.

118. Lauer, *Observations... (op. cit.)*, p. 94-95. – *La Géométrie dans les pyramides*, Chr. d'Égypte, n° 38, Bruxelles 1944.

119. *Op. cit.*, p. 1-8 et 93-97 ; V.L. Grinsell, *Egyptian Pyramids*, 1947, p. 57, donne un tableau des pentes des principales pyramides.

120. Les papyrus mathématiques de Kahoun, Berlin, Moscou, pap. Rhind (Moyen Empire, env. 1900-1800 av. notre ère) ; cf. aussi T.E. Peet, *Mathematics in Anc. Egypt*, 1931 ; O. Gillain, *L'Arithmétique au Moyen Empire*, 1931 ; Neugebauer, *Die Grundlagen der ägyptischen Bruchrechnung*, 1934 ; et aussi un bon résumé de la question dans J. Vercoutter, *Hist. gén. des sciences*, P.U.F., I, Égypte, p. 15-50.

121. Nous donnons ici une traduction transposée pour la clarté en termes équivalents au calcul moderne ; cf. Drioton, *Pages d'Égyptologie*, Le Caire, 1957, p. 30 ; Borchardt (*Gegen die Zahlenmystik an der grossen Pyramide*, Berlin 1922, p. 10 s.) signale que les données de ce problème correspondent exactement à celles de la pyramide rhomboïdale de Dahchour.

122. Vercoutter *(op. cit.)* montre la façon pratique d'opérer.

123. Le papyrus était déjà connu à cette époque. Cf. Emery (W.B.) *Archaïc Egypt*, Pelican Books, 1963, p. 235.

124. Fl. Petrie, *Egyptian Working Drawings*, A.E., 1926, p. 24-25 ; G. Goyon, *Le Papyrus de Turin dit des Mines d'Or et le Wadi Hammamat*. A.S.A.E., 49 (1949) p. 337-392. Ce document est considéré comme étant la plus ancienne carte routière du monde.

125. Fl. Petrie, *op. cit.*

126. Le sol du plateau de Gizeh est formé d'un calcaire renfermant par endroits de nombreuses nummilites (N. Gizehensis), petits fossiles ressemblant à s'y méprendre à des lentilles ou à des pièces de monnaie. Ce qui avait donné lieu à la légende rapportée par Strabon (VII, 34), selon

laquelle c'étaient les restes d'aliments pétrifiés des ouvriers de la pyramide et la monnaie qui avait servi à les payer.

127. Nous avons mesuré un libage du Temple de la vallée de Khéphren qui doit provenir de cette carrière : 4,35 × 3,50 × 3,25 mètres = 49,481 m^3, soit 123,7 tonnes.

128. Selim Hassan, *Giza VII*, Intr. p. XI ; A. Lansing, Bull. M.M.A., 1933, 6.

129. MM. Maragioglio et Rinaldi ne croyaient pas à l'existence d'une Chaussée monumentale à Khéops. Nous pensons qu'ils ont changé d'avis depuis la découverte des vestiges de la Chaussée. Cf. G. Goyon, B.I.F.A.O. LXVII (1969) p. 49-69.

130. Reisner, *op. cit.* Voir photo inédite offerte aimablement par M. Maragioglio, pl. XI, représentant, vue du sommet de Mykérinos, le quadrillage d'une nouvelle carrière.

131. Reisner (*op. cit.*, p. 69) et Clarke-Engelbach (*op. cit.*, p. 16, fig. 12, 13) signalent la présence de ce système d'extraction des pierres. Mais ils ne tirent pas les mêmes conclusions que nous, puisque, selon eux, l'extraction se pratiquait par un système de gradins et non par couches horizontales.

132. G. Maspéro, *Hist. anc. des peuples de l'Orient*, I, p. 383.

133. Fl. Petrie, *Pyramids and Temples* ; H. Vyse-J.S. Perring, *Operations carried on at the Pyramids of Gizeh in 1837*. London, 1840, vol. III, p. 14 et s.

134. Vyse-Perring, *op. cit.*, décrivent les carrières de Tourah et de Ma'sarah, situées sur la rive est du Nil.

135. G. Goyon, *Les Instruments de forage sous l'Ancien Empire*, J.E.O.L. 21, Leiden, 1970, p. 154-163.

136. Ibid., p. 161.

137. Ibid.

138. G.A. Reisner, *Mycerinus, The Temples of the Third Pyramid of Giza*, Cambridge, Massachusetts, 1931, p. 71.

139. R. Engelbach, *The Problem of the Obelisks*, London, 1923.

140. Engelbach, *op. cit.*, p. 49. Rappelons que l'inscription gravée sur la base de l'obélisque de Hatchepsout à Karnak indique que les deux obélisques élevés par cette reine ont été exécutés en sept mois. Breasted, A.R., II, § 318.

141. G. Goyon, *Un procédé de travail du granit par l'action thermique chez les anciens Égyptiens*, Revue d'Égyptologie T. 28, 76-86.

142. Comte Marin Carburi de Céphalonie, *Monument élevé à la gloire de Pierre le Grand ou relation des travaux et des moyens mécaniques qui ont été employés pour transporter à Saint-Pétersbourg un rocher de 3 millions pesant, destiné à servir de base à la statue équestre de cet empereur avec un examen physique et chimique du même rocher*, à Paris, 1777, chez Nyon aîné, libraire, rue de St-Jean-de-Beauvais ou chez Soupe, impri meur-libraire, rue de la Harpe.

143. G. Goyon, *Un procédé..., op. cit.*, Engelbach, *op. cit.*, a trouvé un peu partout à la carrière de granit d'Assouan les traces de brûlage, ainsi que d'innombrables boules en dolérite.

144. A. Choisy, *op. cit.*, p. 19.

145. Nous l'avons constaté nous-mêmes à Tanis sur des murailles atteignant parfois 17 m d'épaisseur. Les ziqqourats de Mésopotamie étaient construites de cette même manière : briques d'argile et de paille liées entre elles à l'aide d'une barbotine d'argile ou de bitume. Les lits étaient reliés par des chaînages de roseau. Cf. Conteneau, *op. cit.*, p. 261.

146. Ces drains sont visibles sur les murailles de Tanis. Ils sont également signalés dans les ziqqourats, *op. cit.*, p. 262.

147. Somers Clarke (*El Kab and the Great Wall*, p. 77) a constaté, comme nous à Tanis, la présence de ces trous et de ces troncs d'arbre noyés dans la muraille, comme précaution contre le danger de séchage trop brusque de l'argile. Même pratique dans les forteresses de Nubie.

148. La Bible (Exode V, 6-23) donne la formule de la fabrication des briques à propos des plaintes des Hébreux, obligés aux travaux les plus durs imposés par les Égyptiens. Ils allèrent se plaindre au pharaon : « On ne leur donnait plus de paille pour faire leurs briques, mais on leur faisait perdre du temps en les obligeant à ramasser dans les champs des chaumes, (c'est-à-dire la paille de qualité inférieure) alors qu'on les contraignait à livrer la même quantité de briques que par le passé. »

149. W.B. Emery, *Archaic Egypt*, Penguin Books, 1963, 216.

150. G. Goyon, *Les Instruments de forage, op. cit.* Nous avons, après la publication de cet article, trouvé les traces (la carotte) du foret tubulaire sur de petites perles en pierre dure de forme conique. Ces perles ne mesuraient guère plus de 2 cm de hauteur.

151. Il existe, à Khéops, plusieurs cas où les pierres portent des creux ayant manifestement servi de point d'appui à des leviers (cf. *L'Architettura*, IV, 15).

152. Tombeau de Kaemhesit à Saqqarah (A.E.M., fig. 83).

153. Les tours de potiers existaient dès la Ire dyn. Emery, *op. cit.*, p. 207.

154. Emery, *op. cit.*, p. 86.

155. Fl. Petrie, *Pyramids and Temples*, p. 212.

156. On avait, par erreur, rapporté qu'on avait trouvé la date 17 du règne de Khéops dans la première chambre de décharge de la pyramide de ce roi (Petrie, *History of Egypt*, 1927, 60 ; Grinsell, *Egyptian Pyramids*, 1947, 105). En fait, cette date a été trouvée à Dahchour (Lepsius, *Denk*, II, p. 1).

157. Nous connaissons un cas où les Égyptiens n'hésitaient pas à verser du *lait de vache* sur le sol argileux, peut-être pour en augmenter la viscosité (J.E.A., XI, p. 17). On utilisait, en somme, la technique de l'escargot, lequel est capable de traîner 30 fois son poids.

158. H. Chevrier, *Technique de la construction dans l'Ancienne Égypte*, Revue d'Égypt., t. 22, 1971, p. 20.

159. L. Croon, *Die Enstehung..., op. cit.*, I-40.

160. Encycl. Larousse, « halage ».

161. A. Lansing, Bull. M.M.A., XV, (1920) ; XXI (1926) ; XXIX (1934) ; Grinsell, *op. cit.*, p. 53-54.

162. A.E., 1930, p. 33.

163. Breasted, A.R., I, p. 146, 147.

164. G. Goyon, *Les Navires de transport de la Chaussée d'Ounas*, B.I.F.A.O., t. 69 (1970), p. 11-41.

165. Ibid., pl. III-VI.

166. Ce qui est insignifiant si on songe à la paire d'obélisques transportés par un seul navire, sous la XVIIe dynastie, il est vrai (Temple de Deir el-Bahari). Le plus grand obélisque connu est celui de saint Jean de Latran à Rome, qui mesure environ 32 m.

167. La grande nef récemment découverte près de la pyramide de Khéops. Hérodote mentionne des barques dont la coque est assemblée comme des briques et maintenue à l'aide de chevilles.

168. II, 96 (trad. Barguet) La Pléiade, Paris, 1964.

169. *Les navires de transport..., op. cit.*, p. 38-41. Voir note p. 130.

170. G. Goyon, *Les Ports des pyramides..., op. cit.*, p. 137-153.

171. Ibid., p. 150. Il est reconnu aujourd'hui que le nom Moeris signifie « Grand Canal » ou « Grandes Eaux ». Le fait que ce soit là le nom du lac

du Fayoum (Pa-Yam) montre bien que celui-ci faisait partie du complexe hydraulique qui comprenait à la fois le lac et le canal.

172. Ce canal existait encore récemment sous le nom d'El Lebeini « Le Libyen ». Mentionné par les auteurs arabes et les voyageurs européens, il est signalé dans la célèbre carte de d'Anville et par les savants de l'Expédition d'Égypte (éd. Panckouke VI, 199) sous le nom d'El Asara et en dernier lieu par celle de Linant de Bellefonds.

173. G. Daressy, R.T., t. x, p. 136-137.

174. Cf. Goyon, *op. cit.*, p. 149-150.

175. Pour plus de détails, voir notre étude *Les Ports*..., *op. cit.*

176. Hérodote, II, 124.

177. Sur l'affirmation d'un voyageur du XVIIe siècle, cf. F.L. Norden, *Voyage d'Égypte et de Nubie*, Copenhague 1755, pl. XLIII. On a longtemps cru que les Chaussées monumentales de Khéops et de Khéphren se rejoignaient et ne faisaient plus qu'une. Aussi, note-t-on cette déviation dans les ouvrages tels que la *Description de l'Égypte*, vol. V et Lepsius, *Denk*, abth. I, 14.

178. Goyon, *La Chaussée*..., *op. cit.*, p. 49-69.

179. Nous avons choisi arbitrairement ce fruit de 10 cm par mètre parce qu'il nous a paru plus rationnel et aussi parce que c'est le plus fréquemment employé à cette époque pour les mastabas en brique de Gizeh. (Cf. T. Fischer, *The minor Cemetery at Giza*, p. 47, 57, 109, 133.)

180. Les pentes des Chaussées ou rampes connues sont : Pap. Anastasi, I : 0,082 m = 1/12 d'après Edwards ; Sanousrit III Dahchour, en brique = 10/100, Jéquier ; Mykérinos = 8/100 ; Meïdoum = 11/100 ; Abou Roach = 5/100 (Maragioglio).

181. « L'eau venant de la terre est bienfaisante. Mais celle qui tombe du ciel, c'est la colère du dieu Seth, elle est néfaste. Il était nécessaire de se débarrasser de cette eau au plus vite. » C'est pourquoi les temples égyptiens possèdent, quoique les pluies soient rares en Égypte, un système d'évacuation des eaux de pluie soigneusement étudié (communiqué par F. Daumas). Du même auteur, *Les Mammisis des temples égyptiens*, Ann. univers. de Lyon, 1958 ; P. Lacau in C.R.A.I.B.L., 1921, p. 309-310, donne une explication à propos du système des gouttières des temples.

182. Hérodote, II, p. 124.

183. P. Montet, dans la partie consacrée à la technique navale, dit avoir été frappé par l'exactitude des descriptions d'Hérodote, lesquelles concordent remarquablement avec les scènes de l'Ancien Empire. (Montet, *Scènes*...)

184. A. Barguet, *Hérodote*, La Pléiade, p. 28.

185. Ce passage avait été visité par les courageux savants de l'Expédition d'Égypte (*Description*, PC, pl. 13-14) ; cf. aussi *L'Architettura*, IV, 55-57, qui en donne un abondant commentaire.

186. À noter que le couloir descendant qui mesure 2 coudées de section (1,06 X 1,06) est revêtu de dalles en pierre. Il était donc achevé jusqu'à la partie creusée dans la roche.

187. Cette pratique s'observe à propos de toutes les pyramides à chambres souterraines. Cf. Lauer, C.R.A.I.B.L., 1962.

188. *L'Architettura*, IV, pl. 3.

189. D'après les textes religieux, Rosetaou est décrit comme une île devant laquelle se trouve une pente ou descenderie qui conduit dans l'Autre monde. Dans cette tombe, le sarcophage est aussi entouré d'eau. Cf. J. Yoyotte, *Toponymie de l'Égypte pharaonique* I, G.L.E.C.S., t. VIII, p. 57.

190. H. Vyse-J. Perring, *op. cit.*, p. 158 ; Piazzi Smith, *Edimbourg astr. observat.*, vol. 13, 101. Ne pas oublier qu'à l'époque de Khéops, la chaussée

de Khéphren et son port n'existaient pas. La présence d'un puits à cet endroit constituait une précieuse économie d'effort en vue de l'approvisionnement en eau.

191. Pline, *Hist. Nat.*, XXXVI, § XVII (XII) trad. Littré.

192. *Descript. de l'Égypte, op. cit.*, V, p. 483.

193. *L'Architettura*, IV, 13.

194. 1er cas : minimum, 127 212 m^3.
2e cas : maximum, 160 828 m^3.

195. G. Goyon, *Quelques observations, op. cit.*, 71-77.

196. Bien entendu avec des instruments à main, c'est-à-dire la chaîne d'arpenteur qui ne permet pas de compter sur une approximation supérieure à 0,05 à 0,10 cm par 100 m *dans les meilleurs des cas*. Cf. L. Eyrolles, *Cours de Topographie*, E.S.T.P., Paris, 1922, p. 105.

197. R. Engelbach, *op. cit.*, A.S.A.E., 25, p. 167.

198. Ibid.

199. Nous emploierions aujourd'hui la boussole ou la déclinatoire.

200. G. Goyon, *Nouvelles observations relatives à l'orientation, op. cit.*

201. A. Moret, Mél. Maspéro, I, fasc. 2, 625. « Les temples solaires de la Ve dynastie possèdent *tous* comme image principale un obélisque géant surmonté d'un disque solaire. »

202. Goyon, *Nouvelles...*, p. 94-95.

203. Strabon, XVII, I, 30 ; Goyon, *Nouvelles...*, où l'on trouvera le texte complet, p. 97.

204. G. Goyon, *Kerkasôre et l'Ancien Observatoire d'Eudoxe*, B.I.F.A.O., 74, 1974, p. 135-147.

205. Il est bien certain qu'elle eut lieu puisque nous trouvons sur la Pierre de Palerme la mention de ces solennités comme l'événement marquant de l'année.

206. Selon le rituel de la Basse Époque, gravé sur les parois du Temple de Denderah ; Moret, *Du caractère religieux de la royauté pharaonique*, Ann. du Musée Guimet, Bibl. d'Étude, p. 132 et s.

207. P. Montet, *Rituel de fondation des temples*, Kemi 17, p. 75.

208. MM. Maragioglio et Rinaldi ont posé, pour Meïdoum, la question de savoir si les degrés de cette pyramide avaient été construits d'emblée avec son parement triangulaire. Après beaucoup d'hésitations, ils penchent pour l'hypothèse de trois stades successifs de construction. Il est possible qu'ils aient en partie raison pour la pyramide de Meïdoum, laquelle est, en somme, une pyramide expérimentale. Mais nous pensons que le principe des gradins était toujours observé et que ces derniers étaient toujours recouverts de leur revêtement et, par conséquent, il est impossible d'envisager le système des degrés en tant que stade de construction.

209. Alexandre Badawy (*Architecture in Ancient Egypt and Near East*, Massachusetts, 1966), spécialiste de l'architecture égyptienne, est aussi parfaitement d'avis que les pyramides ne pouvaient être bâties que par assises. Il envisage également le problème de la torsion des angles.

210. R. Engelbach, A.S.A.E., 25, 167, *op. cit.*

211. A.E.M., 62 ; Edwards, *Pyramids*, p. 206.

212. Wreszinski, *Atlas* I, pl. II ; brigade de géomètres du tombeau Djeserkarê-Senb, de Rekmarê, pl. 319 ; de Kaemkhet, pl. 191.

213. G. Conteneau, *Le Déluge babylonien*, 1941, p. 281 : « S'il y a eu emprunt, il a été fait par l'Égypte, vraisemblablement à la source commune qui au début de leur civilisation historique a inspiré à la fois la Mésopotamie et l'Égypte. »

214. Edwards, *op. cit.*, p. 220.

215. La raison qui nous a fait adopter cette pente est l'exemple des règlements relativement récents qui prescrivaient que le tombereau à cheval ne permettait le transport sur des distances de 100 à 1 000 m qu'avec une pente maxima de 5 % et la brouette à bras 100 m maximum à 10 % (P. Galabru, *Équipement général des chantiers et terrassements*, Eyrolles, 1962, p. 80).

216. A. Gardiner, *Hieratic Texts*, I, 16 ; Borchardt, *Die Enstehung*, p. 22.

217. Lepsius, *Denk.*, I, pl. XXXVIII ; Jéquier, *Manuel d'Archéol.*, p. 289.

218. Volume d'une telle pyramide, rampe comprise :

$$\left(V = \frac{B \times h}{3}\right)$$

$$\frac{(247{,}36)^2 \times 146{,}59}{3} = 2\,989\,799{,}2 \text{ m}^3$$

Volume de la pyramide sans la rampe :

$$\frac{(230{,}36)^2 \times 146{,}59}{3} = 2\,592\,968{,}4 \text{ m}^3$$

Volume approximatif de la rampe seule :
2 989 799,2 – 2 592 968,4 = 396 830,8 m^3.

219. L'emploi de poutres et de roseaux dans la partie interne de l'échafaudage en brique est mentionné dans le texte du scribe Hori à propos du problème de la rampe. Cf. Gardiner, *op. cit.*, 16, 31.

220. Arbitrairement fixé par nous dans la note n° 179.

221. K. Mendelssohn, *The Riddle of the Pyramids*, trad. franç., Paris, 1974, p. 64.

222. A. Lucas, *Anc. Egypt. Materials & Industries*, 3e édit., 1948, p. 94.

223. Newberry, Rekhmara, pl. XX.

224. A.E.M., fig. 107, 108, 109.

225. Il faut bien se convaincre que l'emploi du rouleau est conditionné par les deux surfaces de roulement qui doivent être parfaitement planes. D'autre part, le rouleau s'il est en bois s'use vite, d'où gaspillage et peu d'efficacité. C'est pourquoi on le trouve rarement employé en Égypte. Nous en avons cependant trouvé à Tanis, mais en bronze. Longs de 18 cm et de 2-4 cm de diamètre, bombés au milieu, pour faciliter le roulement des bouchons de granit qui obstruaient les entrées des tombes de Psousennès et d'Amenemapit.

226. Clarke-Engelbach, A.E.M., p. 125.

227. *L'Architettura*, IV, 17.

228. Ibid., p. 43.

229. Edwards, *op. cit.*, édit. anglaise, p. 222.

230. Cette qualité d'adhérence est aussi valable pour les échafaudages des pyramides que pour ceux des pylônes de granit de Thèbes ou de Tanis.

231. J. Letronne, *Mélanges d'érudition*, Ducrocq, Paris s.d., 421.

232. P. Chabat, *Dict. de la construction*, Paris, 1876, à « taille » ; A. Pochan, Inst. d'Égypte, XXXV, p. 377-387 ; Lauer rejette cette hypothèse (cf. *Observation*).

233. A.E.M., p. 126.

234. Petrie, *Egyptian Architecture*, p. 23.

235. 17, 1, 34, *op. cit.*

236. Selon Maragioglio-Rinaldi, il y en eut certainement 6.

237. Une piste armée de traverses servant de glissières à bateaux a été découverte par J. Vercoutter (*Excavations at Mirgissa*, II, KUSCH XIII, 1965), Courrier de l'Unesco, déc. 1964, p. 36-37. L'emploi de ce procédé

est attesté à la pyramide de Sanousrit I (Petrie-Brunton-Murray, *Lahun II*, pl. xv).

238. Nous ne citerons que G. Flaubert : « Quant à la vue que l'on découvre de là-haut, écrivait-il à son frère, je défie qui que ce soit, fut-ce Desalleur, Me Bailleul ou Chateaubriand d'en donner une idée ; on serre son manteau contre soi, vu que le froid vous pince fort, on tait sa gueule, voilà tout » (*Voyage en Orient*, 1849-1851, Correspondance, Paris, 1925, I, p. 281).

239. B. Gunn, A.S.A.E., 25, p. 242.

240. K. Sethe, Urk., I, p. 40.

241. Diodore, I, p. 36.

242. Des graffiti trouvés à la pyramide de Licht (XIIe dyn.) démontrent que les travaux se poursuivaient toute l'année, puisque sur 15 inscriptions, 4 sont datées du mois qui suit l'inondation, 5 de la fin de la saison sèche, 6 réparties à travers les quatre autres mois. Cf. A. Lansing, *op. cit.*, (1933), p. 6-7.

243. Urk., I, 23.

244. G. Lefèbvre, *op. cit.*, p. 83.

245. Fl. Petrie, *History of Egypt*, éd. 1904, p. 40.

246. L. Borchardt, *Gegen die Zahlenmystik an der grossen Pyramide bei Gise*, Berlin, 1922, p. 16.

247. A.E.M., p. 124.

248. Fl. Petrie, *The Pyramids and Temples…*, *op. cit.*, p. 23.

249. Pyramide de Pépi Ier à Saqqarah, mesures de l'auteur.

250. Petrie et Wheeler auraient aussi trouvé des fragments de diorite et seraient du même avis. Cf. *L'Architettura*, IV, 21, note 23.

251. Ibid., p. 45.

252. Ces chiffres sont ceux fournis par Edwards, *op. cit.*, 1961, p. 93-94. Ils sont un peu différents de ceux de la *Description…*, VI. 49, qui donne successivement 46,24 m, 2,09 m et 8,15 m.

253. Benoît de Maillet. *Description de l'Égypte... composée sur les mémoires... par l'abbé Le Mascrier*, Paris. 1735, p. 240, qu'il ne faut pas confondre avec la *Description* de l'Expédition d'Égypte de 1799-1801.

254. Borchardt, *op. cit.*, Tafel, 6-7-8.

255. N.F. Wheeler, *Pyramids and their Purpose in Antiquity*, vol. IX (1935) ; G. Goyon, *Le Mécanisme de fermeture à la pyramide de Khéops*, Revue archéologique, t. II, Paris, 1963, p. 1-24.

256. En ce qui concerne la voûte en encorbellement de la Grande Galerie, Khéops s'est inspiré de celles de Meïdoum et de Dahchour.

257. Borchardt, *op. cit.*, Tafel, 10 ; Goyon, *Le Mécanisme, op. cit.*, fig. 1 et 2.

258. Il est amusant de signaler qu'au cours de nos relevés des inscriptions de la Grande Pyramide, nous avons noté l'unique nom gravé sur la paroi en granit de la Salle du Roi : *Victorine*. Plusieurs raisons nous font penser qu'elle fut gravée par un soldat français au cours de l'Expédition de Bonaparte de 1799. Cette inscription est de la même veine que celle aperçue par Maxime du Camp (*Le Nil*, 5e édition, 1899, Paris. p. 196) sur un pylône d'Edfou : « Boulingrier, Maréchal des Logis au 8e Dragon » et au-dessous : « O Charlotte ». Et l'écrivain d'ajouter : « Il y a ainsi des noms qui font rêver des heures entières. »

259. Nous sommes tout à fait de l'avis de MM. Maragioglio et Rinaldi (*op. cit.*, IV, p. 49) qui considèrent que l'ensemble des chambres et galeries constituent un tout, un dispositif prévu depuis le début de la construction (obs. 42, p. 148-155).

260. Au cours de nos recherches, nous nous étions demandé si le canal d'aération ne traversait pas une salle inconnue. Pour nous en assurer,

nous avons jeté quelques oranges dans l'orifice extérieur du canal sud. Elles sont arrivées en trombe dans la Chambre du roi. Expérience mentionnée par Lauer, *Le problème..., op. cit.*, Payot, 1948, p. 58. Ces canaux sont déjà signalés par Greaves en 1638 (*Pyramidographia*, London, 1737, p. 134. Ils furent ouverts (?) par Vyse en 1837.

261. Petrie, *Pyramids and Temples..., op. cit.*, p. 24.

262. Il est inutile de rappeler ici que le sarcophage de Toutankhamon était en or massif. Nous avons personnellement participé à la découverte du tombeau de Hedjkheperrê Takeloti. Le sarcophage interne était en or. Malheureusement, il avait été pillé à une date inconnue. Seul un fragment, grand comme la main, *en tôle d'or* a été retrouvé. Les autres sarcophages de Tanis, ceux de Psousennès et de Chéchonk, intacts, étaient en argent massif. Leurs momies étaient littéralement revêtues de bijoux en or et pierres précieuses. Cf. P. Montet, *Douze années de fouilles à Tanis*, Payot, 1942, p. 139 ; Mission Montet, *op. cit.*

263. Nous avons eu le rare privilège de les explorer pendant trois jours en décembre 1942.

264. Edwards, *op. cit.*, 134. Nous avons trouvé son nom orthographié « Davison » accompagné de la date 1764 à l'entrée de Khéops. C'est certainement la vraie orthographe du nom. Cf. Goyon, *Les Inscriptions et Graffiti, op. cit.*, 36. Nom cité par Niehburh, *Voyage en Arabie*, Paris, 1776, 1, 161.

265. *Description...*, Atlas, pl. 13, fig. 1.

266. Ces graffiti découverts par Vyse étaient les seuls documents prouvant l'appartenance de la pyramide à Khéops. H. Vyse, *Opérations...* et aussi Lepsius, *Denk.* Abth. II, Bl. I. Nous avons trouvé un graffiti du même genre, à l'extérieur, sur la face ouest, approximativement à la hauteur de la 15e assise.

267. Pline, 36, 14.

268. Somers Clarke, J.E.A., VII, 1921.

269. Jomard, *Descript., op. cit.*, 37, citant Diodore, lequel dit que de son temps le haut de la pyramide était constitué par une plate-forme de 6 coudées (noires) de large (2 771 m).

270. « Le Roi Amenemhat contemple la beauté du Soleil, etc. », Piankhoff-Rambova, *Mythologic papyri texts*, 60 ; Moret, *Le Nil..., op. cit.*, 204.

271. R. Engelbach, A.S.A.E., XXXIII, 1933, 65-74.

272. Une inscription trouvée à la pyramide de la reine Oudjbeten, fait état d'un pyramidion doré. G. Jéquier, A.S.A.E., XXVI, 48 ; Edwards, *op. cit.*, éd. franç., 317.

273. Hérodote, II, 125.

274. A. Barguet traduit *krossai* par « corbeau ». Dans l'Iliade (XII, 258, 444), le mot paraît désigner des pierres formant saillie, ce qui correspond exactement à nos « bossages ». Quant au mot *bomide*, « estrade », il répond à l'idée d'échafaudage.

275. Diodore, I, 63.

276. Pline, 36, 17 (12) trad. Littré.

277. Selim Hassan, *Excavations at Giza*, 1935-1936, Le Caire, 1953, vol. VII.

278. Selim Hassan, *The Great Sphinx*, Giza, VIII, 32, pl. XXI.

279. G. Goyon, B.I.F.A.O., LXVII, 1969, 78.

280. G.A. Reisner, *A History of Giza Necropolis*, I, p. Il avait vu l'escarpement couvert d'une masse de débris de brique. De même Petrie, *The Pyramids and Temples*, 2e édit., 1885, 29.

281. *Texte des Sarcophages*, formule 56.

282. J. Vandier, *La Religion égyptienne*, P.U.F., 1944, 113. Le culte funéraire de Khéops dura très longtemps. Il était pratiqué sous les Vᵉ et VIᵉ et encore XXVIᵉ dyn. Cf. Petrie, *A History*... (1904), p. 42.

283. Selim Hassan, *Giza VII*, 1934-1935.

284. Ibid.

285. Vandier, *op. cit.*, 70 pass.

286. Revue du Caire, n° spécial « Les grandes découvertes de 1954 », p. 35.

287. Zaki Noor, Zaki Iskandar, Moh. Saleh, Ah. Youssef Mustapha. *The Cheops Boats*, part I, Cairo, 1960.

288. G. Goyon, *La Chaussée..., op. cit.* Il est à remarquer que la largeur de la rampe, telle que nous la proposons et qui est obtenue par les calculs, est la même que la partie supérieure de la Chaussée monumentale, mesurée sur place. Est-ce l'effet du hasard ?

289. Lauer, A.S.A.E., 46, 1947, p. 246, fig. 17.

290. Selim Hassan, *Giza X*, 19 ; Reisner, *A History*..., II, 1955, pl. I.

291. *Architettura*, IV, 171, note 2.

292. W.C. Hayes, *The Scepter of Egypt*, I, N.Y., 1953, fig. 39 ; Stevenson Smith, *Art and Architecture in Ancient Egypt*, Penguin Books, 1958, 53.

293. Hérodote, II, 124.

294. Pour les dimensions exactes et pour les détails techniques, voir *L'Architettura, op. cit.*, p. 77 et s.

295. Ibid., p. 67.

296. À remarquer que le tracé de cette deuxième enceinte est tout à fait indépendant de la fosse contenant la barque de Khéops et dont le bord septentrional passe à 80 cm au nord du mur.

297. W.B. Emery, *Archaic Tombs*, Penguin, 1963, 71 ; Great Tombs, pl. XXII ; subsidiary grave n° 16 ; Petrie, *Tombs of the Courtiers and Oxyrynkhos* (1935) 8, pl. XIV. Peut-être, comme les Compagnons d'Horus, appartiennent-ils à une autre race ? (Emery, p. 42).

298. L. Borchardt, *S'ahu-Re'* II, p. 13 ; Goyon, *Les Navires de transport...*, B.I.F.A.O., LXIX, p. 11-12.

299. A. Moret, *Du caractère religieux..., op. cit.*, 133. La scène, de fondation la plus ancienne connue, date du règne de Khasekemoui.

300. *Textes des Pyramides*. Une édition exhaustive est en cours sous la direction de Jean Leclant à Saqqarah, mission à laquelle nous avons participé durant plusieurs années. Voir aussi : R. Weill, B.I.F.A.O. 46, 1947, 166-167 ; E. Drioton, *Sarcasmes*, Mélanges Dussaud, 1939, 195-506.

301. G. Jequier, *Douze ans de fouilles dans la nécropole memphite*, Neuchâtel, 1939, 38.

302. G. Lefèbvre, *À propos d'une pyramide*, R. d'Ég. 5, p. 46.

303. On avait longtemps attribué ce nom à la pyramide de Didoufri, mais des découvertes récentes ont permis de reconnaître son vrai nom, lequel est *Šhdhw* de Didoufri. Cf. G. Goyon, *Hammamat*, Inscr. n° 23.

304. P. Montet, *Reines et Pyramides*, Kêmi XIV, 1957, p. 92-101.

305. Chr. Coche-Zivie, *Rosetaou*, B.I.F.A.O.

306. G. Jéquier, *op. cit.* p. 13.

307. Chr. Desroches-Noblecourt, *Une coutume égyptienne méconnue*, B.I.F.A.O., 45, 1946, p. 185 et s.

308. K. Sethe, *Achtungtexte*, Abhandl. preuss. Akad. Wiss. Phil. hist. Klasse, N° 5 ; G. Posener, *Princes et Pays d'Asie et de Nubie*, Bruxelles, 1940.

309. B. Grdseloff, *Nouvelles données concernant la tente de Purification*, A.S.A.E., 51, 1951, p. 35.

310. E. Naville, *The Egypt Explor. Fund, Arch. reports*, 1893-1894, p. 6 et s. ; D.E. Derry, *Mummification*, in A.S.A.E., 42, 1942, p. 235-265.

311. En or chez Toutankhamon (cf. Chr. Desroches-Noblecourt, *op. cit.*, pl. XXXI à XXXIV ; en argent chez Psousennès et Chéchonq (Mission Montet, *Tanis*, t. I-II-III, et P. Montet, *Douze années dans une capitale oubliée du Delta*, Paris, 1942, pl. X, p. 142.

312. J. Vandier, *La religion égyptienne*, P.U.F., Paris, 1944, p. 103-106.

313. Jean-Claude Goyon, *Rituels funéraires de l'Ancienne Égypte*, édit. du Cerf, Paris, 42-43.

314. P. Montet, *Douze années, op. cit.*, p. 158.

315. S. Sauneron, *Le Rituel de l'embaumement*, Services des Antiquités de l'Égypte, Le Caire, 1952 ; Jean-Claude Goyon, *Rituels..., op. cit.*, constituent les travaux les plus récents et les plus complets sur ce sujet.

316. Carbonate de soude naturel.

317. *L'Architettura*, V, p. 93 et 131. C'était un petit réduit de 1,74 X 0,80 m. On y trouva uniquement cette sorte de tréteau soigneusement démonté et enfermé dans une caisse ficelée.

318. J. Yoyotte, *Les Pèlerinages* in « Sources orientales », Éd. du Seuil.

319. Pour H. Ricke (B.A.B.A., vol. 4-5) et S. Schott (B.A.B.A., vol. 5), ce rite était réservé aux statues de la Grande Salle. Ce ne fut qu'après l'époque de l'Ancien Empire que l'on pratiqua le rite sur le corps du roi. Ce qui nous paraît bien illogique.

320. Drioton, *op. cit.*, p. 188.

321. *Nbw h'w ntrw* à Redesieh (Bibl. Aegyptiaca, IV, 27, 1.17).

322. Notre description du contenu des chambres funéraires ne relève pas de l'imagination. L'auteur de ces lignes a participé à la découverte des trésors de Tanis et a fait l'inventaire des tombes intactes de Psousennès, d'Amenemapit, de Heqa-Kheperrê Chéchonk, ainsi que celle du ministre Ounoudjebaouendjed. Cf. Mission Montet, *op. cit.* Le contenu de la tombe du grand roi que fut Khéops dut être infiniment plus riche que celle des rois tanites.

323. I.E.S. Edwards, *The Pyramids, op. cit.*, III.

324. Nous avons trouvé dans le coffre à canopes violé de la pyramide de Pépi Ier, les restes d'un faucon momifié. À Tanis, des vases contenant des momies de faucons entouraient les bâtiments de la nécropole royale. Leur emplacement est indiqué sous le nom de pots ou vases d'offrande sur le plan de Fougerousse. Cf. Montet, A.S.A.E., 39, pl. XC.

325. Edwards, *op. cit.*, trad. franç. 145-146 ; fig. 52.

326. Lefèbvre, *Romans et Contes, op. cit.*, 81.

327. J. Jéquier, *Les Frises d'objets des sarcophages du Moyen Empire*, in Mémoires de l'I.F.A.O., 47, 31, 74, 113.

328. Mission Montet, *op. cit.*

329. Chr. Desroches-Noblecourt, *Toutankhamon, op. cit.*

330. Ibid. L'auteur signale (p. 63) le même désordre et la même hâte d'achever la sépulture royale.

331. P. Krieger-Posener, *Les Archives du Temple funéraire de Neferirkarê Kakaï*, I.F.A.O., t. 34, 1962 ; H.K. Jacquet-Gordon, *Les Noms des domaines funéraires sous l'Ancien Empire*, I.F.A.O., 34.

332. P. Montet, *Les Scènes..., op. cit.*

333. L. Speelers, *Comment faut-il lire les Textes des Pyramides*. Bruxelles 1936.

334. G. Goyon, *Le mécanisme..., op. cit.*, I-24.

335. P. Montet, *Tanis, Douze années de fouilles*, 118, fig. 32.

336. Voir note 47.

337. Le goût de Khéops pour les chambres secrètes était légendaire. Voir le papyr. Westcar, G. Lefèbvre, *Romans et Contes, op. cit.*, 81.

338. Maqrizi, citant Maçoudi, *Description topogr. et hist. de l'Égypte*, trad. Bouriant in Mém. de la Mission franç. arch. du Caire XVII, 326-340.

339. Voir p. 274.

340. Strabon XVII, I, 33. Loeb Classical Library... « There is a sloping passage in the vault ».

341. Maragioglio et Rinaldi, *Notizie sulle piramidi di Zadefrâ, Zadkarâ, Isesi, Téti*, Turin, 1962.

342. L. Borchardt (ZÄS XXXV, 87), présente le dessin de la porte mobile située à l'entrée ouest de la pyramide rhomboïdale de Dahchour. I.E.S. Edwards, *op. cit.*, p. 140, envisage une telle possibilité pour la pyramide de Khéops.

343. G. Maspéro, *Ruines et Paysages d'Égypte*, Guilmoto, Paris, 1914, 18.

344. Mission Montet, *La Nécropole royale de Tanis, les Constructions et le Tombeau d'Osorkon II ; t. I, 1947, 73.*

345. Diodore (I, LXIV) affirme qu'aucun roi ne fut enseveli dans la pyramide qu'il s'était fait construire, mais qu'ils étaient ensevelis clandestinement et dans un lieu inconnu. Cf. *L'Architettura*... IV, 132. Wheeler, *op. cit.*, acceptait cette hypothèse.

346. Maqrizi, *op. cit.*, p. 326. Les Arabes ne semblent pas avoir connu le boyau ascendant des voleurs pour la raison que (selon Petrie, opinion acceptée par Edgar) l'ouverture était dissimulée par une dalle en pierre calcaire ou une maçonnerie simulant une réparation de la roche. Cf. *L'Architettura*... IV, 59, 137.

347. Le dernier cas connu de sacrifice humain en Égypte date du roi Kaa, de la Ire dynastie (cf. Emery, *Archaïc Egypt*, Penguin Books, 1963, 90, 135).

348. I.E.S. Edwards. *op. cit.*, éd. franç., 139.

349. Les ouvriers carriers disent combien, dans le silence absolu des profondeurs, ils deviennent sensibles aux moindres frémissements de la pierre et en décèlent les failles ou les diaclases aux doigts.

350. Voir cependant la description du pillage de la nécropole thinite dans *l'Enseignement pour Merikarê* (papyr. de l'Ermitage 1116 A n° 119-121) appartenant à la 1re période intermédiaire, mais garderait l'écho d'événements qui se seraient déroulés à la fin de l'Ancien Empire.

351. Notre reconstitution ne relève pas de la fiction. C'est même exactement ce qui s'est passé à Tanis, à propos du pillage de la nécropole d'Osorkon et de Takeloti (XXIIe). Les pillards avaient même pris la peine de décorer (assez grossièrement) une cloison postiche, représentant la pesée des âmes. Cf. Mission Montet, *La Nécropole royale de Tanis*, I. 94. pl. XXI. La cloison est sommairement indiquée « mur de refend ».

352. Cité par F. Daumas. *La Civilisation de l'Égypte pharaonique*, Paris, 1967, 210.

Index alphabétique des noms propres

Les mots en italique indiquent les noms géographiques, les noms et lieux mythologiques